KB110980

굿바이,
섹스리스

굿바이,
섹스리스
Soulsex

에바 – 마리아 추어호르스트 지음
송명희 옮김

율리시즈

감사의 말

남편에게 고맙다는 말을 하고 싶다. 남편이 없었다면 내가 이 책에서 묘사한 진실의 깊이를 발견하지 못했을 것이다. 우샤 스와미Usha Swamy는 인내와 사랑으로 내가 이 책을 완성하도록 힘을 실어주었다. 우샤는 진정으로 이 프로젝트에 헌신했으며 여성 특유의 참여정신으로 온갖 난관을 해결했다. 여러 가지 어려움 속에서도 막판에 온 힘을 다해 지원해준 울리 에를렌슈필Uli Ehrlenspiel, 아냐 슈미트Anja Schmidt, 아네 노르트만Anne Nordmann에게 감사한다. 울리케 투르노이어Ulrike Tourneur와 클라우디아 판 데 캄프Claudia van de Kamp는 프로젝트 내내 깊은 이해심을 갖고 자발적으로 내 곁에서 끝까지 나를 도와주었다. 타트야나 블로벨Tatjana Blobel은 나에게 자신을 투명하게 인지하고 투명하게 소통하는 것이 얼마나 중요한지 일깨워주었다.

다이애나와 마이클 리처드슨Diana & Michael Richardson에게도 감사인사를 전한다. 내가 볼 때 이들은 나를 비롯해 많은 사람에게 새로운 성에 접근하는 길을 열어준 개척자들이다. 그리고 크리시와 아마나 트로베Krish & Amana Trobe는 상처받은 성을 치유하는 법을 발견했다. 이 책이 두 사람의 업적을 많은 사람에게 알리는 데 다리 역할을 했으면 좋겠다.

무엇보다 나 자신에게 많은 것을 가르쳐주고 내가 쓴 것을 아주 소중하게 만들어준 이 책 자체가 고맙다. 이 책이, 다시 섹스와 사랑을 연결해주고 몸과 마음, 남성과 여성을 결합시켜줌으로써 이 세계를 조금만 더 평화롭게 했으면 하는 마음이다.

차례

제2부 새로운 섹스
여성이 섹스를 즐기고 애정을 되찾는 법

제3부

소울섹스의 실제
부부가 들려주는 경험담과 해법

프롤로그

"영혼과는 어떻게 접촉하는가? 사랑으로, 아니면 욕망으로?"라고 파울로 코엘료Paulo Coelho는 자신의 소설 《11분Onze Minutos》에서 묻는다. 여주인공인 매춘부 마리아는 자신의 일기에서 이렇게 답한다. "그는 화가다. 인간은 모름지기 사랑을 전체로서 파악해야 한다는 것을 그는 알아야 한다. 사랑이란 다른 사람에게 있는 것이 아니라 우리 자신 속에 있는 것이다. 사랑을 깨우는 것은 사람이지만 사랑을 깨우려면 상대가 있어야 한다. 세상은 우리의 감정을 공유할 누군가가 있을 때만 의미가 있는 법이다. 그가 섹스에 물렸다고? 그건 나도 마찬가지다. 하지만 그 사람이나 나나 사랑이 뭔지는 모른다."

A.와 A.에게

사랑하는 A.여, 당신이 이런 책을 인정하지 않는다는 것을 알고 있다. 당신은 사랑을 믿는다. 하지만 사랑을 믿지 않는 날이 올 것이다. 그때는 누군가 당신에게 문제는 섹스지 사랑이 아니라고 말할 것이다. 당신의 육체는 서서히 죽어가고 당신의 마음은 닫히기 시작할 거라고 할 것이다. 이 책을 당신의 책이라고 생각했으면 좋겠다. 내 안에 있는 모든 것이 당신을 위한 것이듯, 이 책도 당신을 위한 것이다.

사랑해요.

사랑하는 A.여, 당신이 결혼한 지 아주 오래되었다는 것을 알고 있다. 당신은, 때로 새로워지려면 무엇을 해야 할지 스스로 묻고는 할 것이다. 특히 섹스라는 문제에서 당신은 서서히 희망을 잃었을 것이다.

나는 여러 해 전에 당신이 과감하게 결혼생활을 정리하려고 했다는 것을 아직도 기억한다. 당신은 결혼생활이 마치 말린 과일처럼 메마른 느낌이라 애인이 있으면 좋겠다는 말을 했다. 그러다가 당신은 하루가 다르게 생기를 되찾고 생활에 의욕이 넘쳤다. 과감하게 생활에 활기를 불어넣으려고 당신은 어두운 일상의 터널을 빠르게 빠져나갔다. 당신이 "모든 것을 되찾았어!"라고 말할 때는 나도 짜릿한 흥분을 느꼈다. 그 말은 당신이 숨 쉴 때마다 몸에서 흘러나오는 메시지였다.

나는 당신이 체험한 것이 뭔지 잘 안다. 몇 년 전에는 나도 너무 삭막해진 결혼생활을 벗어나 남편이 바람피운 것에 보복하려고 맞바람을 피우기도 했으니까. 그 당시엔 나도 오랜 혼수상태에서 깨어난 기분이었다. 애인 생각을 할 때면 즉시 자석처럼 끌어당기는 힘이 작용하는 것 같았다. 욕구가 되살아났고 얼어붙었던 내 몸이 다시 녹아내리는 기분이었다. 세포 하나하나가 "좋아! 만나서 접촉을 해보는 거야"라고 외치는 느낌이었다.

그때는 애인이 정말 우리 안의 모든 찌꺼기를 청소해주고 여성의 원초적인 힘을 새롭게 끓게 만드는 신비의 영약처럼 보였다. 배고픔을 잊게 만들고 욕망을 되살리며 영혼을 어루만지고 몸에 생명수를 채워주는 영약 같았다. 그저 단순하게 그 흐름에 휩쓸리는 것 말고는 아무 생각도 없었다. 우리는 온몸으로 맥박이 뛰는 것을 느꼈고 서로의 욕망을 채워주었다. 삶 자체를 채워주는 것 같았다. 우리는 그것이 분명히 사랑이라고 생각했다.

정말 그것이 사랑이었을까? 적어도 이 자석의 힘만큼은 당신과 나 두 사람에게서 멈추지 않았다. 그러다가 당신에게서도 그 힘의 진동이 약해진 것이다. 애인에 대한 당신의 이상이 두 사람의 공동체험으로 차츰 빛이 바래는 것은 당신도 어쩔 수 없었을 것이다. 그 애인도 그저 한 명의 남성이었을 뿐이니까. 비록 다른 사람이고 새로운 사람이지만 우리와 똑같이 일상의 터널을 통과해야 하고 과거의 상처를 지녔으며 나름대로 아픈 기억과 습관을 지닌 남성이라는 말이다. 끝에 가서는 연애감정이 식으면서 일상이 되살아나는 남성이라는 것이다.

우선 서로 오해가 생기면서 옛날로 돌아가자는 생각을 한다. 또 의혹이 생기고 일상과 타협을 하면서 과거의 생활과 새로운 생활 사이의 끈을 고통스럽게 만지작거린다. 그러다가 신비한 마법의 힘은 올 때처럼 자신도 모르게 사라지는 법이다.

바람을 피운 것은 오래전 일이다. 당신은 다시 남편 곁으로 돌아왔다. 하지만 애인과 지내면서 당신은 당신 자신의 내면에 있는 비밀을 건드렸다. 당신 안에 있는 여성성을 시시각각 깨울 수 있다는 체험을 한 것이다. 그 여성성이 상상할 수 없는 활력을 불러일으키고 무척이나 소중하다는 것을 깨달은 것이다. 습관의 굴레를 벗어나 그때마다 번번이 안정된 생활에 집착하지 않아도 전적으로 육체적인 기쁨에 몰두할 수 있게 되었다.

그리고 이제 당신은 다시 결혼생활의 울타리 안으로 들어와 스스로 묻고 있다. "아니, 어떻게 해서 이 생활을 되찾은 거야?"

나는 당신이 늘 쾌감을 못 느껴서 심하게 다툰다는 것을 안다. 당신의 몸이 닫혀 있어서 부끄러워한다는 것도 안다. 당신은 몹시 화를 냈다가 다시 완전히 자책감에 빠질 것이다. 당신의 남편이 제대로 해주지 못하니까.

옛날 생각이 날 때도 많을 것이다. 다시 바람을 피워볼까? 하지만 당신은 이제 전처럼 되지는 않을 것임을 안다. 전보다 더 성숙해져서 새로 애인이 생겨도 일시적인 위안밖에 주지 못한다는 것을 알 테니까. 당신은 이미 연애감정과 욕망은 일시적인 것이고 지속적으로 일상에 저항할 만한 힘이 없다는 것을 경험했다.

심하게 좌절할 때도 많아서 당신은 활기를 되찾고 사랑을 발견하는 데 외도가 유일한 해결책인지 생각해볼 것이다. 하지만 당신은 정신이 깨어 있기 때문에 밖으로 나돌아봤자 결국 아무 유익이 없다는 것을 직감으로 안다. 사랑과 생생한 행복의 전율은 저 밖에서 찾을 수 있는 게 아니라는 것도. 당신은 행복의 열쇠는 바로 당신 자신에게서 찾아야 한다는 것을 알고 있다. 또 당신의 남편과 다시 육체적인 접촉을 할 기회를 계속 회피했다는 것을 깨닫고 있다. 막상 가까이 하려 해도 어느새 싸우거나 체념하니까 말이다. 남성이 가까이 다가오기만 해도 온몸이 아무 감각이 없는 것처럼 마비될 것이다. 그동안 당신은 섹스라면 질렸다는 생각을 한 적이 많았을 것이다. 끔찍한 느낌이라고 생각했을 것이다. 하지만 뭔가 새로운 시도를 하면 서로 인정하고 소통에 성공할 최소한의 기회가 주어질 것이다. 요가나 탱고를 배워도 좋고 파티를 열거나 마사지를 받아도 좋다. 몸이 다시 부드러워지면서 긴장이 풀리거나 아니면 적어도 몸을 조금씩 흔들 때의 멋진 느낌을 맛보는 것이다. 나는 당신이 다시 도전하고 관능과 만족을 추구하는 노력을 포기하지 않을 것이라는 것을 안다. 당신의 사랑을 공유할 수 없는 것이라면 그 모든 것이 무슨 유익이 있겠는가?

당신은 여기가 종착역이 아니고 뭔가가 아직도 당신을 기다리고 있다는 느낌이 있을 것이다. 당신은 사랑을 맛보고 싶을 것이다. 사랑은 당신 안에서 꿈틀대며 당신을 가만히 두지 않는다. 당

13

신의 몸속에서 달콤한 기쁨과 행복을 느끼고 싶을 것이다. 당신의 몸속에서 자신을 느끼고 다른 사람이 서로의 경계를 넘어 당신 몸속으로 들어오는 것을 느끼고 싶을 것이다. 그러면 당신의 남편과? 그런 기쁨을 남편과 맛보려고 한다는 생각을 하면 즉시 당신의 몸속에서 허전하고 맥 빠진 느낌이 솟구칠 것이다. 갑자기 가슴이 답답해지면서 "안 돼!"라는 말이 저절로 나온다. "말도 안 돼! 그런 일은 없을 거야. 이미 오래되었어. 있을 수 없는 생각이야. 우리의 부부생활은 그럴 만한 수준이 못 돼. 섹스 외에 다른 것으로 서로 만족해야지. 아이들을 키우면서 서로 다정하게 함께 가는 길이 있잖아. 하지만 온몸에서 뜨겁게 요구하는 만족스러운 섹스는 어떻게 되는 거지? 그런 섹스를 한다고 정말 인생이 달콤하고 매끄러운 흐름을 탈까? 아니야, 우리 부부에게 그런 행운은 주어지지 않았어. 잠깐이라면 모를까, 지속적인 만족은 불가능해. 우리에게는 오랜 세월 쌓아온 사랑이 있잖아." 하지만 그것이 정말 사랑일까? 진정 다정한 관계일까? 안정된 인생일까? 인생의 동반자로서 서로 사랑스럽게 상대에게 몰두하는 것일까? 하지만 옛날 연애 시절에 서로 상대에게 반한 것이 사랑이 아니었듯이 지금의 그런 생활도 사랑이 아니다.

자신을 속이지도 말고 착각하지도 마라. 당신은 아직도 현실에서 도피하는 꿈을 꾸고 늘 뭔가 부족하다는 고통을 달래며 지속적으로 마음에서 솟아나는 열망을 뭔가 다른 것으로 채우면서 수없이 당신 스스로 만족하고 안정을 찾으려고 할 것이다. 하지만 그런 것은 전혀 도움이 되지 않는다. 당신도 알고 나도 안다. 우리 인간의 정신은 우리를 위해 뭔가 다른 것을 준비해놓았다는 것을.

당신도 알고 나도 안다. 섹스와 사랑은 한 몸이라는 것을. 부부

관계에서 이 신성한 결합을 과감하게 시도하는 사람만이 평화를 얻고 몸속에서 자연스러운 기쁨과 행복, 생명을 경험한다는 것을.

사랑하는 A.여, 포기하지 마라. 섹스를 위해, 당신의 몸과 마음을 위해 당신 자신을 개방하라. 당신의 파트너에게도 똑같은 것을 요구하라. 이것은 타협의 여지가 없는 것이다. 서로 자신을 개방하는 것은 양보할 수 없는 일이다. 섹스와 사랑을 연결시키려는 시도가 당신을 불안하게 만들 수도 있고 또 좌절감을 안겨줄 수도 있다. 그것이 역겨워서 눈물을 흘릴지도 모른다. 하지만 당신이 기본적으로 섹스와 사랑을 결합하는 법을 새로 배우려는 자세를 갖춘다면, 또 늘 그 자리를 지키고 계속해서 자신의 몸으로 향하려고 한다면, 당신의 몸은 당신을 사랑의 길로 데려다줄 것이다.

섹스와 사랑의 결합을 생활의 중심에 놓고 늘 두 사람의 몸에 귀를 기울이는 훈련을 하라. 그러면 길이 보일 것이다. 나는 이 책에서 나 자신의 몸과 마음에서 배운 것을, 또 지혜로운 선구자들이 타협의 여지없이, 그리고 설득력 있게 육체적 사랑에 몰두하라고 설파할 때 깨달은 것을 하나하나 보여줄 것이다. 사랑하는 A.여, 앞으로 말할 것은 모두 그대를 위한 것이다…….

남성과 여성
당신에게 필요한 것을 받아들여라

미리 말해두지만, 나는 이 책에서 우리가 흔히 접하는 남녀의 이야기를 들려줄 것이다. 또 고전적인 역할에 맞게 우리 여성들에게 해당하는 이야기를 할 것이고 남성들에게는 또 다른 예를 들 것이다. 이렇게 하는 것은 내가 상담실을 운영하면서 일상적인 겪는 현실에 맞추려는 단순한 이유 때문이다. 물론 내가 오랫동안 부부나 파트너 관계에 있는 사람들을 만나면서 불안이나 걱정, 열망을 안고 사는 여성들에게 일정한 틀이 있고 남성들에게는 또 다른 틀이 있다는 것을 경험하면서 그 주제에 맞추려는 의도도 있다.

이 책을 읽으면서 내가 '여성' 또는 '남성'에 대해 말하고 여성의 전형적인 사례나 남성적인 전략을 이야기해도 오해하지 말기를 바란다. 굳이 남녀를 구분하려는 것이 아니라 사람은 누구나 내면에 남성적인 특징과 여성적인 특징이 있기 때문이다. 남녀관계에서는 남성이 여성적인 극을 띠고 여성이 남성적인 극을 띠는 경우도 많으며 시간이 지나면서 다른 사람과 관계를 맺을 때는 이 위치가 뒤바뀌기도 한다. 책을 읽다 보면 어느 부분에서 크게 공감하는 부분이 나올 수도 있다. 그러면 이것은 바로 당신에게 해당하는 문제다. 당신이 남성이든 여성이든 또는 동성애자든 마찬가지다. 마음에 드는 부분이 있으면 필요에 따라 이 책을 그대로 활용하면 될 것이다. 읽다가 막히거나 이해가 잘 되지 않는 곳이 있을 때는, 일단 그 부분을 건너뛰고 전체적인 맥락을 살핀 다음 다시 보면 이해가 될 것이다.

　내가 여기서 서술한 이야기는 물론 상당 부분 동성애 관계에도 해당하는 것이다. 당신이 동성애자라면 동성애 관계를 맺는 모든 사람들과 마찬가지로 서로 양 극성을 띤 파트너로 사는 것이다. 책을 읽으면서 당신의 어느 곳에 여성적인 에너지가 흐르는지 또는 남성적인 에너지가 흐르는지 스스로 물어보라. 그리고 본인의 균형 잡힌 생활을 위해 당신의 에너지가 남성적인 힘에 해당하는지 아니면 여성적인 힘에 해당하는지 시험을 해보라. 또 당신의 파트너와 살며 변화가 필요한 것은 아닌지, 서로 투명하게 밝힐 부분이 있는 것은 아닌지도 확인할 필요가 있다. 그 밖에 당신에게 적합한 내용을 책에서 활용할 수 있을 것이다. 읽다 보면 어느 부분에 마음속으로 쉽게 공감할 수 있는지, 어느 대목이 자신에게 해당한다고 느끼는지 또는 어느 주제에서 자신을 재발견할 수 있는지 쉽게 깨달을 것이다.

제1부

낡은
섹스

왜 다시
침대혁명이
일어날 때가
되었는가?

혹시 그렇지 않은
경우도 있을까?

송 ♥ 우

누구나 섹스를 원한다. 게르트는 일흔일곱 살이다. 그는 거의 매일 자리에 누워 몽롱한 눈빛으로 자위를 한다. 예순아홉 살인 아니는 주변 사람들에게 충격을 준다. 끊임없이 두 다리 사이를 문지르면서 쾌감을 느끼는 듯 가쁜 숨을 토해 내기 때문이다. 옆에 누가 있든 말든 신경 쓰지 않는다. "여기서는 두 사람 중 한 명이 적극적으로 성적인 표현을 합니다"라고 알츠하이머 요양원 원장이 말한다. "파티가 있을 때면 여성들의 눈빛은 열여덟 살 소녀처럼 반짝이죠. 남성들도 다정한 태도를 보이면서 다시 에너지가 충만해집니다."

이렇게 한껏 다정한 태도를 드러내고 관능적인 쾌감을 추구하는 환자는 바로 옆에 있는 사람도 거의 인식하지 못하며 기껏해야 지나간 사랑의 추억만 단편적으로 기억한다. 이들이 앓는 병을 치매라고 부르는데, 이것은 '이성의 감퇴' 등 다양한 의미로 옮길 수 있다. 서서히 이성을 상실하는 노인은 거리낌 없이 육체적인 쾌감에 몰두한다. 모든 행동이, 손에 닿는 것은 무엇이든 입으로 가져가는 아기와 다를 바 없다. 또는 사람들이 관능적인 쾌감 앞에서 침을 꿀꺽 삼킬 때와 비슷한 반응을 보인다. 치매에 걸리지 않은 성인들에게서는 볼 수 없는 행동이다. 물론 막 사랑에 빠졌거나 뜨거운 연애를 하는 경우는 예외지만 말이다.

현장 연구에 따르면, 성생활에 불만을 가진 독일인의 절반은 파트너에게 그 사실을 털어놓지 않는다고 한다. 나도 상담을 하면서 많은 사람이, 특히 파트너와의 관계가 오래된 사람일수록 성적으로 불행하거나 일종의 섹스-탈진증후군에 시달린다는 것을 경험하고 있다. 감정이 메말라서 또는 몸이 머릿속의 이미지에만 반응을 보이기 때문에 좌절하는 사람도 있고, 세월이 가면서 기계적인 섹스를 반복하는 것 같다는 느낌이 들면서도 돌파구를 찾지 못해 맥이 빠지거나 공허한 느낌을 받는 사람도 있다. 내가 가장 흔히 경험하는 현상은 장기적인 파트너 관계에 있는 남녀는 갈수록 섹스를 멀리한다는 것이다. 이 현상은 독일 남성의 65퍼센트, 여성의 54퍼센트가 파트너의 성적 욕구가 전혀 없거나 거의 없어서 문제를 안고 산다는 설문조사 결과와 일치한다.

완전히 포기하고 살든 아니면 머릿속에 저장된 영화 속으로 도피하거나 틀에 박힌 방식에 진절머리가 나든 상관없이 거의 모든 사람이 겪는 공통점이 있다. 즉 이들은 왜 자연스러운 성적 충동이 일어나지 않는지, 어떻게 성적인 활력을 되찾을 수 있는지 모른다는 것이다. 거의 모든 사람이 확인할 수 있는 사실은 오로지 냉각상태에 있거나 감각이 둔하다는 것뿐이다.

여성의 경우 사랑에 대한 욕구를 잃어버린 사람이 많다. 남편과 섹스를 해도 고작 몇 분 만에 끝나며 아무 감동을 못 느끼거나 심지어 역겨워하기도 한다. 자신의 몸이 열리지 않고 아무런 반응도 일어나지 않는 상황에서 함께 체험해야 한다는 사실에 화를 내는 사람도 있고 자신의 육체적 욕구에 더 이상 접근할 수 없을 때 수치와 자책감에 빠지는 사람도 있다.

남성이라고 해서 안심할 수 있는 것은 아니다. 많은 남성은 침대에서 성공해야 한다는 압박감에 시달리며 '오르가슴에 도달해야 한다'는 생각을 하지만 정작 너무 일찍 끝나거나 시도조차 하지 못하기가 일쑤다. 섹스에 관한 한, 많은 남성이 자신만의 세계로 빠진 지는 오래됐다. 이들에게는 실패 또는 원치 않는 욕구상실의 리스크가 다모클레스의 칼Damoklesschwert (환락 중에서도 언제 닥칠지 모르는 위험에 대한 비유― 옮긴이)처럼 드리워져 있다. 한 여성과 끈끈한 관계를 맺을 때는 언제나 스트레스와 성공에 대한 압박감과 관계유지 문제 때문에 성적 능력이 떨어지고 정신적으로 타격을 받을 리스크를 감수해야 한다.

굶주린 늑대처럼 욕정에 사로잡힌 남성도 있다. 이들은 자신이 아내에게 권리를 박탈당한 섹스중독자 같다는 느낌을 갖는다. 이들은 자신이 섹스 때문에 애를 쓴다는 인상을 받을 때 또는 아내가 자신과 잠자리를 전혀 하지 않거나 부부의 의무 때문에 마지못해 함께 잔다는 인상을 받을 때 화를 낸다. 괴팅겐 대학교의 부부 관계 및 섹스연구가인 라그나르 베르Ragnar Beer 박사는 "부부 간의 성행위만큼 한번 내리막길로 치달으면 다시 회복하지 못하는 곡선은 보지 못했다"라고 말한다. 어느 정도의 빈도라야 정상적인 섹스라고 할 수 있느냐는 질문에 그는 대답한다. "전혀 하지 않는 것도 정상입니다. 설문조사를 했는데 가장 많이 나온 응답이 섹스를 한번도 하지 않는다는 것이었으니까요. 이 결과에서 최소한 하지 않는 사람도 완전히 정상이라는 것을 알게 된 것은 좋은 점이라고 할 수 있죠."

하지만 부부 문제로 곤란을 겪다가 내 남편이나 나를 찾아오는 사람들은 대부분 자신이 정상이라고 생각하지 않는다. 이들이 수치를 느끼는 까닭은 남들은 해내는 뭔가를 자신들은 하지 못한다고 여기기 때문이다. 이들은 파티에 나가 외설적인 얘기를 듣기도 하고 G-스팟의 비밀에 얽힌 잡지 기사를 읽거나 멀티 오르가슴에 대한 설명을 접하기도 한다. 그러면서 자신은 선천적으로 정욕의 유전자를 물려받지 못했다고 생각한다.

문제는 정상이냐 비정상이냐가 아니다. 사실을 있는 그대로 털어놓든 말든, 또 섹스를 잊어버리거나 하지 않는 것을 합리화하든 안 하든 상관없이, 생활에서 섹스가 사라지거나 습관적으로 멀리하는 사람은 뭔가 부족한 것이다. 이 대목에서 특히 여성들이라면 발끈해서 정색을 하고 "무슨 헛소리! 섹스 안 해도 하나도 부족할 것 없어!"라고 말할 수도 있다. 내가 이런 말을 하는 것은 여러분을 압박하려는 의도가 아니라 강박관념에서 벗어나게 해주고 싶기 때문이다. 섹스에서 멀어지는 것은 단순히 상대에 대해 감정이 식었을 수도 있고, 때로는 정신적으로 큰 부담을 갖는 것이 원인이 될 수도 있다. 인체는 본래 마음과 정신에 부담을 느끼면 스트레스를 표출하게 마련이다. 그럴 때는 지치고 기력이 빠지며 감정이나 말이 한계를 넘기도 하고 지나친 간섭을 받는다는 느낌이 들면서 섹스와 멀어진다. 아니면 외적인 압박감 때문에 섹스를 해도 내면적으로는 아무런 만족을 느끼지 못한다. 사실은 이때도 마음 깊은 곳에서는 자신을 개방하고 섹스를 즐기기를 열망한다는 것을 알아야 한다.

우리 같은 여성의 입장에서는 마치 따뜻한 물로 샤워를 할 때처럼 한 남성과 감정이나 육체가 서로 통하는 가운데 함께할 수 있는 좋은 느낌을 받는다. 벌거벗고 더운 물로 샤워를 할 때, 따뜻한 물줄기가 온몸에 부서지며 그 작은 방울 하나하나가 온몸을 짜릿하게 감싸고 흘러내리는 동안 우리는 감수성이 예민해진다.

섹스를 거부한다면 샤워에서 맛보는 그 느낌을 외면하는 것이다. 마음에 와 닿지 않는 섹스를 계속한다면 단지 겉으로만 자신을 개방하는 것이다. 이것은 마치 우산을 쓰거나 잠수복을 입고 샤워를 하는 것과 다름없기 때문이다. 이때는 너무 뜨겁지도 않고 차지도 않으며 아무것도 아프게 하거나 상처를 줄 수 없다. 요컨대 몸이 젖지 않는다. 다만 변함없이 아무 자극을 받지 못하는 상태로 있을 뿐이다.

나는 그동안 많은 여성들이 섹스 이야기만 나오면 몹시 혼란스러워한다는 걸 알게 되었다. 이들은 남편과 경험하는 것에서 별 감동을 느끼지 못한다. 자신의 몸이 더 이상 반응하지 않기 때문에 무척이나 부끄러워한다. 무엇보다 파트너가 더 많은 섹스를 요구하기 때문에 엄청난 압박감을 받는다. 여기서 빠져나가는 돌파구가 바로 소울섹스다. 이것은 마음과 정신이 함께하는 섹스를 말한다. 크게 애쓰지 않아도 되고 긴장하거나 예쁘게 꾸밀 필요도 없으며 흥분하거나 치장하거나 위장하지 않아도 되는 섹스다. 또 신뢰를 통해 싹이 트고 정욕이 아니라 사랑을 먹고 자라는 섹스다.

소울섹스는 많은 여성에게 감옥에서 해방되는 것과 똑같은 육체적 만남이다. 여기서 여성은 다시 편안한 느낌을 맛보며 자신의 몸이 시키는 대로 따르게 된다. 또 자신의 관능과 쾌감, 순수한 희열과 재결합한다는 것을 믿게 된다.

이 책에서 나는 주로 여성에게 초점을 맞출 것이다. 독자층의 다수가 여성이라서가 아니라 나 자신이 여성으로서 훨씬 더 솔직한 태도로, 그리고 우리의 마음을 끄는 문제를 더 가까이서 쓸 수 있기 때문이다. 하지만 남성에게도 똑같이 해당하는 주제이기 때문에 남편의 말과 경험도 소개할 것이다. 이것만 제외하면 당연히 남성들의 관점을 고려하는 데도 소홀하지 않을 것이다.

물론 많은 부분에서 우리 여성들이 부딪치는 관계를 깊이 파고들겠지만 이 책은 남성들에게도 예상치 못한 기회를 제공할 것이다. 남편과 나는 상담실을 운영하면서 점점 더 많은 남성들이 섹스에 가까워지기보다 쫓기는 듯한 느낌을 받고 있으며, 실생활의 섹스에서 공허감과 불만을 안고 산다는 사실을 알게 되었다. 남성의 몸 역시 마음처럼 움직여주지 못할 때가 많으며 많은 남성 또한 여성들처럼 기존의 섹스에 대한 대안을 하소연하는 실정에 있는 것이다. 소울섹스는 남성을 애무에 의존하는 성불능자의 세계로 인도하는 섹스가 아니다. 그것은 온갖 압박과 탈진상황, 정욕, 그리고 환상과 포르노의 종속에서 남성을 벗어나게 해주며 대신 해방감과 깊은 감수성, 만족감에 -또 감사할 줄 알고 만족하는 여성에게- 다가가도록 도와주는 섹스다. 소울섹스는 온몸에서 쾌감의 파도가 흘러넘치는 오르가슴에 비하면 사정이란 단지 보잘 것 없는 만족에 지나지 않는다는 것을 보여준다.

유감스럽게도 우리에게 이런 형태의 섹스를 말해주는 사람은 드물었다. 미디어에서도 일러주는 일은 거의 없고 학교의 수업시간은 더 말할 것도 없다. 더욱이 우리의 부모 세대는 절대 다수가 그런 것이 있는지조차 알지 못했기 때문에 설명해줄 수도 없었다. 이런 주제를 다룬 소수의 양서가 나온 적은 있지만 여전히 《그레이의 그림자》(E. L. 제임스의 3부작 에로 소설 및 그 영화로 원제목은 《그레이의 50가지 그림자》— 옮긴이) 같은 책에 비하면 비교도 할 수 없을 만큼 관심을 못 받고 있다.

소울섹스는 치료제 같은 것이다. 그것은 마음의 상처를 극복하고 새로운 신뢰를 쌓을 수 있을 정도로 느리지만 꾸준히 효과를 발휘한다. 또 자연스럽게 활기를 되찾는 길로 안내하는 진실한 각성의 수단이다. 소울섹스는 오랫동안 길이 든 굴레에서 우리를 해방시킬 것이며 침대에서 다시 신선하면서도 순수한 애정을 맛보게 해줄 것이다. 긴장에서 벗어나 적극적으로 상대에게 다가가도록 할 것이다. 소울섹스는 자기 자신과 하나가 된 감정을 되살려줄 것이고 부부 관계는 수십 년 만에 생기를 되찾을 것이다. 이것은 평화와 조화를 가져다주고 당신과 파트너가 신뢰 속에서 서로 몰입할 기회를 제공하기 때문이다. 이렇게 하려면 당신은 머릿속의 압박에서 벗어나 다시 자신의 몸과 마음이 깊이 결합하는 방식을 받아들여야 한다. 그러면 섹스는 다시 본연의 모습을 되찾게 될 것이다. 정신을 어루만지며 육체적으로 살아 있는 사랑이 된다는 말이다.

소울섹스는 틀에 박힌 섹스가 아니다. 이것은 부드럽고 기분을 밝게 해주는 것이지만 그렇다고 인습적인 섹스보다 쾌감이나 황홀감이 못한 것도 아니다. 섹스에서 만족과 엑스터시를 맛보려면 불과 몇 초 안 되는 짧막한 광란의 폭발에 얽매일 필요가 없이 긴 과정에서 수없이 발생하는 작은 순간들을 즐기는 법을 배우면 된다. 한 인간에게 자신을 맡기는 법을 배우고 그 사람과 육체적으로 결합하는 가운데 순간순간 자신의 몸속 깊은 곳에서 해방감을 맛보며 거기서 오랫동안 외부에서는 찾지 못했을 환희와 쾌감의 샘물이 솟아나게 하는 것이다. 이 샘은 억지로 만들지 않고 자연스럽게 맡길 때 저절로 열린다.

이런 방식으로 육체적 결합을 할 때 당신은 현재의 자신을 더 생생하게 깨달을 것이다. 머릿속으로 도피하지 않고 충동과 욕망에 휩쓸리지 않으며 파트너와의 바람직한 만남에서 벗어나지 않는 법을 배우게 될 것이다. 소울섹스는 순간에 몰입함으로써 당신을 자신의 몸속으로 더 깊이 안내해주고 거기서 얻는 해방감과 개방을 통해 육체를 넘어 정신적으로 하나가 될 수 있는 영역으로 데려다줄 것이다. 이런 상태에 이르는 것만이 진정 순수한 결합의 감정을 안겨줄 수 있는 것이다.

오늘날 대부분의 사람들은 섹스를 하면서 정말 상대에게 몰두하고 자신을 개방할 때 안정과 신뢰가 중요한 것이지 특정한 장소나 도취적인 환상은 전혀 필요 없다는 사실을 받아들이지 않는다. 또 우리가 한 사람을 진실로 신뢰하고 동시에 자기 자신과 결합하고자 할 때, 정신적인 결합이 필요하다는 사실도 쉽게 무시된다. 섹스는 자기 자신을 돌보지 않고 외부로 빛을 발산하거나 자신을 외면하는 상황으로 이어지는 경우가 너무 많다. 이러면 이내 지치고 상대와 멀어진다.

섹스는 우리 인간에게 주어진 가장 은밀한 소통형식이다. 섹스가 사람에게 큰 매력을 주는 것은 그것이 육체적으로 자신을 발산하고 달랠 수 있는 -아마 스포츠도 비슷할 것이다- 유희공간이기 때문이다. 섹스의 진정한 마력은 그 속에 깃든 원초적인 결합의 힘에 있다. 생명이 담긴 남녀의 육체결합만큼 상호수용과 소속감, 일체감에 대한 열망을 만족시켜주는 것은 없다.

섹스는 재미와 흥분을 안겨줄 수 있고 또 그래야 한다. 하지만 실제로는 피상적인 작은 파동에 지나지 않을 때가 많다. 섹스 깊숙한 곳에는 두 사람이 자신을 넘어 서로 융합하게 하는 놀라운 힘이 도사리고 있다. 소울섹스는 향락과 달콤함, 관능을 외면하지 않고 이렇게 깊은 애정을 되찾는 방법을 보여줄 것이다.

아마 당신은 이 책을 보면서 의문이 생길 것이다. "도대체 뭐라고 하는 거야? 무슨 말인지 당최 모르겠군." 이상할 것도 없다. 지금까지의 얘기는 모두 소울섹스가 진정 무엇인지에 대한 언어적 접근에 지나지 않기 때문이다. 소울섹스는 이성적으로 파악할 수 있는 것이 아니다. 그것은 머리로 하는 것이 아니다. 소울섹스는 어떤 개념이나 기술이 아니다. 소울섹스는 당신의 자연스러운 성적 특징으로서 발견하고 자신의 몸으로 경험해야 하는 것이다. 소울섹스에 달리 접근하는 방법이 있다면 나는 이 책을 쓰지 않았을 것이다. 그러니 정확한 형태가 떠오르지 않는다고 해서 걱정할 필요는 없다. 이 책 2부에서는 이것을 실생활에 응용하는 방법을 구체적으로 다룰 것이다.

게르트와 아니는 소울섹스와 관련한 감정에서 당신에게 최초의 길잡이 역할을 한다고 볼 수 있다. 이들은 늙고 병들었으며 정상으로 보이지 않지만 아주 당연한 듯 즐거움을 추구하는 존재로서 자신을 체험하고 있다. 두 사람은 정욕에 사로잡힌 것도 아니고 특별히 힘을 들이지도 않는다. 그저 단순하게 자신의 몸에서 자연스럽고 기쁨에 넘치는 자극을 경험하고 아무 부끄럼 없이 순진무구한 상태로 이것을 즐길 뿐이다. 이들이 우리와 다른 점이라면 자신의 의사와 무관하게 머리에 지배되는 일이 점점 줄어든다는 것이다. 이들은 치매로 사고의 연속성과 그 밖의 정신적인 능력을 상실했다. 억압이나 불안은 망각의 세계로 사라졌기 때문에 두 사람은 우리 모두의 내면에서 지속적으로 흐르는 자연스럽고 때묻지 않은 성적 에너지를 되찾은 것이다.

우리가 이런 힘을 느끼지 못한다면 그것은 그 힘이 더 이상 존재하지 않기 때문이 아니라 그쪽으로 가는 길이 차단되었기 때문이다. 어쩌면 당신이 오랜 세월 길들여진 섹스에 권태를 느끼기 때문인지도 모른다. 또 당신이 압박감 속에서 섹스에 집착하거나 반대로 섹스에 대해서 아무런 쾌감을 느끼지 못하기 때문일 수도 있다. 당신이 기능장애로 시달리든가 무감각에 빠졌거나 별 감동을 못 느끼기 때문일 수도 있다. 어떤 경우든 이 모든 현상은 당신에게 성적 결함이 있다거나 발기제가 필요하다는 증거가 아니다. 대신 당신은 그 힘으로 가는 길을 차단한 내부의 메커니즘을 좀 더 정확하게 알아야 한다. 자신을 짓누르는 불안감, 부끄러움, 충격, 죄책감, 과거의 상처, 가정의 동력, 윤리적 사고, 조건반사 등등. 상대에게 온전히 몰두하는 길을 차단하는 장애물은 누구나 내면에 잠재돼 있다.

이 모든 차단장치는 당연히 섹스를 할 때 달갑지 않은 것들이다. 그러므로 이런 장애물을 걷어내거나 우리 주변에서 완전히 제거해야 한다. 하지만 섹스를 할 때면 부끄러운 감정이 떠오르면서 몸이 말을 듣지 않는 일이 반복된다. 성관계를 하려고 해도 가까워지는 것에 대한 불안, 제대로 하지 못하거나 성적인 침해를 하는 게 아닌가 하는 불안감이 생긴다. 누군가에게 밀착하려고 할수록 상대에게 자신의 약점만 노출시키는 기분이 든다.

소울섹스는 정상적인 섹스를 할 때, 우리가 환상이나 성적 유희를 통해 몰아내려고 하는 불안감에 맞서 싸우지 않고 조심스럽게 그 불안감을 통과하도록 도와준다. 또 소울섹스는 우리 자신의 몸을 알고 신뢰하는 상태에서 우리 몸에 뿌리를 내리도록 해주고 이런 내면의 안정감을 바탕으로 상대에게 자신을 열도록 도와준다. 이런 상태에서 우리는 마침내 순수한 만족과 평화를 되찾는다. 두 사람이 가장 은밀하게 결합하는 형태 속에서 우리가 가진 성적 에너지가 다시 자유롭게 흐를 때까지 쾌감에 다가가고 동시에 불안을 받아들임으로써 불안을 해소한다고 믿기 때문이다.

그렇다고 당신이 섹시한 여성이어야 한다거나 정력이 흘러넘치는 호색한일 필요는 없다. 젊고 싱싱할 필요도 없으며 셀룰라이트(여성의 배, 허벅지, 엉덩이 등에 주로 형성되는 지방덩어리. 또는 이런 지방으로 이루어진 부분비만─옮긴이)가 있어도 상관없다. 비아그라가 필요하지도 않고 남성의 그것이 크고 단단해야 하는 것도 아니다. 자연스러운 섹스를 되살리는 데는 인위적인 행동과 거부감에서 벗어나 조심스럽게 자신을 열고 자신의 몸을 다시 정확하게 느끼며 신뢰하는 법을 함께 배울 한 쌍의 남녀만 있으면 된다.

당신의 마음속에서는 어쩌면 자주 가까운 관계를 맺어야 한다는 생각이나 수치감, 불안감이 떠오를지도 모른다. 부끄럼만 없다면 이 책에서 소개하는 모든 것은 잘될 것이다. 온갖 불안이나 회의, 체념에도 불구하고 소울섹스를 알게 된다면 이것이 얼마나 가치가 있는 것인지를 경험할 것이다. 소울섹스는 불안과 수치를 극복하고 압박감이나 특별한 요구사항이 없이 자신과 다시 만나는 최선의 길이다. 소울섹스를 통해서 오랜 시간 당신 자신과 파트너 사이에 세워진 보이지 않는 벽은 허물어질 것이다.

처음부터 솔직하게 말하자면 소울섹스를 위해서는 수세적인 상황에서, 또 말도 못하고 전전긍긍하는 환상의 세계에서 빠져나오려고 하는 도전적인 자세가 필요하다. 당신은 때로 박탈감에 중독되었다는 느낌을 받을 수도 있다. 또는 조화로운 생활을 하고 싶은 욕구가 차단되었다고 느끼거나 성생활을 계속 발전시키고 거기에 생기를 불어넣음으로써 관계를 호전시킬 파트너와 쉽지 않은 싸움을 감수해야 한다고 느낄 수도 있다. 하지만 소울섹스가 충분한 가치가 있다는 내 말을 믿기 바란다.

소울섹스는 자기 자신을 되찾기 위한 접촉과 거기서 온전한 느낌을 맛볼 기회를 당신에게 제공할 것이다. 또 두 사람 사이에 가로 놓인 벽을 허물어트리고 아마 오랫동안 동경했을 부부로서의 생동감과 일체감을 되찾는 데 도움을 줄 것이다. 하지만 앞에서 말한 대로, 중도에 압박감에 쫓기거나 도피기제(심리적으로 느끼는 억압으로부터 벗어나기 위하여 현실을 벗어나 비현실적인 세계에서 안정을 찾으려는 방어기제—옮긴이)에 직면하기도 할 것이다. 하지만 그 압박감을 있는 그대로 받아들이면 결국 자신을 되찾고 당신 자신의 몸속에 안착할 수 있을 것이다. 당신은 마침내 불안을 알게 되고 아무 저항감 없이 느끼는 가운데 그 불안이 정체를 드러내고 새로운 에너지로 바뀐다는 사실을 경험하게 될 것이다. 아마 당신은 자꾸만 '왜 내가 그토록 오랫동안 이 모든 것을 피하려고 했지? 왜 진작 새로운 시도를 하지 못했을까?'라는 생각을 할지도 모른다.

당신이 이 새로운 길을 향해 자신을 개방하고 천천히 그 길을 걸을 기회를 허용한다면 당신은 오랫동안 동경해온 감정을 되찾을 수 있다는 것을 알게 될 것이다. 당신이 백마의 기사나 섹스의 여신이 될 필요는 없다. 그저 자신과 파트너의 몸을 다시 순수한 상태에서 느끼는 법을 배우기만 하면 된다. 그러면 몸이 깨어나 별달리 인위적인 노력을 하지 않아도 거의 은연중에 아주 살며시 하지만 점점 뚜렷하게 서로 일체감을 맛보는 가운데 소통이 시작될 것이다. 당신은 자신의 몸이 상대와 교대로 울리는 악기 같다는 사실을 발견할 것이다. 당신이 조용히 자신의 가슴을 열고 자신의 내부에서 사랑이 흐르게 하는 법을 배운다면 놀라운 음악을 연주하며 환희의 감정으로 속삭이는 소리를 낼 수 있다.

'말도 안 돼!'라는 생각을 할 수도 있다. 섹스에서 느끼는 좌절감이 너무 오래 지속되었기 때문이다. 당신과 파트너 사이에 생긴 감정의 골이 너무 깊기 때문이다. 이 좌절감을 받아들이고 깊게 파인 감정의 골을 존중하라. 수년째 파트너와 잠자리를 하지 않고 둘 사이를 차단하는 장애물 때문에 또는 욕구를 충족시키지 못하는 육체적 만남에 멀미가 나서 체념하고 있는 바로 그 상태에서 소울섹스는 부드럽게 문을 열 것이다.

섹스는 사실 건강에 유익한 것이다. 짜증을 유발하거나 좌절감을 준다는 이유로 섹스를 부담스러워 한다면 당신은 자신을 사랑하지 않는 것이다. 육체적으로 함께 욕구해소를 하지 못하는 부부에게 긴장과 거리감의 문턱이 얼마나 높은지 당신은 절대 모른다. 육체적인 만남은 일상생활에서 주고받는 대화나 공동의 활동과는 전혀 다른 차원에서 우리에게 감동을 준다. 그 만남은 우리에게 더욱더 쓰라린 상처를 주고 혼란을 가져다주기도 하지만 동시에 한층 더 깊은 차원에서 우리를 만족시키고 감동을 주기도 한다.

섹스는 만족스럽지 못하거나 활기를 잃을 때 모든 부부문제의 근원이 될 수 있다. 또 섹스는 부부가 새로운 방법으로 그것에 접근할 때 이런 문제를 치료해주는 수단이기도 하다. 섹스가 휴면 중이거나 혼란스러울 때, 당신은 부끄러워하거나 상대에게 책임을 전가하지 말고 육체적으로 서로 상대에게 몰입하는 방법을 함께 찾아야 한다. 이렇게 접근하기 위해 온갖 시간을 들이면서도 당신은 어떻게 하는 것인지 몰라 망설일지도 모른다. 2보 전진을 하고 1보 후퇴를 할 수도 있다. 이 모든 것이 방법의 일부가 될 수도 있다.

다만 중요한 것은 당신이 방법을 찾으려고 시도를 한다는 것이다. 바로 그런 상황에서 당신은 이 책을 단계적으로 활용하면 된다. 이 책은 당신에게 다양한 방법을 전해주는 구체적인 묘사와 사례, 경험에 대한 보고로 가득하고 어떻게 하면 체념과 수치감, 억압, 저항감, 기능장애, 불안, 욕구불만, 환상, 중독 및 과거의 역사와 상처에서 벗어날 수 있는지 일러줄 것이다. 어떻게 당신 자신과 몸을 더 잘 이해하고 수용할 수 있는지, 어떻게 육체적 만남의 새로운 형식으로 가는 길을 발견하여 당신이 느끼는 압박감을 천천히 털어낼 수 있는지 보여줄 것이다. 서로 상대를 육체적으로 재발견하고 그 상태를 지속하는 가운데 자신의 불안과 파트너의 저항이나 도피경향에서 물러서지 않는 법을 가르쳐 줄 것이다.

당신은 자신과 파트너에게 특별한 능력이 필요 없고 뭔가를 먼저 해내야 할 필요도 없다는 것을 알게 될 것이다. 단지 당신이 과감하게 현 상태를 벗어나려고 노력하면서 소울섹스를 시도하고 자신의 생활 속으로 불러들인다면 당신은 소울섹스가 얼마나 일상에 폭넓게 영향을 주고 집 안에 다시 평화와 휴식이 깃들게 하는지, 당신과 파트너가 더 빈번하게 자연스러운 감정의 파도를 함께 타도록 만들어주는지 경험할 것이다.

이 순간 섹스에서 얼마나 멀어졌다고 느끼는지, 얼마나 섹스에서 좌절감을 맛보고 피곤해하는지는 상관없다. 얼마나 억압과 불안에 시달리고 상처를 받고 혼란에 빠졌는지, 또 얼마나 분노하고 저항감으로 가득 차 있는지, 얼마나 섹스에 중독이 되고 조절을 못하며 정욕에 빠졌는지, 뜻대로 되지 않아 얼마나 침울해하고 체념상태에 빠졌는지, 이 모든 것은 중요하지 않다. 소울섹스는 당신에게 느릿느릿 조심스럽게 이 모든 장애물을 통과하는 과정을 보여줄 것이다. 당신이 섹스를 위해 자신을 연다면 소울섹스도 당신에게 문을 열 것이다. 섹스는 우리들 모두의 내면에 잠재된 본능이다. 섹스는 인위적으로 만드는 것이 아니라 속박에서 풀어주어야 하는 것이다.

열여섯 살 때인가,
30대 말인가?

송 ♥ 우

내가 처음으로 섹스를 한 것은 열여섯인가 열일곱 살 때였다. 그리고 처음 소울섹스를 접한 것은 30대 말이었다. 이 두 차례의 경험 모두 당혹스러웠고 나는 내 안에서 일어난 현상에 놀랐다. 첫번째는 외형상 분명히 섹스였지만 내면적으로는 이상하게 혼란스런 느낌이었다. 하지만 첫 번째 소울섹스는 그때까지 내가 섹스라고 표현한 것과는 전혀 달랐다. 세포 하나하나가 완벽한 황홀감(엑스터시)과 행복감에 압도된 느낌이었다. 얘기를 처음부터 다시 시작하는 것이 좋을 것 같다.

　첫 경험을 했을 때 나는 운이 좋았다. 나는 사랑에 빠졌고 내 남자친구는 내가 신뢰할 수 있을 만큼 멋지고 감정이입의 능력이 있는 사람이었다. 하지만 첫 섹스를 하고 난 다음, 나는 왠지 모르게 묘한 실망과 공허감에 사로잡혔다. "섹스가 이런 것이었어? 다들 끝없이 주절대고 꿈꾸는 섹스라는 것이?" 남자친구와 나는 오르가슴을 느꼈다. 그것은 분명히 자극적이었다. 내가 평가할 때, 좋은 느낌이었다. 하지만? 하지만…….

섹스가 끝난 뒤 나는 다시 침대에 누워 그 과정을 음미해보았지만 내면적으로는 느낌이 희미했다. 마치 잠깐 하늘로 붕 떴다가 다시 하늘을 뒤덮은 구름에 가린 기분이었다. 뭔가 부족했다. 내 안에 있는 뭔가를 건드리지 못한 느낌이었다. 그것이 뭔지는 몰랐다. 말로 할 수 있는 것이 아니었고 그때까지 다른 사람이 말로 하는 것을 들어보지도 못한 무엇이었다. 그것은 나의 내면 깊숙한 곳에 있는 것으로서 표현할 수 있는 적당한 말이 떠오르지 않았다. 마침내 개통식을 치렀다는 느낌이 아니라 섹스라는 이름의 거대한 비밀 앞에서 갑자기 접근이 차단된 기분이었다. 하늘을 가린 구름에 매달려 있지만 그 뒤에 해가 빛나는 것을 아는 느낌이었다. 이때부터 나는 첫 사냥을 나가서 사냥감을 잡지 못한 사냥개 같은 존재였다(대개 이런 개들이 여기저기 흩어져서 밀렵꾼이 된다).

나는 나도 모르는 뭔가를 찾기 시작했다. 자꾸만 호기심이 일었고, 거리낌이 없었으며 솔직하게 섹스와 관련된 것이라면 무엇이든 가리지 않고 알려고 했다. 마치 뭔가 비밀을 캐러 다니는 사람처럼 보였으리라. 때로는 재미도 느꼈고 자극적일 때도 있었지만 내가 찾은 것은 만족스럽지 못할 때가 많았다. 그것은 야성적인 자연 같기도 했고 신비로운 세계로 보이기도 했지만 시간이 갈수록 뭔가 부족하다는 느낌이 들었으며 내 깊은 내면에서 지속적으로 감동을 맛보는 일은 전혀 없거나 있어도 아주 드물었다. 무엇보다 내 마음속에는 어떤 동경이 싹텄고 조용한 슬픔의 여운이 가시지 않았다. 한 파트너와 헤어지고 일정 기간이 지난 다음 다른 상대의 품을 찾고 있을 때면 마치 엄청난 삶의 비밀이 나에게 접근을 허용치 않는 것 같은 기분이 들었다. 정말 이상한 것은 어떤 비밀이 더 남아 있는지 전혀 모르면서도 왠지 모르게 분명히 그런 비밀이 존재한다고 생각했다는 것이다. 나는 그렇게 끊임없이 그것을 찾았다. 마치 인내를 숙명처럼 여기는 사람처럼 끈질기게 찾았다.

사랑 속에서 나 자신을 시험했지만 확인한 것은 언제나 사랑의 조각에 지나지 않았다. 한 남성에게서 마음의 위안을 얻고 피난처를 찾았다는 느낌이 들 때면, 언젠가는 정열이 사라지고 대신 불안으로 안절부절못할 것이며 결국 다시 그 비밀을 찾아 나서게 될 것이라는 확신이 들었다. 쾌감은 다시 충족되었지만 그것은 대개 사랑에 대한 희망 이상의 느낌은 가져다주지 못했다. 섹스와 사랑은 영원히 함께할 수 없는 문제였다. 사랑 속에 자신을 가둬두지 않으면 사랑과 남성을 다시 잃어버릴 것이라는 불안감이 생겼다. 하지만 이런 경우 나는 대개 정열이 넘치는 생활과 쾌락을 선택했다.

쾌락과 정열의 전문가들은 어머니에게 자랑스럽게 소개할 수 없는 유형으로 보였다. 섹스에 어울릴 것 같은 활동적인 카우보이 (낭만적으로 자유롭게 사는 남성)나 자극적인 애인은 어느 모로 보나 삶에 위협적인 존재로 여겨졌다. 카우보이와 관계를 맺는 것은 긴장되고 도취적이며 모험적일 때가 많았다. 하지만 결국 남는 건 쓸쓸함과 가슴의 상처뿐이었다. 그것은 사랑의 유희에 불과했고 제약이 없는 대신 책임도 따르지 않았기 때문이다.

이 밖에도 손에 잡히지 않는 상대는 많았다. 사랑을 동경하는 남성들은 정작 사랑이 다가오면 언제나 사랑으로부터 도망칠 태세를 취하는 유형이었다. 이런 남성들과 지낼 때면 포근함이 느껴지고, 가볍지만 육체적 만남으로 이어지면서 언제나 낭만적인 사랑에 대한 예감이 들었다. 하지만 결국 마음이 따르지 않는 그런 섹스는 실생활에 부닥칠 때 아무런 힘을 쓰지 못했다. 서로가 확신이 없었고 일상을 공유할 수도 없었다. 마음이란 언젠가 완전히 바닥이 날 때까지 희망을 먹고 살아야 한다. 희망이란 결코 완전히 실현되지 않는 것이기 때문이다. 섹스는 이별을 두려워하지 않고 적어도 충분히 거리를 둔 상황에서 몸을 맡길 때만 축제가 될 수 있었다.

다행히도 나는 일상을 공유하면서 서로 솔직하게 마음을 털어놓는 대단한 사랑을 경험하기도 했다. 내게는 함께 자라면서 가깝게 지내고 일체감을 느낄 수 있는 남성이 두 명 있었다. 두 사람 모두 나와 서로 속마음을 털어놓는 사이였다. 나는 비밀을 찾았다는 느낌을 두 번이나 받았다. 하지만 두 사람과의 만남 모두 살아 있는 내 몸에서 나 스스로 마음을 거둘 수밖에 없는 상태로 끝나고 말았다. 이들과 헤어진 것은 내가 원하는 쾌감이 서로의 관계에서 사라진 것이 한없이 서글펐기 때문이다. 우리는 젊었고 육체적인 사랑의 비밀을 가르쳐주는 사람은 아무도 없었다. 우리는 고통스런 눈물을 흘리며 이별이 아쉬워 서로 부둥켜안으면서도 왜 섹스의 감각이 우리도 모르는 가운데 어디론가 새나갔는지는 알지 못했다. 그때 누군가 섹스와 사랑을 함께 누리는 방법을 가르쳐주는 사람이 있었다면 나는 그 방법을 찾기 위해 온갖 노력을 다했을 것이다.

이러는 가운데도 일상의 생활은 이어졌고 나는 내면적인 갈등에 휩싸였다. 나는 나 자신도 정체를 모르는 뭔가를 찾고 있었다.

그리고 뭔가 찾아내면 언제나 그것은 내가 찾던 것이 아니었다. 이런 딜레마는 결혼생활을 하며 절정에 이르렀다. 처음부터 끊임 없이 섹스를 했지만 서로 멀리 떨어져 있다는 느낌을 받을 때가 종종 있었다. 육체적으로는 가까이 있어도 정신적으로 일체감을 느낀 적은 별로 없었다. 우리는 서로 완전히 다른 세계에 살고 있었다. 전혀 공유할 수 없거나 차마 말로 표현할 수 없는 부분 이 너무 많았다. 더러 일상적인 대화를 하기는 해도 깊은 교감을 나눈 적은 드물었다. 정서적으로 남편에게 접근하려고 하면 남 편은 그 상황에서 빠져나갔다. 섹스에 관한 한 남편은 적어도 육 체적으로는 옆에 있었다. 하지만 나는 이 무렵 늘 가벼운 불쾌감 이 치밀어 올라 즉시 뿌리치고는 했다. 그러다가 언제부턴가 남 편이 육체적으로 접근하는 일도 사라졌다. 키스를 해도 아무 감 각이 없을 때가 많았다. 함께 춤을 출 때도 몸은 뻣뻣하게 경직 되어 있었다. 나는 때로 죽는 날까지 섹스와는 차단되었다는 느 낌이 들었다. 삶에 뭔가가 결여된 것 같았다. 도대체 그것이 뭘 까? 하지만 이 신호는 너무도 미세해서 나는 별로 심각하게 받 아들이지 않았고 아무 때고 털어버릴 수 있는 하찮은 문제로 여 겼다.

언젠가 남편 뒤에 서 있던 적이 있었는데, 라디오에서는 소울 음악이 나오고 있었다. 음악에 폭 빠져든 나는 온몸이 감전된 것 처럼 짜릿해지면서 저절로 몸이 움직여졌다. 나는 남편의 등에 기댄 채 음악에 취해 눈을 감았다. 그리고 나도 모르게 남편을 관 능적이면서도 에로틱한 그 흐름 속에 끌어들이려고 했다. 남편은 따라서 움직였지만 아무런 교감이 없었다. 나는 물론이고 음악이 나 자기 자신에 대한 교감이 없었다. 동작을 따라 하기는 했지만 자연스럽게 몸을 내맡기지는 못했다. 마치 나의 내면에 흐르는 그 섬세한 선율에 무감각하거나 정신적으로 얼어붙은 것 같았다. 내 안의 것은 남편에게 하나도 전달되지 않았다. 모든 관능의 쾌락은 허공 속으로 사라지거나 딱딱하게 굳어버렸다.

나는 당시 이런 체험을 정확하게 뭐라고 부를지 몰랐다. 지금 와서 돌이켜보면 남편과 나 사이의 이 미묘한 부조화를 상세하게 묘사할 능력이 없었다. 우리의 육체는 단순하게 방해받는다는 미세한 감정이 계속 쌓여 있는 상태였다. 이때의 장면은 셀 수 없이 많은 무질서한 작은 순간들 중의 하나였다. 그 속에는 어떤 원초적인 여성성이, 나와 남편의 만남 사이에 분명하면서도 아주 섬세한 뭔가가 허공으로 흩어져 우리도 모르는 사이에 서글프게 시들어버린 것 같았다. 이렇게 작고 미묘한 부조화가 이어질 때마다 거의 눈치 채지 못한 가운데 나의 내면에서는 야릇한 체념의 감정이 퍼져나갔다. 부드러워야 할 것은 굳어버렸고 생기가 흘러넘쳐야 할 것은 얼어붙었다. 관능은 마비되었다. 이런 상태로 계속 섹스를 하는 가운데 내 내면의 여성성은 나도 모르게 차츰차츰 말라죽어갔다.

하지만 앞에서 말한 대로, 나는 이 모든 것을 제대로 알지 못했다. 내가 아는 것은 단지 갈수록 키스를 해도 아무 느낌도 없고 섹스가 무의미해졌다는 것뿐이었다. 이런 식으로 우리는 서서히 하지만 분명히 일상적인 부부가 되었다. 시간이 있을 때면 기계적인 섹스를 했다(이마저도 갈수록 드물어졌다). 그 밖에는 인사로 하는 입맞춤이나 습관적인 애무, 텔레비전을 보면서 버릇처럼 몸을 밀착하는 것밖에 없었다.

어느 날 저녁인가 퇴근한 남편이 습관적으로 나를 안고 키스를 하려고 했다. 나는 그 순간을 지금도 또렷이 기억한다. 이것 또한 방금 말한 순간들 중의 하나로서 나를 더욱 일상의 굴레에서 뛰쳐나가고 싶게 만드는 생활의 한 장면이었다. 그럴 때면 나의 내면에서는 오랫동안 억눌려 있던 반항심이 터져 나왔다. 남편의 일상 속에서 사소하게 취급되는 짧은 순간마다 그가 나를 안을 때면 내 속에 있는 모든 감정이 반란을 일으켰다. 나는 남편을 홱 떠밀면서 "이런 건 더 이상 견딜 수 없어"라고 흐느끼는 목소리로 말했다. "이렇게 지루하고 무의미하고 마음에도 없고 감정이 없는 키스따윈 하고 싶지 않다고!" 남편은 그 자리에 우두커니 서서 영문을 몰라 어리둥절한 표정을 지었다. 나 역시 생각지도 못한 행동이어서 자신의 강렬한 감정폭발에 스스로 깜짝 놀랐다. 나도 모르는 사이에 격한 감정에 휘말린 것이다. 남편은 아무 말 없이 방금 들어온 문을 열고 밖으로 나갔다. 그 상황에서는 침묵과 도피가 강렬하고 불쾌한 감정을 피하기 위해 그가 선택할 수 있는 유일한 방법이었다. 하지만 앞으로 무슨 말을 할지, 무엇을 해야 할지는 나도 몰랐다.

이후 우리는 그 일에 대해서는 서로 입을 다문 채 하루하루의 일과를 이어나갔지만 그때까지 당연한 듯이 반복하던 무감각한 키스와 포옹은 피했다. 내 속에서는 형용할 수 없는 감정의 덩어리가 치밀었다. 하지만 나는 나에게 뭔가 결핍되었다는 것을, 여기서 이런 식으로 내 인생을 계속할 수는 없다는 것을 분명히 알았다. 비록 수많은 부부들이 은혼식이 될 때까지 그런 키스와 포옹을 계속할지라도.

한동안 말없이 지내다가 언제부턴가 우리는 다시 말을 하기 시작했다. 물론 말을 한다고 해봤자 대부분 알맹이 없는 논의를 하거나 서로 자기주장만 되풀이하는 것이 대부분이었다. 두 사람 다 이 막다른 길에서 어떻게 빠져나가야 할지 알지 못했다. 또 어떻게 그런 지경에 이르게 되었는지도 몰랐다. 그 상황에서 남편이 선택한 유일한 해결책은 궤도 이탈과 집에 들어오는 횟수를 줄이는 것뿐이었다. 그리고 나는 점점 체념상태로 빠져들었다. 내 잠재의식 속에는 자신에 대한 회의가 싹트기 시작했다. 그러다가 어느 시점엔가 극심한 좌절감에 빠진 나는 그 상황에서 빠져나가기 위해 스스로 새로운 자극을 찾게 되었다.

나는 신체 탐험여행을 시작했다. 자유무용(독일 표현주의 운동에서 시작된 유럽댄스의 한 가지로 표현 댄스라고도 함―옮긴이)과 바디 테라피(신체기능 및 운동능력을 개선하는 치료법―옮긴이)를 시도해보았고, 인지능력을 섬세하게 키우면서 신체로 감정을 표현하는 자기체험 동호회에도 나갔다. 그리고 실제로 이 무렵에 내 안의 섬세한 여성성이 다시 수줍게 꿈틀대기 시작했다. 나도 모르게 내 안에서 달콤한 기쁨과 생동하는 힘이 순수한 형태로 피어오르며 나를 압도할 때가 많았다.

완전히 새로운 세계가 열리고 있었다. 나는 자신의 내면으로 들어가 긴장을 풀고 자신을 보다 섬세하게 인지하며 몸으로 소통하는 법을 배웠다. 이것은 매혹적인 탐험여행으로서 머리와는 별 상관이 없이 몸과 정신으로 체험하는 부분이 많았다. 몸속으로 깊이 가라앉으면 오직 생명의 진동과 강렬한 에너지의 흐름만 느낄 때가 많았다. 이 순간 나는 깊은 행복감에 젖어 나 자신과 일체가 되는 희귀한 느낌을 경험했다. 모든 억압과 분주한 일상이 나에게서 떨어져나가는 기분이었다.

시간이 가면서 나는 내면 깊은 곳에서 긴장이 해소될 때, 자신과 일체가 되는 놀라운 감정을 경험한다는 사실을 깨달았다. 이런 감정에 이르는 데 따로 필요한 것이 없다는 것은 정말 놀라운 일이었다. 환각상태나 자극도 필요 없고 특별한 행동방식이나 요령도 필요 없었다. 단지 적당한 음악과 미세운동(외부에서는 거의 알 수 없는 무게 이동이나 근육이완을 위한 운동 — 옮긴이), 내면과 접촉할 때의 입김이나 이에 필요한 호흡 방식만 갖추면 극히 짧은 순간에 이런 감정이 풀려나온다. 때로는 기가 다 빠져나가고 억압으로부터 해방되기 위해 충분히 긴장을 풀어 아무것도 통제할 수 없을 때 올라오기도 한다.

하지만 나는 이런 체험이 감각적이고 심리적인 만족을 준다고 해도 섹스와 관계가 있으리라고는 전혀 생각하지 못했다. 어느 쪽이든 오로지 나의 내면에서 일어나는 경험이었기 때문이다. 그러다가 한 세미나에서 싱글렛(속셔츠 형태의 운동복 — 옮긴이) 차림의 낯선 남성을 만났다.

우리는 그 이전에 만난 적이 없었고 그 이후로도 다시 보지 못했다. 서로 말을 나눈 적이 없었기 때문에 그의 목소리도 낯설었다. 나는 몇 초 동안 그를 쳐다보았고 그 사람도 똑같이 나를 보았다. 아무런 교감도 없었다. 눈길을 마주치기는 했지만 우리는 서로 낯선 사람들이었기 때문에 그 상태에서 서로 바라보기만 했다. 우리는 이윽고 시선을 돌리고 서로 등을 맞댄 채 매트리스 위에 앉았다. 조금 어두운 실내에서 알 수 없는 관능적인 음악이 울리는 가운데 남성의 근육이 내 어깨에 닿고 척추의 곡선이 내 등에 닿는 느낌이 왔다. 등을 맞대고 있어서 남성의 얼굴을 볼 수는 없었다. 이런 상황에서 나머지 모든 감각이 또렷해지며 최고의 인지상태에 이르렀다. 그가 들이쉬고 내쉬는 숨결이 등으로 느껴졌다. 그가 심호흡을 하면 나에게 그대로 전달되었다. 나도 무의식중에 깊은 숨을 토해냈다. 그가 다시 호흡을 하면 나도 따라서 호흡하는 식이었다. 드디어 남성의 동작이 리듬을 타기 시작했다. 내 동작도 음악에 맞춰졌다. 남성의 호흡은 계속 등의 동작으로 연결되었고, 내 숨결도 따라서 등으로 전해졌다. 그가 앞으로 몸을 숙이자 그의 등에 기대고 있던 내 몸이 뒤로 젖혀졌다. 남성이 숨을 들이쉬고 다시 등을 일으켜 세운 다음 이번에는 내가 머리를 무릎까지 깊이 숙이자 그의 등이 뒤에서 부드럽게 내 등을 눌렀다.

내가 별도로 한 행동은 하나도 없었고 남성도 마찬가지였다. 그저 우리는 한 파도를 탄 것뿐이다. 시작도 끝도 없는 음악과 호흡의 바다였다. 호흡이 길어질수록 우리의 동작은 점점 더 커졌다. 등을 통한 접촉은 확대경으로 들여다보듯 갈수록 느낌이 선명해졌다. 내 정신은 몸속으로 흠뻑 빠져들었다. 그러자 모든 세포가 하나하나 열리기 시작하면서 기쁨이 충만한 행복감이 온몸을 타고 흘렀다. 나는 감전된 것 같은 상태에서 순수한 감성의 세계로 빠져들었다. 내 안에 있는 여성이 완벽하게 깨어나 모든 자극과 하나가 되었다. 음악이 천천히 멎으면서 우리의 호흡도 다시 평온해졌고 감각의 파도에서 내려 각자의 몸으로 돌아갔다.

우리가 등을 떼고 일어나자 나는 다시 낯선 여성으로 돌아갔고 그는 다시 낯선 남성으로 돌아갔다. 싱글렛과 조깅용 바지를 입은 남성은 황홀한 눈빛을 하고 알아듣기 힘든 퀼른 사투리로 말했다. "같이해서 정말 좋았어요. 이런 경험은 난생 처음이군요." 대강 이런 뜻이었다. 나도 이런 경험은 처음이었다. 짜릿한 쾌감에 압도된 나는 행복감을 맛보았다. 바디 테라피 세미나에서 두 사람이 무작위로 짝을 지어 하는 간단한 훈련이었다. 체조용 매트에 앉아 긴장을 풀고 순수한 결합으로 자신을 해방시키는 이 연습은 나에게 해탈의 경지를 느끼게 해준 것 같았다. 피드백 시간에 나는 방금 경험한 것을 어떻게 표현할지 몰라 더듬거리다가 수줍게 한마디로 말했다. "전신 오르가슴 같았어요."

나는 이 체험의 매혹을 뿌리칠 수 없었다. 너무도 인상 깊고 달콤하며 황홀한 기분에 마치 내가 아는 어떤 오르가슴보다 더 해방된 기분으로 내면 가장 깊은 곳으로 침잠하는 기분이었기 때문이다. 다른 사람과 뭔가 함께함으로써 내 몸속에서 진정한 감성을 경험한 것이다. 뭔지는 몰라도 정확하게 내가 계속 찾고 있던 것이었다. 이 경험은 그때까지 내가 성적 경험에서 맛본 제한되고 충동적인 쾌감을 초월하는 것이었다. 온몸을 건드리는 느낌이었다고나 할까. 지금 생각해봐도 마치 심장과 영혼까지 번져나가는 것 같은 일종의 전신 오르가슴이라는 말 말고는 달리 표현할 길이 없다.

실제로 이런 경험을 할 수 있는 섹스가 있다는 것을 내가 알게 된 것은 한참 시간이 지난 뒤, 《신성한 성적 사랑 Sexual love the divine way》이라는 이상한 제목의 작은 책을 접했을 때였다. 이 책은 다음과 같은 말로 시작되었다.

"여성의 근본적인 고통과 끊임없는 불만은 남성이 육체적으로 접근
하지 않는 데서 나온다. 여성의 무절제한 감정과 우울증, 좌절감(…)
은 사랑의 행위를 하는 동안 아주 섬세하고 깊은 곳에 있는 여성의
에너지를 끌어 모으지도 못하고 풀어내지도 못하는 남성의 성적 무

기력에 기인한다. 믿을 수 없이 아름답고 신성한 이 에너지는 강렬하고 엄선된 것이며, 흔히 그렇듯이 여성에게 이 에너지가 미개발 상태로 있을 때는 퇴화되어 신체적, 정서적으로 장애가 생기고 마침내 신체적 결함으로 굳어진다. 만물은 모태에서 나오는 법이다."

이 인용문은 성적으로 좌절한 여성주의자의 보복심에서 나온 것이 아니라 심리치료사인 배리 롱Barry Long이 –섹스와 여성을 좋아하는 70대 남성– 글로 표현한 말이다. 이 말은 가슴을 저리게 하면서도 왠지 모르게 나를 부끄럽게 만들었다. 나는 남성 혐오자가 아니고 앞으로도 그럴 생각이 없었기 때문이다. 나는 섹스에 실망한 데 대해 상대에게 책임추궁을 할 생각은 추호도 없었다. 하지만 이 말에서 다시 경험을 쌓을 기회를 잡았다.

나는 남성과 섹스를 할 때 대개 내 안의 관능과 감성이 건드려지지 않는다는 느낌이 있었다. 하지만 '전신 오르가슴의 경험'이후로 일단 솟구쳐 나오기만 하면 그 '엄선된' 황홀감으로 모든 것을 아우르는 힘이 실제로 존재한다는 것을 알았다. 자기체험을 하던 이 무렵 남편과 이것을 주제로 대화를 하면서 그 섬세한 힘과 믿을 수 없는 내 체험을 들려주었다. 하지만 내 말은 남편이 이해하거나 호기심을 느낄 만큼 전달력이 없었다.

하지만 이 강렬한 체험을 통해 내 안에서는 이미 문이 열려 있는 상태였다. 남편이 이해하든 말든, 내 체험에 흥미를 갖든 말든 상관없이 그 문은 열려 있었다. 때로는 남편과 섹스를 할 때도 아주 미세한 틈이 열리는 경우가 있었다. 전신 오르가슴을 맛볼 때 체험한 것과 비슷했다. 그러다가 갑자기 속으로부터 아주 섬세하고 쾌감이 넘치는 파도가 온몸을 타고 표면으로 올라왔다. 이 파도는 방금 우리가 나눈 행위의 결과와는 무관한 것이었고 우리의 행위와는 상관없이 나타났다. 그것은 섹스에서 나오는 쾌감이 아니었다. 흥분이나 충동이 없었고 어떤 요구나 욕심도 없었다. 단지 아주 섬세하고 편안한 느낌을 주면서도 극히 엄선된 그 무엇이었다. 이 파도는 거의 알아챌 겨를도 없이 빠르게 훑고 지나갔으며, 잠시 반짝하며 내 몸 깊숙한 곳에서 올라오는 것 같았다.

이에 비해 남편의 동작과 자극이 뒤섞인 섹스는 표면에서만 머물렀고 내면에서 고동치는 그 느낌에 비하면 거의 하찮고 답답한 것이었다. 때로는 아직 온몸이 달아오르기도 전에 이 색다른 섬세함과 엄선된 쾌감이 느껴지는 경우가 있었다. 다가오라고 손짓하는 듯 환희에 가득 찬 그 느낌은 매혹적으로 나를 끌어당겼다. 그 신호가 나타날 때마다 나는 행복감을 맛보았다. 마치 "자, 시작해. 모든 잡념을 멈추고 조용히 나에게 다가와"라고 말하는 것 같았다. 이 파도가 솟구칠 때면 남편과 그것을 공유하고 싶었지만 남편은 엉뚱하게 바깥세상의 자극과 동작에 불과한 표면에 갇혀 있는 섹스에만 몰두했다.

하지만 내면의 그 섬세함은 이런 동작과 자극을 통해 방해를 받아 마비되고 마침내 증발해버리는 것 같았다. 마치 노루사냥을 하며 불빛을 비출 때, 노루가 놀라 도망치는 것과 비슷했다. 이렇게 섬세한 섹스의 엑스터시가 쫓겨날 때면 서글픈 기분이 들었다. 남편을 조용하고 황홀한 그 세계로 데려갈 수 없기 때문에 나는 외로움을 느끼고 체념 상태에 빠졌다. 동시에 남편이 바라보는 섹스의 세계가 언제나 하찮아 보여서 좌절하곤 했다.

하지만 이제 배리 롱의 글을 통해서 "강렬하고 엄선된" 여성의 "아름답고 신성한 에너지"가 내 삶 속에 있다는 것을 처음으로 알게 되었다. 남성은 이 "지극히 섬세하고 깊은 여성의 에너지를 끌어 모으지도 못하고 풀어내지도 못한다"는 것을. 비록 삭막한 현실을 지적하기는 했지만 한없이 위안을 주는 구원의 말이기도 했다. 그런데 누군가 이런 말을 했다. 내가 섬세한 내면의 체험에 집착하기 때문에 외롭고 불안한 느낌을 받는 거라고. 또 어떤 이는 나의 내면적인 자극을 정확히 파악하고 나서 나에게 그런 것만 있으면 외롭지 않다고 말해주기도 했다. 그리고 마침내 나의 내면적인 체험에 이름을 붙여주는 사람이 있었다. 사랑이라고.

나의 전신 오르가슴은 사랑에 대한, 그리고 온전하게 인식하는 감성에 대한 여성의 원초적인 체험이었다. 이것은 몸에서 나온 자극과 움직임에 나 자신을 전적으로 내맡기는 과정이었다. 낯선 남성과 등을 맞대고 있을 때 머리부터 발끝까지 사랑의 감정 속에서 나 자신을 경험했다. 내 몸은 완전히 이 흐름에 빨려 들어갔다. 몸은 기능이 원활했고 완벽했으며 사랑이 넘쳐흘렀다. 문득 오랜 세월 내 몸에 이상이 생겼던 것이 아니라는 것을 깨달았다. 단지 몸의 신호를 무시했거나 제대로 해석하지 못했을 뿐이다. 섹스를 할 때 몸이 경직되거나 능동적으로 움직이지 못한 것은 몸이 말을 안 들어서가 아니라 몸을 올바로 체험하지 못했기 때문이다. 몸이 예상치 못한 순간에 달콤함과 행복한 흐름에 반응을 보인 것은 몸이 새로운 성의 세계로 가는 길을 나에게 가리켜 보이려고 했기 때문이다. 유감스럽게도 나는 내 몸의 신호를 오랫동안 따르지 못한 것이다.

나보다 내 몸이 훨씬 뛰어난 판단을 한다는 것은 이제 분명해졌다. 몸이 거부반응을 보이는 이유를 알았다. 삶이 고달픈 것을 몸의 탓으로 돌렸지만 사실 내 몸만이 만족적인 섹스를 알고 있었다. 몸이 제대로 따라주지 않는다고 내 몸을 부끄러워할 때, 몸은 이미 오래전부터 달갑지 않은 형태의 섹스에서 해방되기를 기다리고 있었던 것이다. 이제 나는 사람의 몸이 얼마나 지혜로운지 알고 있다. 여성들에게 분명히 말할 수 있는 것은, "당신의 몸을 거역하고 이런저런 트집을 잡는 것을 중지하라!"라는 것이다. 당신의 몸이 거부할 때, 거기에는 나름대로 이유가 있는 법이다. 몸에 사랑이 없기 때문이다. 자신을 개방하고 순수하게 몰입할 감정이 없기 때문이다. 몸이 결합의 감정을 원할 때는 상대와 접촉하고 육체적으로 하나가 되어야 한다. 사랑받는다는 감정을 원할 때는 육체적인 사랑이 있어야 한다.

그러므로 당신이 섹스를 못하거나 현재 경험하는 섹스에서 만족하지 못할 때, 당신 자신이나 몸 또는 당신보다 더 잘 안다고 볼 수 없는 파트너를 탓할 일이 아니다. 은연중에 쌓이는 성적 불만을 그대로 시인하고 타협의 여지없이 육체적인 사랑을 추구해야 한다. 배리 롱의 글을 끝까지 다 읽고 난 뒤에 나는 타협의 여지가 없는 이런 사랑을 추구하고 무조건 내면에 있는 사랑의 샘에 나 자신을 내맡기기로 결심했다. 더 이상 내 몸에 거역하지 않고 몸의 동반자가 되기로 했다. 이제 큰 위로와 격려를 받았고 이토록 다른 형태의 섹스에 대해 많은 지식을 축적하면서 롱이 요구하는 내용에 서서히 접근하기 시작했다. 그 핵심은 "그대 여성들이여, 남성이 탐욕스런 섹스만 원하고 가슴에 호소하는 사랑이 없을 때면 언제나 거부하라!"였다.

나는 또 롱이 남성으로서 남성들에게 섹스충동을 피하고 사랑에 전념하라고 요구하는 말도 이해했다.

"이런 방법으로 여성을 사랑하는 능력은 여성에 대한 남성의 진정 유일한 권위라고 할 수 있지만 남성은 이 권위를 상실했다. 이 권위는 순수한 사랑을 요구한다. 기술과는 아무 상관이 없다. 남성이 성적 기술을 발전시킬 수는 있겠지만 진정한 사랑을 위해서는 전문지식은 아무런 도움이 못 된다. 물론 자극적인 감성과 오르가슴은 기쁨을 안겨주고 남성에게 일종의 권위를 줄 수도 있다. 하지만 이것은 여성이 갈망하는 사랑이 아니다. 맛난 음식을 먹을 때처럼 여성을 만족시킬 수도 있을 것이다. 하지만 여성은 이내 허기를 느끼고 결국 자신과 자신의 식욕을 경멸할 것이다. 자신이 사랑받지 못한다는 것을 알기 때문이다."

사실 내 속에 이해받기를 원하는 사랑이 존재한다는 사실을 읽은 것은 그때가 처음이었다. 이런 사랑은 결정적으로 직접적인 현실체험을 원한다는 것이다. 사랑은 기대감에 부푼 연애나 낭만적인 상상, 정신적인 도약이 아니라 현재 이 자리에서 내면적으로 경험이 가능한 것이어야 했다. 꿈이나 이상, 욕정, 요구도 없고 집착이나 의욕도 없이 육체적으로 체험되는 사랑을 말한다. 섹스로는 실제로 건드리지 못한 것으로서 내 정신에서 내 몸으로 흐르는 사랑이었다.

지금까지 우리들이 해온 섹스는 너무도 불안정하고 목표 지향적이어서 이런 내면적인 사랑의 체험이 불가능했다. 이제 그 책을 읽으면서 나는 섹스가 내가 원하던 것을 충족시켜주는 대신 끝없이 찾아다니게 만든 원인만 제공했다는 것을 이해하게 되었다. 배리 롱은 한 술 더 떠 그런 섹스는 우리 여성들을 푸리아(복수의 여신)처럼 표독하고 변덕스런 여성으로, 감정의 마녀로 만든다고 주장했다.

"세상이 이대로 존속하는 한, 푸리아는 여성을 올바로 사랑하지 못한 남성 자신의 실패를 결코 잊지 못하게 만들 것이다. 여성은 사랑받아야 마땅하다. 인류의 미래는 여성이 사랑받는가 못 받는가에 달려 있다."

롱의 책을 읽어보지 못한 사람은 이런 주장을 오해할 수도 있다. 어쩌면 그가 우리 여성들에게 섹스가 좋지 않다고 너무도 진지하게 말한다고 생각할지도 모른다. 하지만 롱이 주장하는 것은 정확하게 그 반대다. 그는 자신의 저서에서 새로운 형태의 섹스에 대하여 상세하게 기술하고 있다. 물론 나는 이 책에서 그 부분을 내 방식대로 내 경험에 기초해서 설명할 것이다. 롱은 또 사람들에게 섹스가 필요하다는 말도 한다. 하지만 지금까지 우리가 알던 것과는 전혀 다른 형태다. 나는 그것을 보자마자 속으로 '맞아! 바로 이거야!'라고 부르짖었다. 하지만 내 이성은 때로 급진적이고 비타협적인 명제를 접하면서 부분적으로 반발심을 불러일으키기도 했다.

사실 나는 여성주의자가 아니며 오히려 그 반대였다. 나는 남성을 사랑하고 존중했다. 또 남성을 너무 이해한다고 여성들에게 비난을 받은 적도 많았다. 그렇다면 남녀의 섹스가 오염되었다는 말인가? 우리는 이제 다 함께 규칙적으로, 그리고 자주 이 새로운 형태의 섹스를 실천해야 한다.

"할 수 있는 한, 서로 사랑하라. 오직 사랑을 통해서만이 또는 사랑에 대한 노력을 통해서만이 그대들의 사랑을 만들어낼 수 있는 법! 사랑의 실천이 적을수록 그대들은 갈등에 휩싸일 것이다. 거리를 두지 마라. 서로 사랑하라! 말로 설득하지 마라! 몸을 바라보고 서로 합쳐라."

이런 사랑을 생각할 때면 내 몸은 달아올랐다가 식기를 반복했다. 내가 종종 또 규칙적으로 그 엄선된 엑스터시의 감정을 경험해보고 싶은 것은 분명했다. 하지만 그것을 내 남편과 한단 말인가? 나는 어떻게 해야 할지 알 수 없었다. 무엇보다 나 스스로가 불확실했고 경험도 없었다. 나는 내가 읽은 내용에 열광했지만 남편은 아무런 반응이 없었다. 몇 번인가는 내가 먼저 다정하게 다가가기도 했는데, 그때마다 남편은 별다른 호응을 보이지 않았다. 마침내 나는 최후통첩을 하듯 단호한 눈빛으로 남편을 바라보며 침실 탁자에 그 책을 올려놓았다. 내 표정에는 '당장 이 책을 끝까지 읽어봐요. 그렇지 않으면 곤란해질 테니까'라는 말이 쓰여 있었다. 남편은 마지못해 몇 장 넘겨보더니 아무 말이 없이 책을 내려놓았다. 마찬가지로 최후통첩을 하듯 단호한 태도였다.

이것은 추어호르스트 집안의 침대에서 나온 선전포고나 다름없었다. 나는 침실 밑바닥까지 침대혁명을 밀어붙일 생각이었지만 남편은 완전 침묵 작전으로 나왔다. 침묵으로 일관한 채 방향전환에 대한 모든 논의와 행동을 아예 거부했다. 우리는 궁지에 몰렸다. 섹스를 하려면 상대가 있어야 했다. 덫에 빠진 기분이었다. 단지 남편이 원치 않는다는 이유로 나에게 이 주제는 영원히 기각된 것으로 봐야 한단 말인가? 아니, 절대 그럴 수는 없지! 우리는 이미 다른 장애도 극복하지 않았던가!

　나는 갖은 방법을 다 동원했다. 살살 구슬려도 보고 모욕감에 탄식하거나 미친 듯 날뛰며 비명을 지르기도 했으며 트집을 잡거나 변덕을 부려보기도 했다. 한마디로 자신이 무가치하다는 감정과 끈질기게 싸우는 부부생활의 시련기였다. 출구가 막힌 듯한 막막한 느낌이 들 때도 있었다. 나에게 있는 것이라곤 섹스와 사랑 또는 섹스와 신을 서로 긴밀하게 연관시키며 복잡하게 쓴, 납득하기 어려운 작은 책 한 권뿐이었다. 새로운 섹스의 세계로 나가는 아주 섬세하고도 실천적인 걸음 하나하나를 설명하면서도 동시에 혼란스러운 정신적 차원을 건드리는 책이었다. 나를 완전한 미지의 세계로 안내하면서도 그 내용을 아주 생생하게 비춰주고 나의 온 삶을 변화시킨 데 비해 남편은 여전히 읽을 준비가 안된 책이기도 했다.

　이렇게 나의 침대혁명은 단지 나 혼자만의 경험에 지나지 않는 것으로 보였다. 이 경험은 섬세하고 거의 말로 표현할 수 없는 내면의 감동으로서 삶의 강력한 원동력이지만 실제로는 눈에 보이지 않는 것이었다. 내 가슴속에는 전신 오르가슴에 대한 한 번의 경험과 '그래, 그래, 바로 이거야!'라는 감정이 숨 쉬고 있었다. 가슴에는 '너는 이 길을 가야 해!'라고 말하는 직관 외에는 아무것도 없었다.

　나는 결심을 조금도 늦추지 않았다. 나는 늘 남편을 이 주제로 끌어들이면서 배리 롱의 책을 읽어주었으며 음악을 틀어놓고는 주저 없이 남편을 껴안거나 남편에게 달라붙어 음악의 리듬에 몸을 내맡겼다. 자신을 해방시키는 흐름을 함께 타고 싶었기 때문이다. 이것은 두 사람의 내면에 쌓인 과거의 수많은 상처를 건드리는 싸움이나 다름없었다. 불안과 충격이 끊임없이 반복되었고 하나가 끝나면 다른 불안이 찾아왔다. 수줍게나마 이런저런 시도를 했고 오해도 많았으며 눈물을 흘리거나 서로를 비난하며 녹초가 되도록 싸우다가 서로 한 발씩 물러나기도 했다. 그러는 가운데 어쨌든 작은 만족을 경험하게 되었다.

남편은 차츰 이 새로운 경험세계로 한 발짝씩 들어왔다. 남편뿐만 아니라 나도 이 시기에 반숙한 요리처럼 몸이 부드러워지면서 뭔가를 읽으면 실생활이 변할 수도 있다는 것을 다시 한 번 깨달았다. 이렇게 해서 나는 배리 롱이 쓴 내용을 모두 확인했다. 이제 나는 일상 속에서 사람이 육체적으로 또 정신적으로 벌거벗은 상태에서 만나면 흔히 경험하는 급격한 밀착을 오히려 피하게 된다는 사실을 인정할 수밖에 없다. 이렇게 다른 세계의 섹스를 실천하는 것은 전혀 간단한 것이 아니다. 물론 어떻게 하는 것인지 어느 정도는 내가 이해한다고 해도 – 이성적으로 파악할 수 있는 한도에서 – 내가 이것을 간단하게 실천할 수 있다는 말은 전혀 아니다.

남편과 나 두 사람에게 큰 도움이 된 것은 유머였다. 부부 사이에 갖가지 우여곡절을 겪어오면서 우리는 아무데서나 드라마가 만들어지는 것이 아니라는 것을 배웠다. 그리고 언젠가부터 우리는 새로운 시도가 실패로 돌아갈 때면 싸우는 대신 침대에서 킥킥거리며 웃음을 주고받기 시작했다. 늘 침묵으로 내 주제를 피해가려 했던 남편은 호기심을 보였다. 그리고 둘 사이에 불안이 완전히 가신 것은 아니었지만, 우리는 배리 롱의 책을 읽기 시작했다. 이런 식으로 차츰 침대에서 새로운 방법으로 자신을 해방시키는 데 성공을 거두었다. 남편은 자신이 간섭이나 압박을 받는다고 생각하는 대신 이 주제에 재미를 느꼈다. 나는 생기 넘치는 생활을 되찾았고 남편과 함께 새로운 대모험의 장정에 돌입했다는 느낌을 받았다. 남편과 있을 때면 가슴이 뛰었고 우리의 일상은 당연히 더 조화로워졌다.

실제로 우리는 점점 더 인위적인 행동이나 의도, 온갖 긴장에서 벗어났고 우리 자신의 몸을 신뢰하게 되었다. 이렇게 서서히 섬세하고도 관능적인 감동이 내 안에서 다시 살아났다. 그리고 마침내 남편도 자신의 내면에서 이 부드럽고 쾌감에 가득 찬 샘물을 발견하고 나와 똑같은 반응을 보였다. 우리는 한 몸이 되어 아늑한 내면의 홍수를 체험할 때가 많았다. 나는 때로 눈을 감은 채 누워서 내 몸속에 가득 채워진 파도를 타고 서핑하는 즐거움을 맛보았다. 온몸이 근질거리는 느낌이었고, 부드럽고 따뜻한 파도, 살아 있는 생명의 예감과 무한한 가능성을 맛보는 기분이었다.

하지만 배리 롱의 글에서 새로 발견한 것이 더 있었다. 우리가 이런 형태의 육체적 사랑에 몰두하지 않으면 일상 속에서 서로의 관계가 전보다 더 경직된다는 것이다. 우리가 살면서 매사에 무관심하거나 게으름을 피우다가 갑자기 너무 많은 일을 하려고 하거나 외부의 요구에 따르려고 할 때와 마찬가지다.

내가 추구하는 이 길은 몸과 정신이 모두 함께해야만 했다. 서로 접근을 하려면 먼저 접근하는 생활이 몸에 배어 있어야 한다. 내면의 엑스터시를 경험하려면 먼저 내면 깊숙이 들어가 자신을 해방시킬 준비가 되어 있어야 한다. 일체감 속에서 살고 싶다면 육체적으로나 정서적으로 하나가 되어야 한다.

우리는 생활에 생동감을 불어넣으려면 매일 열심히 삶을 실천해야 한다는 것을 배웠다. 현재 상태에서 과거만을 끝없이 우려먹고 살 수는 없다는 것, 육체의 결합과 해방을 위한 시간을 만들지 못하면 관계는 바싹 말라버리거나 견디기 힘들게 된다는 것, 정서적으로 밀착되어 일상의 사소한 일을 존중하지 않으면 서로 멀어진다는 것, 인조인간처럼 일과를 좇아다니기 바쁘고 상대와 눈을 마주치지 않은 채 자신의 계획에만 관심을 둘 때, 신경질이 나고 과민반응을 보인다는 것을 배웠다. 자신이 할 일만 말하고 그것이 상대와 실제로 무슨 관계가 있는지 묻지 않을 때, 일상은 하찮아진다. 우리는 일상을 하찮게 볼 때, 자기 자신과 상대, 그리고 사랑에 대한 연결고리를 놓치며 언젠가는 불만이 폭발한다는 것을 깨달았다.

우리는 숨거나 주의가 산만하거나 회피하는 것은 아무런 유익이 없으며, 끊임없이 육체의 사랑과 자기해방과 긴장해소를 위해 자신을 개방할 필요가 있다는 것을 배웠다. 빠르면 빠를수록 좋다! 육체적인 사랑은 스포츠에 비유할 수 있다. 운동과 훈련을 중단한 사람이 유연성이 떨어지고 힘이 없으며 다시 운동을 시작할 때 근육통이 생기는 것과 마찬가지다. 우리는 끊임없이 서로 상대를 재발견하고 기쁨 넘치는 자신의 진정한 본성을 발견할 때까지 또 두 사람 사이에 치유효과가 있는 감정의 물줄기가 다시 흐를 때까지 자신의 고통과 저항감을 의식적으로 허용해야 한다는 것을 -말하자면 이것을 기쁘고 고맙게 생각해야 한다는 것을- 이해했다.

어느 부부에게나 이런 과정이 매우 힘든 과제라는 것은 분명하다. 나 역시 '빌어먹을! 뭐 이렇게 복잡해! 전에는 단순하게 즐거웠는데…… 그때는 정사라는 것이 아주 간단했잖아…… 그저 상대와 침대로 올라가면 끝인 것을, 이건 뭐 스트레스 때문에 골치가 아파'라고 생각한 적이 많았다. 거리낌 없이 쾌락에 몸을 맡기는 대신 끝없이 지뢰밭을 걷는 것처럼, 자신을 억제하고 수치와 불안, 또 무가치와 침묵과 마주치는 것이 더할 수 없이 고통스러운 적도 많았다.

우리의 성생활은 현미경으로 들여다보는 것 같았다. 남편에게서 지나친 의도와 인위적 행동의 기미가 보이면 벌써 내 안의 감정은 마비되었고 나는 좌절감을 맛보았다. 내 입에서 뭔가 잘못된 말이 한 마디라도 새어나오면 남편은 몸이 굳어버렸다. 그러면 몸을 움츠리고 자신만의 세계로 숨어들었으며, 나는 상대의 감정을 물어뜯는 고함을 내질렀다. 또 끝없이 과거의 역사를 끄집어냈다. 당신도 뒷부분에서 상세히 알게 되겠지만 상대의 마음에 상처를 주고 직선적인 감정으로 접근한 섹스는 과거의 상처를 드러내게 마련이다. 하지만 몸속 더 깊은 곳으로 들어가고 과거의 상처를 지나 더 깊은 곳으로 들어가 움직일 때, 해묵은 앙금은 사라지고 결혼할 때 집에서 가져온 감정도 안으로 숨어든다. 이런 길을 걷는 부부에게는 오로지 두 사람이 함께 느끼고 공유하는 것밖에는 남지 않는다. 이렇게 할 때만이 사랑을 재발견할 수 있는 것이다.

그 당시를 돌이켜보면서 내가 할 수 있는 말은 오로지 우리 부부생활에서 가장 결정적인 전환점은 침대혁명이었다는 것이다. 이때만큼 서로 가까운 적은 없었다. 우리는 최대의 장애를 극복한 것이다. 그때까지 우리는 수없이 다투었고 부부관계는 이혼

외에는 달리 탈출구가 없을 정도로 깊은 수렁에 빠졌었다. 물론 감정이 폭발해 과거의 불만과 상처를 끄집어낸 적도 있었으며, 그러다가 상대를 재발견하고 새로운 출구를 발견할 때도 있었다. 또 직업적으로 어려움을 겪을 때, 함께 해결책을 모색하면서 어려움을 극복했고 이 과정에서 우리는 훨씬 더 강렬하고 생기 넘치는 관계를 만들어내고 상대를 훨씬 더 신뢰하게 되었다. 하지만 낡은 섹스에서 새로운 섹스로 옮겨가는 길이 우리가 통과하기에 너무도 극단적이고 급격한 변화인 것만은 분명했다.

사람이 불안과 수치, 불확실성, 오해, 거부감, 욕망과 마주칠 때, 육체적으로 상대와 완전한 결합을 한다는 것은 주방 식탁에서 문제해결을 위한 논의를 하는 것과는 다르다. 우리 두 사람 중 한 명이 분노하거나 충격을 받거나 완전히 체념한 상태로 침대에서 빠져나간 적은 많았다. 또 싸우고 상처받은 뒤에도 다시 상대를 받아들이고, 반발심과 격앙된 감정을 의식하면서도 조용히 누워서 상대를 안으며 다시 마음이 열리기를 기다린 적도 많았다. 물론 이런 태도가 서로 견디기에 가혹한 것은 사실이지만 성실한 자세로 서로의 순수한 결합을 기다리는 것은 좋은 것이다. 우리가 이런 상태로 서로의 감정을 타진할 때면 마치 살얼음판을 걷는 기분이었다. 하지만 그러고 나면 생각지도 않게 신뢰가 쌓일 때만 가능한 일들이 일어났다. 우리의 내면에서는 꽁꽁 묶인 것들이 풀리기 시작했고 우리의 몸은 본래의 평화롭고 힘찬 자연의 흐름을 되찾았다.

전에는 무조건 자신을 인지하고 견뎌내야만 했던 적이 별로 없었다. 전에는 또 자신의 본모습에 대해 반발심을 있는 그대로 드러내며 누군가와 고통을 나눌 때면 내 안의 모든 것이 하나씩 활기를 찾는다는 사실을 그렇게 명백하게 깨닫고 느낀 적이 없었다. 마치 내 온몸이 꽉 막혀 있다가 뻥 뚫린 기분이었다. 진한 행복감이 내 안에서 퍼져나갔다. 사랑이 나의 내면에 자리 잡은 것이다.

그 몇 년간 내 신체의 미세한 구멍 하나하나는 모두 내면화되어 섹스의 중심을 차지한 것은 사랑이었다. 그 밖의 나머지는 다 헛소리고 동작의 모방에 지나지 않았으며 언제나 끝에 가서 '더!'를 부르짖으며 환상의 나라로 향하는 관능적인 나들이었다. 섹스는 진실로 남녀 모두에게 자기 개방을 의미한다. 이 개방이 다양한 방법으로 나타날 수도 있겠지만 결국 남녀 모두에게 중요한 것은 각자의 내면에 있는 뭔가를 위해 자신을 열고 모든 것을 내맡긴 채 사랑할 준비가 되었다는 것을 보여주는 것이다. 우리가 불과 몇 초간의 오르가슴에서 기대하는 감정, 신비롭게 우리를 녹여주는 동시에 우리 자신을 초월하는 그 느낌은 우리들 내부에 언제나 잠재해 있는 것이다. 우리가 이런 감정을 실제로 경험하려고 할 때는 자기 자신에 대한 개방이 필요하다. 자신을 더 개방할수록 우리는 섹스에 대한 감수성이 더 민감해진다.

당시 나는 섹스가 사람들 대부분이 경험하는 것과는 정반대라는 것을 깨달았다. 사람들은 대개 뭔가를 해야 한다거나 할 수 있다고 생각한다. 하지만 실제로는 온갖 인위적 행동과 의도, 온갖 압박과 마찰을 동원하여 애써 개방을 거부한다. 사실 개방은 그와는 정반대로서 뭔가를 만들어내는 것이 아니라 현재에 더 충실하고 더 섬세하게 인지하는 법을 배우는 것이다. 이때 우리는 그 엄선되고 순수한 사랑의 경험세계뿐 아니라 불안과 거부감, 낡은 상처의 지뢰밭으로 들어가기도 한다.

이 대목에서 혹시 당신이 이 지뢰밭을 밟는 것이나 아닌지, 그 지뢰밭이 가치가 있는 것은 아닌지 의문이 들 수도 있다. 어쩌면 내 말에 '맙소사! 난 절대 그러지 않아! 그리고 또 파트너에게 그런 경험을 함께 하자고 말했다가 나를 정신 나간 사람 취급하면 어쩌라고' 하는 생각을 가질지도 모른다. 아니면 '무슨 말인지 모르겠군. 그저 섹스를 하는 것인데 뭐가 그리 복잡해?'라고 생각할 수도 있다.

나는 단지 과거의 좁은 틀과 불안, 끝없는 정욕을 뛰어넘는 것이 비록 힘들 때도 많지만 내가 경험했듯이 시도할 가치가 충분하다는 말을 하고 싶다. 순수한 접촉과 정신적인 결합의 영역에서 관능적인 희열과 엑스터시를 발견한다면 당신은 아주 간단하게 해방과 만족의 느낌을 받을 것이며 과거의 재미본위 전략은 보상과 대리만족에 불과하다는 것을 이내 알게 될 것이다.

소울섹스는 당신의 몸속에서 직접 사랑을 체험하는 기회를 줄 것이다. 소울섹스는 우리 인간이 함께 누릴 수 있는 가장 진지하고도 직접적인 체험이다. 섹스를 하며 우리는 진실한 사랑을 경험하지만 마찬가지로 섹스 속에서 진정한 의미로 온갖 불안의 '생생한' 실체를 만날 수도 있다.

당신에게 조언을 한다면 당신 자신을 신뢰하라는 한 마디를 하고 싶다. 사랑은 불안보다 더 강한 법이다.

당 신 은   아 직   사 랑 하 는 가

아니면 이제
의욕이 없는가?

♂ ♥ ♀

당신은 성적 자유를 만끽하기 위해 아직도 나이트클럽에서 행운을 찾는가? 아니면 사랑의 실패자인가? 여성지의 여성 칼럼니스트가 "일주일에 한 번 하나요, 그 이상인가요?"라고 물을 때 자신 있게 대답할 수 있는가? 그 이하라면 당신은 통계적으로 볼 때 평균에 미치지 못한다. 독일 부부들의 경우 일주일에 적어도 두 번 한다는 통계가 있기 때문이다. 미디어에서는 빈도수가 그 이하일 때는 과외지도를 받아야 한다고 떠벌인다. 이런 곳에 가면 일종의 "섹스–소비자보호기관Sex-Stiftung-Warentest"의 평가를 받는다. "당신에게는 어떤 체위가 가장 좋은가?"라는 질문이 나오기도 하고 "실제로 어떤 성 도구(섹스토이)를 사용하는가?"라는 구체적인 정보를 묻기도 하며 "남성에게 무엇이 필요한가?"라는 말을 해주기도 한다. 수많은 글로시 매거진(고광택 종이를 사용하는 잡지)에서는 "블로우잡Blowjob(남성에게 서비스 해주는 여성의 오랄 섹스—옮긴이)은 누가 하고 누가 하지 않으며 올바른 방법은 무엇인가?" 같은 주제로 당신이 섹스 전문가가 되는 데 필요한 서비스 방법을 소개한다. 물론 남성 독자들이 배울 것도 빼놓지 않는다. 가령 "규칙적으로 아내에게 멀티 오르가슴을 느끼게 해주는 방법을 알고 싶다면……." 같은 말이 나온다.

여론조사기관이나 미디어에서는 사랑의 빈도에 대해 관심을 쏟는다. 이것을 보면 '정상'이 되기 위해서는 한 주에 '마땅히' 두 번은 동침을 해야 한다. 이와 달리 "한 달에 두 번"밖에 안 하면 파트너 관계는 성적으로 결핍된 것이다. 또 통계는 다른 사람들에 대한 시시콜콜한 정보를 다 보여준다. 예컨대 당신이 슈퍼마켓이나 사우나 또는 길거리에서 마주치는 사람의 3분의 1은 스프레이 크림이나 샴페인, 래커, 가죽으로 관능적인 쾌락을 맛보며 요란한 섹스를 즐긴다는 것이다.

당신은 침실 탁자에 샴페인 통이나 가죽 란제리를 놓아두지 않는가? 당신은 이런 보도를 접할 때, 당황하거나 그런 짓은 할 수 없다는 생각을 하는 부류인가? 내 상담실에서 매일 마주치는 고객들 중에는 수줍어하거나 실망에 찬 표정으로 또는 분노한 목소리로 고백하는 사람들이 많다. "섹스를 안 한 지가 오래되었어요…… 섹스에 흥미가 없어요……그런 화제가 나오면 못 들은 척하죠……내 파트너가 원치 않아요……내 몸이 말을 안 들어요……항상 내가 빨리 끝나요……발기가 되지 않아요…… 나는 포르노를 안 보면 안 됩니다……머릿속의 상상에만 반응을 보이죠…… 오르가슴을 맛보지 못해요……아무 감각이 없어요…… 섹스 생각이 나면 아내 몰래 사창가를 찾아가죠……남편과 쾌감을 맛본다는 것은 상상이 안 된답니다……섹스와 관련된 것은 건너뛰기로 다짐했어요……."

나는 섹스를 즐긴다는 그 모든 통계가 누구를 대상으로 한 설문에서 나온 것인지 궁금할 때가 종종 있다. 또 미디어에서는 누구를 위하여 그렇게 음란한 섹스 테크닉을 공개하는 것인가? 미국의 연구진이 조사한 결과를 보면 진실의 일단을 알 수 있다. 이들은 패스트푸드같이 어설픈 통계를 내놓는 대신 3,500명에게 아주 다양한 방법으로 15회나 설문을 반복해서 통계를 고쳐 잡는 작업을 했다. 이 설문결과는 앞에서 인용한 섹스 연구가 라그나르 베르의 견해와도 일치한다. 즉 장기간 파트너 관계에 있는 사람들에게서는 섹스가 거의 사라질 위기에 있다는 것이다. 남성의 4분의 1, 여성의 3분의 1은 작년에 한 번도 섹스를 하지 않았으며, 또 나머지 4분의 1은 겨우 두세 번 하는 데 그쳤다고 털어놓은 것이다.

요즘에는 섹스에 압박을 받는 사람이 너무 많다. 마약중독자처럼 섹스에 매달리기 때문에 압박을 받기도 하고, 더 이상 섹스를 하지 못하거나 섹스에서 감동이나 만족을 느끼지 못하기 때문에 압박을 받기도 한다. 미디어는 갖은 방법으로 과장하지만 잠재의식에서 섹스에 좌절감을 맛보는 사람은 곳곳에 널려 있다. 적어도 장기적인 파트너 관계에 있거나 중년에 접어든 부부들 사이에서 지속적으로 섹스를 하는 경우는 아주 드물다고 말할 수 있다. 섹스의 자연 수명은 불과 몇 년 되지 않는 것으로 보인다. 적어도 똑같은 파트너라면. 이 밖에 섹스가 스트레스나 억압에 극단적인 알레르기 반응을 보인다는 것은 분명하다. 혈통이나 오랜 습관, 거짓말에서부터 직업이나 그동안 쌓인 오해에 이르기까지 온갖 것에 부정적인 반응을 보인다.

내 상담실에는 하루도 빠짐없이 섹스 문제 때문에 스트레스를 받은 듯 보이는 이들이 찾아온다. 이들은 대화를 하다가 수줍은 표정으로 제대로 되지 않는다는 사실을 털어놓는다. 때로는 오늘 날 섹스가 더 이상 어려운 문제가 아니라고 떠벌이는 미디어의 주장과는 달리 자신은 제대로 안 되는 것이 부끄러워 그런지 마치 비밀 고백처럼 조심스럽게 말할 때도 있다. 텔레비전이나 광고, 인터넷, 또 섹스를 다루는 잡지에서는 직접 또는 간접적인 암시를 통해 관능이나 열정, 에로틱한 사랑이 어디나 널려 있으며 누구나 그것을 누릴 수 있다고 떠벌인다. 하지만 실제로 집 안의 침실에서는 쾌감이나 즐거움, 생동감은 -깊은 만족은 말할 것도 없고- 느낄 수 없기 때문에 사람들은 좌절감을 맛보며 남몰래 뭔가 잘못되었다고 생각하면서 열등감을 느끼고 다른 사람 앞에서는 사실을 가장하기 시작한다.

어떤 여성 고객은 "여기 오니까 나병환자 같은 기분이에 요……"라고 말문을 열면서 자신은 벌써 오래전부터 파트너와 동침할 마음이 없었다고 고백하고는 눈물을 흘렸다. 그 남성과 섹스를 할 때면 오르가슴을 느낀 것처럼 위장하거나 혼자서 섹스에 대한 자극적인 상상을 하며 자신을 흥분시켰다는 것이다. 이런 식으로 섹스가 끝나면 거의 매번 욕실로 들어가 눈물을 흘리며 몸을 씻었다고 한다. 이와 비슷한 이야기를 하는 고객은 많다.

또 남성들도 다를 것이 없다. 이들은 가슴이 허전한 것은 물론이고 침대에서 갑갑한 나머지 갖은 방법으로 샛길로 빠질 생각을 한다. 남편과 함께 상담실을 운영한 내 경험에 따르면 남성들 또한 수치감과 자기 멸시, 체념, 실패에 대한 불안, 기능장애를 하소연하는 일이 점점 늘어나고 있다.

지극히 평범한 저녁식사에 초대되거나 파티에 참석해서 다른 사람들과 어울릴 때면 섹스는 어디서나 쉬운 문제고 아무 때나 할 수 있는 것으로 보인다. 얼큰하게 취기가 오르면 좌중에서는 음담패설이 오가고 섹스를 주제로 킬킬거리며 아무렇지도 않게 수다를 떨 때, 섹스는 어려운 문제가 아닌 것처럼 보이기 때문이다. 가령 옆 테이블에서 열을 올려가며 신나게 이런 주제를 늘어놓는 사람에게 진지한 얼굴로 물어본다고 쳐보자. "우리는 벌써 몇 년째 못하고 있습니다만, 선생은 집에서 어떻게 하는지요?"

이때 자신은 섹스에 어려움이 있고 불안을 느낀다고 털어놓을 사람은 아마 거의 없을 것이다. 어디를 가나 환상적인 섹스의 장면이나 이상적인 파트너에 대하여 끝없이 선전하는 말이 널려 있기 때문이다. 사람들은 또 이상적인 형태나 이상적인 체위, 이상적인 빈도수에 대한 통계에 노출되어 있다. 섹스는 대대적으로 성공에 대한 압박을 받고 있는 것이다. 이런 환경에서 못하는 사람은 참담한 기분이 들고 자신에게 구조적인 결함이 있다고 생각하게 된다. 블로우잡이 서서히 역겨워진다든가, 위장하는 것에도 넌더리가 나고 성적 자극이나 음란한 화제 또는 함께 포르노를 보는 것에 아무런 쾌감을 느끼지 못하며, 마지막으로 해본 것이 1년 전이며 하필 휴가 갔을 때 자신이 너무 일찍 끝났다는 것 등은 모두 기능장애와 관계가 없다. 당신에게 필요한 것은 오로지 용기를 내고 자신의 불안에 맞서는 것, 자신에게 사랑을 베풀고 자신의 리듬과 몸에 맞는 새로운 길을 찾는 것뿐이다. 그리고 당신은 더 이상 환상에 매달리거나 미디어의 과장되고 왜곡된 섹스 통계를 믿는 대신 당신 자신의 마음을 따르기로 결심해야 한다.

그리고 다른 사람들이 함부로 내뱉는 말에 속지 말아야 한다.

스윙어클럽Swingerclub(프리섹스나 스와핑 행위를 하는 클럽—옮긴이)에 갔던 얘기를 자랑삼아 늘어놓거나 최신 섹스 동영상을 소개하기도 하고, 최신 스마트폰 기술을 이용해 퇴근길에 포르노로 스트레스를 푼다든가 《그레이의 50가지 그림자》 3권을 본 얘기를 늘어놓더라도 일절 넘어가면 안 된다. 다음에 파티에 나갈 일이 있어도 당신이 분명히 알아야 할 것은 시끄럽게 떠들며 자극적인 화제를 늘어놓는 사람들도 속사정을 보면 당신과 다를 바 없이 섹스 문제로 괴로워한다는 것이다. 그리고 통계적으로 보았을 때, 이론의 여지없이 자신 있게 섹스의 빈도를 입증할 수 있는 사람조차 말로 설명할 수 없는 어떤 부분이 결여되어 있다고 보면 된다. 다시 말해 이들에게는 적어도 사랑이 결핍된 것이다.

하지만 이런 사실을 상대에게 공공연히 털어놓는다면 훨씬 더 괴로워질 것이다. "여보, 방금 한 것은 그런대로 괜찮았는데 사랑은 느껴지지 않아." 이렇게 혼란스러운 욕구를 표현하는 것만으로도 많은 남편이 즉시 귀머거리가 될 충분한 이유가 된다. 만일 아내가 눈물을 흘리며 이런 고백을 한다면 남편은 도피하는 것밖에는 선택할 길이 없다. 많은 아내는 가까이 다가갈 때 남편이 피하면 좌절을 맛본다. 그렇지 않다고 해도 아내가 두려운 일은 하나 더 있다. 남편이 바로 맞받아치면서 "여보 나도 좋아, 그런데 어떻게 사랑을 찾을 건데?"라고 말하면 어떻게 할 것인가?

"같이 잠을 자면 오르가슴을 느낄 때도 많아요. 그런데도 섹스를 할 마음이 없는 거예요. 어쩔 수 없이 쫓기다 한 달에 한 번 하는 것이 가장 좋겠지만 사실 그것도 피하고 싶어요. 그마저 거부하면 남편과는 완전히 끝이겠죠." 울면서 이렇게 말하는 여성도 있다. 남편은 모든 점에서 나무랄 데가 없고 여성으로서 아내를 원하며 언제나 섹스를 할 준비가 되어 있고 또 아내를 위해 많은 노력을 기울인다는 것이다. 또 여성을 실제로 절정에 이르게 한다고도 한다. "그런데도 즐겁지가 않아요. 남편은 아무 말도 하지 않지만 언제나 침묵 가운데 압박감을 받죠. 남편을 만족시켜주기 위해 내가 흥분하지 않으면 안 된다는 생각이 드니까요. 남편이 자신만 생각하지 내 생각을 하지 않는다는 느낌이 들 때가 많아요." 이 여성은 자신의 문제가 어디 있는지 설명하기 위해 나와 거의 한 시간이나 대화를 했다. "그 사람은 섹스를 원하죠! 하지만 휴식이나 사랑을 모르고 혼자서 여유를 즐기는 법을 몰라요. 남편이 나를 필요로 하는 것은 섹스를 하기 위해서고 섹스 후에 더 해방감을 맛보고 자신을 확인하기 위해서죠. 나는 더 이상 그렇게 할 수 없고요. 그러니 내가 뭘 원하는 건지 묻지 말아요. 나도 모르니까요."

여성들 중에서는 섹스가 단순히 다정한 놀이가 아니며 그 속에는 남편과 경험하는 것보다 훨씬 더 많은 것이 숨어 있다고 생각하는 사람이 많다. 이들은 일상적인 섹스가 관능적이고 달콤해야 하며 사실 더 큰 해방감을 줄 수 있다고 믿는다. 뿐만 아니라 섹스는 원래 활기가 있고 치유효과까지 있으며 두 사람 사이를 훨씬 더 가깝게 만들고 평화를 가져다줄 수 있는 것이라고 생각한다. 또 블로우잡이나 딜도(여성 자위기구)는 아무것도 아니고 단순히 몸을 섞는 성교가 중요한 것이 아니라 사랑이 문제라고 본다. 하지만 섹스에 대해서 단순한 직감 이상으로 많은 것을 아는 여성이 어디 있겠는가? 솔직하게 말하면 우리 여성들도 육체적인 사랑을 어떻게 하는 것인지에 대해서는 남성들만큼이나 아는 것이 없다. 또 그런 것을 보여주는 사람도 없다. 그런데도 우리는 이 지뢰밭 주위를 맴돌며 자신을 압박한다. 다만 방법만 다를 뿐이다. 많은 여성은 지루하도록 긴 부부생활 끝에 다시 진실한 사랑을 찾아 낭만적인 동경의 세계로 도피한다. 이들은 단조롭고 절망적인 부부의 침대에서 좌절하고 체념한 상태에서 소통이 잘 되는 여성들과 연대해서 위로를 받기도 하고 여자친구들과 장시간 푸념을 주고받으며 서로 탄식을 한다. "글쎄 내 남편이 이렇다니까…….", "내 남편도 마찬가지야……."

내 상담실을 찾는 여성들 중에서는 아이들을 낳고 결혼을 두 번씩이나 했으면서도 남편에게 솔직하게 털어놓고 몸을 위로해 줄 다른 방법을 찾고 시도하는 대신 저녁이면 절망에 빠진 다른 주부들과 TV 드라마를 보면서 자신을 섹스 문제에서 구원해줄 왕자나 젊고 싱싱한 이탈리아 애인을 꿈꾼다고 고백하는 사람이 드물지 않다.

나는 새로운 섹스의 방법을 찾거나 솔직하게 털어놓는 것이 쉽지 않다는 것을 안다. "남편에게 뭐라고 말하겠어요? 목욕을 하고 나서 미용사가 머리를 만지는 것도 싫고 파리가 내 다리에서 기어갈 때면 소름이 끼치지만 남편이 내 클리토리스를 자극하며 섹스를 원할 때는 괜찮다고 말해야 할까요? 아니면 저녁을 먹고 나서 그가 내 뒤에서 꼭 껴안을 때는 절망감이 들고 팬티 속의 그것이 딱딱해진 채 재미를 보려고 침대에서 기다리는 것에 정이 떨어진다고 말해야 할까요? 차라리 그가 밤이면 밖으로 나가고 혼자 잘 때 숙면을 취하고 해방감을 맛본다고 할까요, 아니면 아침마다 제발 내 가슴을 주무르면서 깨우지 않으면 좋겠다고 할까요?"

바바라는 완전히 절망에 빠진 상태였다. 또 몹시 불안해했다. 바바라가 잘못된 것일까? 아니면 그 남편이 잘못일까? 그녀에게 섹스는 따분하고 아무 관심도 없는 문제일까? 아니면 남편과 하는 섹스만 따분한 것일까? 끝없이 달려드는 남편의 태도는 올바른 것인가? 바바라의 도피성향은 일종의 병인가? 바바라는 해결책을 찾으려고 섹스 관련 서적을 읽었다. 한두 권이 아니었다. 늘 새 책을 찾아 읽었다. 음란서적이 아니라 쾌감과 섹스, 부부관계, 남성과 관련해 올바른 방향을 일러주는 책이었다. 바바라는 G-스팟이나 손으로 해주는 것(핸드잡)에 대해서도 읽어봤고 남녀가 은밀하게 바라는 것이나 여성들이 침대에서 원하는 것, 남성들이 충족되지 못하는 부분에 대해서도 읽었다.

하지만 아무리 노력해도 바바라는 남편과의 관계가 점점 더 부자연스러웠고 절망감이 들었다. 남편이 계속 섹스를 거절하면 집을 나가겠다는 최후통첩을 한 뒤에 바바라는 정신요법을 시도해보기로 결심했다. "추어호르스트 선생님, 문제는 정신이에요. 사람의 내면에 있는 에너지 말이에요. 하지만 남편은 이해하지 못해요." 맞는 말이다. 정신적인 것이 중요하다. 특히 섹스에서 만족감을 맛보려면 두 사람 사이에서 형성되는 정서적인 분위기가 중요하다. 하지만 이른바 치유수단으로 정신적인 세계로 빠져들거나 진실이나 해명, 육체적인 만남으로부터 도피하는 것은 바람직하지 않다.

그녀의 몸이 남편과의 섹스에 거부감을 느낄 때 어떤 기분이 드는지 바바라에게 물었을 때, 문제의 일단이 드러났다. "솔직하게 말하면, 여성들은 몸에서 아무런 욕구가 없는 것이 편해요. 마음이 동하지 않는 남성과 자지 않아도 되니까 말이죠." 바바라는 여러 해 동안이나 남편의 행동에 큰 좌절감을 맛보았다. 지적이고 냉정한 성격에 시달렸고 독선적인 남편 앞에서 자신이 무기력하다고 느꼈다. 남편의 정서에 맞출 수 없다고 생각하면서도 과감하게 다른 방법을 시도하거나 남편 곁을 떠나는 대신 마음속으로 체념하고 꾹 참으면서 보다 안전한 심리서적의 세계로 도피한 것이다.

최근에 나는 새로운 유형의 여성을 만나는 일이 많아졌다. 섹스 딜레마에서 빠져나가기 위해 아주 독특한 방법을 찾는 사람들로서 섹스에 좌절하다가 직접 깨달음의 세계로 숨으려고 하는 여성들이다. 과거의 방법 때문에 막다른 길에 몰렸다고 생각하면서도 섹스에는 더 많은 것이 담겨 있다고 믿는 사람들이다. 이런 여성들은 정신적인 세계에서 자신을 치유하려고 하고 세미나 그룹에서 공감대를 느끼려고 하며 섹스에 대한 주제가 나오면 세미나에서 다루는 탄트라Tantra(힌두교·불교·자이나교의 여러 종파에서 행해지는 밀의적 수행법을 다루는 다양한 종류의 경전— 옮긴이) 관련서적을 인용한다. 이들은 탄트라를 읽으며 '신성한' 정신적 배경으로 쾌감을 높인다고 하는 의식이나 수행법을 묘사한 부분을 배운다.

내가 볼 때, 이런 여성들은 막다른 길에서 빠져나와 다시 막다른 길에 빠질 위험이 많다. 이들은 남성과의 일시적이고 불쾌한 만남을 피하거나 완벽한 섹스 –여기서는 깨달음까지– 를 경험하기 위해 호흡기술이나 체위, 명상을 배운다. 하지만 그런 경지에 이르기 전에 깨달음은 고사하고 가혹한 현실과 부딪치거나 섹스에서 새로운 스트레스를 받는다. 탄트라에 빠진 여성들 중에서도 압박을 받는 경우가 많기 때문이다. 그들이 질색하며 그토록 피

하려고 했던 전통적인 섹스와 똑같이 여기서도 무조건 목표에 -
오르가슴에- 도달하는 데 중점을 둔다. 단지 이번에는 좀 더 상
위의 목표, 즉 더 높은 인식 상태를 겨냥한다는 것이 다를 뿐이
다. 물론 이런다고 해서 스트레스가 줄어드는 것이 아니라 단지
다른 스트레스로 바뀔 뿐이다. 많은 여성이 좀 더 유연한 탄트라
의 틀에서 수세적인 섹스를 쉽게 벗어날지는 모르지만 여기에는
정신적으로 오만해질 위험이 도사리고 있다. 이런 오만에서 "이
제 신성한 섹스를 어떻게 하는 것인지, 남성들이 모욕적으로 억
누르는 태도를 영원히 없애버릴 방법이 어떤 것인지 알겠어요"라
는 말이 나오는 것이다.

  이런 것은 모두 사랑과 별 관계가 없는 것이며 빛을 보았느니
사랑을 깨달았느니 하면서 여성들끼리 싸우는 일이 흔하다. 게다
가 내가 최근에 형편없는 남성의 실체를 경험한 것보다 더 깊은
깨달음이랄 것도 없다. 나는 남자들끼리 모여서 여자들로서는 정
말 정나미가 떨어지는 말을 하는 것을 일주일 사이에 세 차례나
목격했다. 모든 대화는 마요르카(스페인의 섬)에서 들은 것이지만
이 섬과는 아무 상관이 없는 얘기다. 나는 세계 어디서나 이런 대
화가 있을 것이라고 확신하기 때문이다.

  어느 날 저녁 나는 황혼 빛을 받으며 풍광이 멋진 바닷가 식당
에 혼자 앉아서 책에서 읽은 내용을 메모하고 있었다. 잠시 후 옆
테이블에는 부유해 보이는 한 무리의 남성들이 앉았는데, 모두
오십이 넘어보였다. 그들은 한동안 골프와 사업 얘기를 하면서
웨이터에게 값비싼 요리의 맛과 고급 포도주를 칭찬하더니 취기
가 오르면서 목소리가 커졌다. 얼마 후 한 남성이 상대의 말을 반
박했다. "솔직히 여기 우리들 중에 애인 없는 사람이 어디 있어?

그거야 자네 생각일 뿐이지." 그러자 상대가 곧 대꾸했다. "그래, 그렇다고 내가 인생을 바꾸겠다는 말은 아니야. 아내는 아내대로 애인은 애인대로 역할이 따로 있으니까."

팔마에서 베를린으로 가는 비행기에 탑승했을 때, 내 옆자리에는 친구사이로 보이는 30대 남성 두 명이 앉았는데, 섬에서 휴가를 보내고 오는 모양이었다. 두 사람은 혈중 알코올농도가 0.003 퍼센트는 되는 술 냄새를 풀풀 풍기며 휴가 중에 있었던 일을 쉴 새 없이 지껄였다. 이들은 밤이면 하루도 빠짐없이 "엄마가 없는 집"을 골라 약탈행각을 벌였고, 마요르카의 야외에서는 "가슴 확대수술을 받은 러시아 여성"을 유혹하고 건드렸으며 "아우구스부르크에서 온 세 명의 금발 사냥감"에게는 해변에서 옷을 벗게 만들었다. 이렇게 무용담을 늘어놓는 사이에 여유롭게 유머를 곁들이기도 했다. "여성이 남성을 침대로 오게 하려면 뭘 먼저 벗어야(뽑아야) 하는지 알아? 텔레비전 플러그야!"라든가 "남녀가 섹스를 할 때, 남성은 신음소리를 내며 '아아아, 더러운 것을 말해 줘!'라고 말하지. 그러면 여성은 '주방, 욕실, 거실……' 이러고."

그 며칠 전에는 개를 데리고 조그만 들길로 산책을 나갔는데, 사이클 선수 두 명이 나를 앞질러갔다. 좁은 길모퉁이에서 두 사람이 속도를 늦추고 지나갈 때 다음과 같은 대화가 들렸다. "어젯밤 그 여자와 했어?" "했지. 처음엔 거부하면서 계속 대화만 하려고 하더니 결국 승낙하더라고."

여성들이 더 이상 그 짓을 하고 싶어 하지 않는다는 것을 남성들은 더 이상 의아하게 생각할 필요가 없다. 또 여성이 그런 남성과 몇 년 살다 보면 섹스가 공허해지고 역겨워지며 그러다가 '충분히 했다'는 생각이 들 때면 마음이 얼어붙고 자의식을 갖춘 섹스 소비자로서 자신이 원하는 것을 추구하거나 혼자서 해결한다는 것을 알아도 놀랄 것이 없다. 하지만 혼자서 해결할 때도 적잖게 실망한다. 비록 바이브레이터(여성용 진동 자위 기구) 매출이 급격히 늘어나고 갈수록 많은 여성이 딜도를 수집하는 데 관심을 쏟는다고 해도 나는 온갖 자율이나 성적 해방에도 불구하고 현대의 해방된 여성들 사이에서 갈수록 깊은 공허감이 퍼져나간다는 것을 경험하고 있다.

언젠가 나는 성업 중인 포르노비디오 제작자가 업계의 성장과 추세에 대해서 신문과 인터뷰한 것을 읽은 적이 있다. 남성 고객들 사이에서는 무엇보다 시대정신에 맞춘 영화가 인기를 끈다는 것이다. "요즘에는 여성의 쾌감이 아니라 반감을 보여주는 것이 유행입니다"라고 이 제작자는 인터뷰를 하며 냉정한 어조로 설명했다.

포르노면 다 통한다. 이제는 섹스에 대한 좌절감까지도 욕정을 유발하게 만드는 것이 포르노다. 규칙적으로 바람을 피우는 것이나 혼자서 해결하는 것, 더 이상 욕구가 없는 것, 섹스를 주제로 시시한 유머를 하는 것, 사창가에서 매춘하는 것 등등 이 모든 것은 결국 섹스를 정면으로 대하는 것이 아니고 거기서 도망치는 것이다. 이런 행위는 서로 일체감을 맛보거나 섹스의 핵심이라고 할 육체적인 사랑에 이르는 데 전혀 도움이 되지 못한다. 섹스라는 문제에서 사람을 혼란시키는 최대의 미로는 전 세계적으로 확산된 거대한 포르노의 물결이다.

왜《그레이의 50가지 그림자》는
우리를 해방시키지 못하는가?

♂ ♥ ♀

젊은 남성들 중에는 성 과학자인 안-마를레네 헤닝Ann-Marlene Henning이 왼손치기Linkswichser(왼손으로 수음하는 남성 — 옮긴이)라고 부르는 새로운 세대가 있다. 컴퓨터로 포르노를 볼 때, 오른손으로는 마우스를 잡고 왼손으로는 발기된 페니스를 쥐고 자위를 하기 때문에 왼손치기라고 부르는 것이다. 이런 남성들 중에서는 문제가 생겨 헤닝을 찾는 경우가 많다. 이제 자신의 여성 파트너와는 잠을 잘 수가 없기 때문이다. 이들의 페니스는 손으로 꽉 쥐고 빠른 속도로 마찰하는 것에 너무 길들여져 있기 때문에 여성 앞에서는 상황에 따른 변화에 대처하지도 못하고 호기심도 느끼지 못하며 뜻대로 팽창되지도 않는다.

인체에는 습관의 동물이라는 특징이 담겨 있다. 일정한 과정에 반복해서 단련되면 그 과정에 길이 들게 마련이다. 그러므로 그림이나 강렬한 압박에 반응을 보이는 페니스는 질 속에 들어가면 완전히 감각을 잃기도 하고 질속에서 강렬한 자극이 없을 때는 쾌감을 느끼지 못한다. 이런 페니스를 가진 남성이 갈수록 늘어나고 있는 것이 지금의 실정이다.

열여덟 살 된 내 딸의 남자친구는 최근 나에게 "무슨 말씀이세요? 우리들 중에 포르노를 안 보는 아이들은 없어요. 포르노는 극히 정상적인 것이라고요"라고 말한 적이 있다. 통계에 따르면 포르노를 보고 거기에 고착되어 자위를 하는 습관은 열한 살 때 시작된다. 열세 살이면 이미 남자아이들의 절반, 여자아이들의 15퍼센트가 포르노를 경험한다. 열네 살 먹은 아이들 두 명 중, 한 명은 규칙적으로 음란한 사진을 본다. 캐나다의 성 과학자인 시몬 라지외니스Simon Lajeunesse는 어린 남자애들 20명을 대상으로 아직 섹스비디오를 보지 않은 사람을 조사한 적이 있다. 하지만 찾는 데 실패하고 말았다. "포르노를 보지 않은 아이를 한 명도 찾을 수 없었습니다."

최근에는 너무 이른 나이에 포르노를 많이 보는 사람이 급격히 늘어났다. 그 사이에 월드 와이드 웹에는 마음대로 접속해서 볼 수 있는 무료 포르노가 수도 없이 생겨났다. '섹스'와 '포르노'라는 말은 청소년들 사이에서 인터넷의 상위 5대 검색어에 들어갔다. 거대한 성 산업이 학교 교정에까지 침투한 지는 이미 오래되었다. 어떤 스마트폰이나 태블릿, 컴퓨터를 막론하고 심지어 컴퓨터게임기에 이르기까지 포르노 동영상(아동)을 보여주는 장치가 없는 것은 없다. 이른바 하드코어(수위가 높은) 포르노물까지 아이들의 방에 침투했고 휴대전화로 클릭 한 번이면 접근이 가능하다. 포르노 링크만을 모아 놓은 튜브걸로어 닷컴Tubegalore.com은 항상 누구에게나 열려 있기 때문에 마음대로 접속해서 윤간에서 일본의 사도-마조 물(SM : 가학-피학성 섹스)에 이르기까지 갖가지 포르노 카테고리를 볼 수 있다. 또 아직 실제로 성경험이 없는 아이도 이런 곳에서 다양한 정보를 접하면서 가령 피스트퍼킹 Fistfucking(질이나 직장에 손을 삽입하는 성적 행위로 피스팅이라고도 함ㅡ 옮긴이)이 뭔지 알게 된다. 이용자의 나이를 확인하는 섹스 사이트는 3퍼센트에 불과하기 때문이다.

다만 문제는 이런 문화에서 실제의 섹스는 어떻게 되느냐는 것이다. 지속적인 마찰로 이상하게 길들여진 페니스를 가진 남자아이들은 정상적인 여자 파트너를 만날 때 어떻게 될까? 또 모든 것을 이미 보아버린 여자아이는 정상적인 남자 파트너에게 관심을 가지고 즐기려고 할 때 어떤 일이 일어날까? 네덜란드에서는 15세에서 25세 사이의 젊은이 4,000명을 대상으로 포르노를 자주 보는 습관이 실제 섹스 체험의 기회를 늘려주는지를 묻는 설문조사를 했다. 조사결과는 아니라고 대답이 나왔다.

이뿐만 아니라 적어도 무제한의 10대 섹스왕국이나 가상의 섹스모형, 가상의 섹스길잡이가 더 큰 관능적인 만족으로 이어지느냐는 물음도 중요할 것이다. 어느 일간지에는 첫 키스에 실망한 소녀의 이야기가 소개된 적이 있다. 독일의 청소년 잡지인《브라보》지에 소개된 스물다섯 가지 키스 유형을 자세히 읽어본 이 여자아이는 실제로 키스를 해보고 크게 낙심했다는 것이다. "거기 나온 것과 똑같이 해보고 싶었어요. 그런데 해보니 그런 느낌이 들지 않더라고요."

한 남성은 자신을 계속 유혹하는 열여덟 살밖에 안 된 소녀와 바람을 피운 얘기를 들려주었다. "말문이 막혔어요. 방에 들어가자마자 마치 완벽한 안무를 하듯이 온갖 동작을 다 보여주는 겁니다. 남자가 봐도 지나치게 대담했고 꿈도 못 꿀 정도로 환상적인 자세였죠. 하지만 어느 정도 시간이 지나자 그런 행위에 숨막히는 기분이 들었습니다. 마치 훈련을 받은 듯 삭막했으니까요." 남성은 그 모든 행위를 중단시키고 소녀에게 물어보았다. "너 이런 거 어디서 다 배웠어?" 그러자 여자아이는 전혀 망설임 없이 대답했다. "이건 전부 우리 오빠의 포르노사이트에서 본 거예요."

많은 청소년은 인터넷 덕분에 모든 것을 알게 된다. 다만 실제 사람과 실제 육체로 하는 섹스가 어떤 것인지, 어떻게 거기에 몰두하고 신뢰감 속에서 일체감을 느끼는 것인지 모를 뿐이다. 많은 사람이 자신의 몸과 느낌 속에서 자극을 받는 접촉방법을 상실했다.

여기서 말하는 것은 포르노와 환상으로 공급되는 섹스, 충전용 케이블로 전달되는 섹스를 말하는 것이다. 이런 것은 머리에서 전기가 공급되는 섹스다. 포르노를 보면서 음란한 환상에 빠지고 어떤 도취적인 장면을 머리로 상상한다는 말이다. 이때 머릿속에서 형성되는 그림이 아랫도리를 자극한다. 충전용 케이블을 통해 위에서 공급된 전기는 가슴을 지나 ─재빨리─ 직접 생식기로 전달된다. 포르노를 보면 나와 상대 사이에 어떤 감정의 교류가 없어도 빨리 자극을 받고 실제로 그 상대와 관계를 맺을 수밖에 없다.

원래 충전용 케이블은 자동차의 배터리가 바닥났을 때 사용하는 것이다. 충전용 케이블로 섹스를 할 때는 대개 무의식적으로 생각하며 가슴이나 머리는 올바른 기능을 하지 못한다. 그리고 자신도 모르게 흥분과 오르가슴이라는 목표로 직접 접근한다. 이런 섹스는 실용적이고 빨리 끝난다. 포르노는 대부분 패스트푸드 같아서 2분에서 5분이면 충분하다. 스트레스를 받을 필요도 없고 전희도 없으며 개인적으로 감정을 주고받을 필요도 없다. 위에서 전기가 충분하게 공급되기만 하면 모든 것이 실제 사람을 상대했을 때보다 쉽게 이루어진다. 어떤 압박에 시달리지 않아도 되고 마음을 상하거나 감정적으로 대립할 필요가 없기 때문이다. 하지만 충전용 케이블에 의존하는 섹스는 막다른 길을 향해 전속력으로 돌진할 수도 있다.

50대 중반인 게르트는 최근에 나에게, 자신은 아내와 침대로 올라가기 전에 늘 서재로 들어가 몰래 "아주 음란한" 포르노를 본다는 말을 했다. 그렇게 하지 않으면 아내와 관계를 할 수가 없다는 것이다. 아내와 관계를 할 때는 어떠냐는 나의 물음에 게르트는 간단히 대답했다. "네, 전혀 다를 것이 없어요. 특별히 오래 걸리지도 않고요. 다행히 아내는 빨리 끝나는 편이죠."

요즘 20~30대의 많은 젊은이들 사이에서 포르노를 보는 것은 당연한 일이 되었다. 이들은 저녁식사 자리에서 좋아하는 장면을 놓고 대화를 하기도 하고 새로 자극적인 것이 나오면 서로 링크 주소를 주고받기도 한다. 하지만 게르트는 이들과 세대가 다르다. 그는 포르노를 보는 것을 부끄러워했고 또 그동안 부부생활을 하며 아내와 감정이 멀어졌다는 느낌을 받았다. 나와 대화를 하는 동안 게르트는 포르노를 보는 것이 그 자체로 비난받을 일은 아니라는 말을 듣고 죄책감에서 벗어날 수 있었다. 하지만 생활 속에서 특히 애정생활에서 뭔가 결핍되었다는 신호라는 것만은 분명했다.

나와 상담을 하는 과정에서 게르트가 한번은 아내와 함께 찾아와 두 사람이 섹스를 하기 전에 불안하게 포르노를 본다는 사실을 아내에게 고백한 적이 있었다. 이 말을 들은 그의 아내는 처음에는 두 손으로 자신의 얼굴을 감싸더니 한동안 충격을 받은 듯 꼼짝하지 않고 앉아 있었다. 이윽고 그의 아내는 무거운 짐을 벗은 표정을 짓는 남편을 바라보며 입을 열었다. "나는 언제나 별로 욕구가 없었어. 그리고 당신이 침실로 들어올 때, 벌써 그것이 서 있는 것을 보고 부끄러웠지. 당신은 모든 것이 순조로운데 또 나를 보고 자극을 받는데 나는 그러지 못한다고 생각했으니까. 그래서 분위기를 깨지 않고 어떻게든 맞춰보려고 오르가슴을 느낀 것처럼 가장한 거라고."

게르트의 아내는 이어 자신은 포르노를 역겹다고 생각했지만 이제는 그런 생각에서 벗어났다고 말했다. 그의 아내는 비록 다툴 때도 있기는 하지만 이상하게도 전보다 남편과 말을 더 잘할 수 있게 되었다. 마침내 그녀는 자신이 병이 있거나 어딘가 몸이 정상이 아니라고 생각했다. 그리고 남편에게 별 욕구가 생기지 않아 갈수록 죄책감이 생겼다. 상담기간에 게르트는 자신이 포르노에 빠진 시기를 기점으로 아내와의 관계가 멀어졌다는 사실을 깨달았다. 또 그때부터 갑자기 발기를 하려면 힘이 들었고 포르노를 보면 모든 기능이 다시 제대로 돌아갔다. 그때부터 그는 인터넷 서핑을 하기 시작했고 "더 자극적인" 영상을 찾아다녔다. "나는 꼭 중독자 같았어요. 그것을 보지 않으면 할 수가 없고 갈수록 더 자극적인 것이 필요했으니까요."

그는 포르노가 자신의 불안감을 막아주는 데 도움이 된다는 것을 알았다. "포르노가 정력제죠. 언제 얼마나 어떻게 할 것인지 정확하게 원하는 대로 할 수 있으니까요." 포르노를 보지 않고 직접 아내 곁으로 가면 게르트는 아내 옆에서 무기력하다는 느낌을 받았고 때로는 외롭기까지 했다. 또 다른 측면에서 분명해진 것은 그가 부부관계에서 자신의 성적 능력을 비판적으로 보기 시작했다는 것이다. 그의 아내는 한계가 분명했다. 섹스에 관해서는 금기시하는 것이 있었다. 게르트는 자신의 욕구와 호색적인 성향이 부끄러웠다. 그러면서 그는 점점 성적 환상을 좇는 일이 늘어났다. "그 환상은 시간이 가면서 더 음란하고 도착적인 것으로 변했어요. 그런 환상이 고통스러울수록 더 자극적인 포르노를 보기 시작한 거죠."

그러다가 언젠가 게르트는 아내를 향해 큰 소리로 힘주어 말했다. "나는 섹스가 좋아! 내 몸을 느끼고 싶어. 당신의 몸도 느끼고 싶고." 이 뒤로 두 사람은 서로 말없이 바라보는 일이 늘어났고 감정이 상하기 쉬운 상태로 변했지만 더 가까워진 것은 분명했다.

게르트의 아내는 자신이 생각하는 삶은 매우 엄격하고 한계가 분명한 것이며 완벽주의자 같아서 남편에게도 그런 것을 기대했다는 사실을 고백해야 했다. 그녀에게는 먼저 다정하게 다가선다거나 육체적인 유희가 들어설 공간이 별로 없었다. 아내는 포르노가 남편에게 해방감을 준다는 것을 이해했다. 두 사람이 순수한 육체적 만남으로 돌아가려면 서로의 관계에 집중해야 하고 상대의 감정이 상하거나 불안감을 자극하지 않도록 배려하면서 서로 신중하게 접근할 필요가 있었다.

포르노는 윤리적인 잣대를 거부한다. 포르노를 경직되고 비판적인 눈으로 바라보며 단호하게 대처할 때는 아무 유익이 없다.

중요한 것은 포르노가 실제로 사람들에게 어떤 작용을 하는지 이해하는 것이다. 포르노와 거기서 접하는 갖가지 장면, 역할극, 환상을 통해서 사람들의 머리로 이어지는 섹스는 마치 전속력을 다해 잘못된 방향으로 주행하는 무법운전자의 행위와 같다. 이런 운전자는 불안한 나머지 다정한 관계에서 빠져나가 머릿속에 형성된 갖가지 영상의 세계로 들어간다. 이런 사람은 파트너를 더 이상 함께 느끼고 결합하는 인간으로서 대하지 않게 되고 파트너를 만나도 아끼고 사랑하는 상대로서 대하지 않게 된다. 이때 파트너는 마치 텔레비전의 영상처럼 직접 감정교류가 없는 대상물로 변한다.

섹스가 우리의 내면으로 들어와 파트너 사이의 순수한 결합으로 이어지려면 이와는 반대의 과정이 되어야 한다. 그러기 위해서는 마음속의 불안한 들길을 통과해서 일체감이라는 좁은 골짜기로 들어가는 것이 중요하다. 이곳으로 들어가면 비좁고 위험하며 울퉁불퉁한 길은 평탄해지고 어느새 굴곡에서 빠져나왔다는 것을 알게 된다.

일정한 때가 되어 욕구가 다 소모된 느낌이 들고, 섹스를 할 때마다 마음에서 우러나는 일체감을 갈망하면서도 포르노의 세계를 더듬고 있게 되면 굳은 마음으로 브레이크를 꽉 밟고 완전 정지를 해야 한다. 포르노 세계에서 최후의 만찬이란 있을 수 없다. 도덕과 심판은 언제나 모든 욕정적인 환상의 진원지라고 할 머리에서 나오는 것이다. 그러므로 해결도 가슴으로만 해야 한다.

남편과 함께 내 상담실을 찾아온 에바는 상처를 받았지만 재판관 같은 자세로 앉아 있었다. 에바는 남편의 포르노 중독으로 시달려 왔다. 모든 것은 남편이 "우리 먼저 포르노 한 편 보는 것이 어때"라고 제안한 데서 비롯되었다. 에바는 남편의 제안에 호기심이 생겨 동의했다. 화면에서 음란한 장면이 전개되자 에바도 빨리 흥분이 되었다. 하지만 언제부턴가 남편은 포르노를 보기 전에는 자신과 잠자리를 하려고 하지 않았다. 그리고 시간이 가면서 남편이 보는 포르노는 더 자극적인 것으로 변했다. 마침내 에바는 포르노에 나오는 장면만 따라 하라는 요구를 받았다. 몇 차례 다투기도 했지만 남편과의 섹스는 하나도 달라진 것이 없었다. 남편은 음란한 영상에 매달리면서 아내도 똑같이 하게 만들었다. "불안해서 요구를 거절할 수가 없었어요. 그러면 남편이 화면에만 의존할 테니 말이죠. 아니면 자신이 본 것을 그대로 해주는 다른 여성에게 갈 수도 있고요. 남편이 자기 방에서 음란한 영상에 집착하는 모습을 수도 없이 봤어요. 이제 그런 것 좀 그만 보라고 애원하기도 했죠. 하지만 남편은 멈추지 않았어요. 그러다 보니 이제 우리가 하는 섹스가 역겨워졌고 그마저도 불가능하게 된 거예요."

대화중에 에바의 남편이 솔직한 심정을 털어놓았다. "당신은 내가 그걸 보지 않으면 할 수 없다는 생각은 안 해 봤어? 내 말은 오래전부터 당신과 직접 하면 제대로 되지 않았다는 거야. 당신이 나에게 원하는 것이 전혀 되지 않았다고!" 이 남성은 포르노를 보지 않으면 발기가 되지 않는 남성들이 많다는 얘기를 들었다. 대화가 이어지는 중에 드러난 사실은 그가 커다란 압박감을 받고 있다는 것이었다. 아내의 집안 남성들은 사회적으로 성공한 사람들이었다. 아내의 아버지는 유명한 학자였고 오빠는 국제적으로 명성이 있는 법관이었으며 다른 오빠는 주임의사였다.

사실 에바는 당시 이 남성이 집안사람들과는 뭔가 달라보였고 갑갑한 부모 집에서 벗어나게 해줄 수 있는 사람이라 생각되어 그를 택한 것이었다. 하지만 연애기간이 지나자 에바는 남편이 직장에 너무 매여 있다고 압박하기 시작했다. 하지만 남편은 힘이 없었다. 그러다가 남편은 부부관계를 회피하고 포르노의 세계로 숨어 버렸다. 그는 자기 자신이나 아내에게 열등감을 인정하기가 싫었다. 대화중에 남편이 깊은 불안감에 시달리며 침대에서 실패할 것을 두려워했다는 사실이 드러났다. 에바는 그 긴 시간 동안 자신이 어떻게 남편을 압박했는지 몰랐다는 것이 부끄러웠다.

내가 포르노에 대해서 수많은 남성들에게 들은 것은 남몰래 혼자 즐길 수 있는 포르노의 익명성이 불안이나 윤리적인 부담이 없는 가운데 빨리 쾌감을 맛볼 기회를 준다는 것이었다. 이와 달리 아내와 관계를 가지려고 할 때는 가벼운 압박을 받게 되고 즐겁지 않은 감정이 생긴다는 것이었다. 무엇보다 많은 남성들이 포르노를 볼 때는 별 문제없이 절정감에 오르는 데 비해 아내 앞에서는 갑자기 기능장애가 생긴다든가 너무 일찍 사정을 한다는 것이었다.

기능장애나 발기부전은 많은 남성에게 수치감을 안겨준다. 발기가 안 되는 낭패를 보지 않으려고 남성들은 애를 쓴다. 2013년에 독일에서만 비아그라 같은 발기부전 치료제에 1억 2,500만 유로를 쏟아 부었다.

그동안 상담실을 운영하면서 내가 종종 경험한 것은, 생활에 치이고 통제를 받으며 일상적으로 직장에서 스트레스를 받거나 과중한 부담감에 시달릴 때는 남성들이 속성 섹스 또는 매춘에 의존한다는 것이다. 어떤 남성은 자신에게 중요한 취업면접에 실패하자 곧장 사창가로 달려가 돈을 주고 여성을 골라 그동안 쌓인 욕구불만을 해소했다. 다른 남성은 아내가 출산한 지 몇 시간도 안 되어 술집으로 가서 낯선 여성을 데리고 나왔다. 새로운 책임에 대한 불안이 그를 도피하게 만들었고 책임질 필요가 없는 영역으로 들어가 거기서 다시 자유롭게 쾌락을 맛보도록 한 것이다. 또 어떤 남성은 직장에서 해고된 다음 이 사실을 집에 알릴 수 없어서 한동안 아침에 집을 나가 포르노 영화관과 핍쇼 Peepshow(동전을 넣고 조그만 창으로 볼 수 있게 한 스트립쇼—옮긴이)를 전전하는 일과를 반복했다. 아내와 자녀가 있는 집 외에 몰래 아파트를 얻어서 규칙적으로 에스코트걸 Escortgirl(관광안내나 대화상대로 고객에게 서비스를 하는 여성으로 콜걸의 의미로 쓰이기도 함—옮긴이)과 복장 도착자 Transvestite(이성의 복장을 하고 이성 역할을 하는 사람—옮긴이)를 불러들이는 남성도 있었다. 이 아파트는 일종의 나이 든 아이들의 방으로서 당구대에 피트니스 실, 게임기가 설치되어 있었고, 벽에는 값비싼 예술 누드사진과 벌거벗은 여성들의 요염한 얼굴로 도배가 되어 있었다.

사비네는 이혼할 생각으로 나를 찾아온 여성 고객이었다. 사비네는 남편의 동료들로부터 회사 사정이 안 좋다는 말을 들었는데, 유독 남편만은 자신이 맡은 외판부문은 할 일이 많다고 했다. 남편은 자신이 고객관리에 남다른 재주가 있고 동료들보다 고객을 설득하는 수완이 뛰어나 앞으로 영업 전망이 좋다는 것이었다. 사비네는 그런 남편이 자랑스러웠고 경제적인 궁핍을 걱정할 필요가 없을 것 같아 안심이 되었다. 그러던 어느 날 자신의 차를 정비공장에 맡겼기 때문에 사비네가 남편의 차를 이용하게 되었다. 그런데 내비게이션에 찍힌 주소를 보니 한결같이 남편의 활동구역과는 전혀 상관이 없는 동네였다. 그 주소로 차를 몰고 가보니 그때마다 사창가가 나왔다. 당시는 남편이 동료들과 마찬가지로 영업을 하며 손해를 볼 때라 그런 곳에서 돈을 쓰며 여유를 부릴 처지가 못 되었다. 그런데도 몰래 신용카드를 사용해서 매춘부에게 만족을 얻고 위안을 받으려고 한 것이었다. 하지만 이렇게 남편의 비밀을 적발한 것은 시작에 지나지 않았다. 사비네가 남편을 질책하자 남편은 차라리 잘되었다는 표정이었다. "당신이 사실을 알게 되어 다행이야. 그곳에 가면 항상 제대로 되는 것이 너무 만족스러웠어. 빌어먹을 창녀와 있으면 너무 좋았다고. 내가 원하는 대로 할 수 있으니까. 하지만 이제는 창녀촌에 가지 않아. 거기 있는 여성 한 명을 사랑하게 되었거든. 그 여성도 이제 그곳에 나가지 않아. 그리고 우리는 얼마 전부터 본격적으로 교제를 시작했어."

사비네는 땅이 꺼지는 듯한 기분이었고 배신감마저 느꼈다. "난 남편의 직장생활을 위해 언제나 뒷바라지를 해왔어요. 아이들을 키우기 위해 한 푼이라도 아껴가며 살림을 알뜰하게 했고 우리가 알고 지내는 사람들과의 교제도 소홀히하지 않았죠. 내가 없었다면 오늘의 남편은 있을 수 없었다고요. 그런데 창녀와 사랑을 하다니 이게 말이 되나요?" 남편이 이 수수께끼에 대한 답을 주었다. "그 사람은 나를 진심으로 대한다고. 내 마음을 움직일 줄 알아. 나를 끔찍이 생각하는데다 별로 가식이 없어. 당신은 나를 달달 볶잖아. 늘 불평을 하고 말이지."

왜 남성들이 섹스나 섹스의 허상을 돈을 주고 사는지, 왜 몰래 수중에 있는 몇 푼을 창녀촌에서 날리고 밤이면 그런 인터넷사이트에서 시간을 보내는지, 그 이유는 남성들이 나에게 말해줄 때가 종종 있다. 원인은 거의 언제나 두 가지 동기에서 비롯된다. "내가 원하는 것을 할 수 있으니까요. 또 뭐든지 내 뜻대로 마음껏 욕구를 발산할 수 있거든요." 이런 이유가 아니면 열등감과 수치, 무기력감을 떨치거나 피해 가려는 생각에서 비롯된다. 의식의 컴컴한 구석 어딘가에는 자신은 그것을 할 수 없다는 감정이 잠재해 있다. 구체적으로 말해 아내와 관계를 하려고 할 때면 자신은 능력이 충분치 못하다는 감정이 생긴다. 아내를 행복하게 해줄 수도 없고 아내의 마음을 열지도 못하며 절정감에 이르게 하지도 못한다고 생각하는 것이다. 이런 감정이 너무 고통스러워 남성은 차라리 반대의 길을 택하고 돈으로 능력과 쾌감을 사는 세계로 도피한다. 하지만 내가 경험한 바로는 욕구해소를 위해 또 능력 부족과 실패에 대한 불안으로 현실에서 도피하는 이런 남성들의 유희는 끝이 없으며 가상의 섹스나 돈을 주고 사는 섹스를 즐기는 남성은 언젠가 창녀를 사랑하게 되는 경우가 드물지 않다. 실제로 이런 일은 생각하는 것 이상으로 빈번히 일어난다. 갑갑하고 규칙적인 사회적 틀에서 벗어나 있는 여성들에게 자신의 마음을 열고 솔직하게 속을 털어놓게 된다. 이렇게 할 때 비로소 순수한 결합의 감정이 생길 것이다.

"아내와 있을 때면 언제나 압박감을 받아요. 그러면 사랑 놀음은 필요 없고 그저 내가 원하는 섹스만 하자는 생각이 들죠. 그게 전부예요! 대신 돈을 주고 사는 여성과 있을 때면 그녀에 대한 감정이 생기죠. 그녀와 있으면 포르노 따위는 하나도 재미가 없고 섹스를 할 때도 야동은 전혀 필요가 없어요. 그 여성과 있을 때는 금세 열정이 생기고 해방감을 느끼죠." 사비네의 남편은 결국 아내와 헤어지고 새로운 여자친구와 합쳤다. 나는 그가 적어도 한동안은 "포르노 따위와 야동"이 필요치 않을 것이라는 생각이 들었다. 그가 한 여성과 직접적이고 압박을 받지 않는 결합 속에서 살고 있었기 때문이다.

물론 여성들도 올바른 생활을 하고 올바로 몸을 느끼며 일체감을 경험하는 것이 힘들 때는 도피를 한다. 내 경험으로 볼 때, 여성들은 환상을 움켜잡을 때가 더 많으며 단지 포르노를 찾는 경우가 드물 뿐이다. 또 자신만의 꿈을 꾸며 외로움에서 벗어나기 위해 연애에 빠질 때도 있다. 부부관계가 공허하고 섹스가 잘 되지 않을 때, 여성은 둔감해지고 몸이 따라 주지 않는 경우가 많다. 한 여성은 남편과 섹스를 할 때면 음란한 이야기를 늘 상상한다고 했다. 다만 남편의 마음을 상하지 않게 하려고 드러내놓고 말을 하지 못했을 뿐이라는 것이다.

"내 남편이 하는 짓은 늘 똑같아요. 마치 밀가루 반죽을 주무르듯 내 가슴을 꽉 움켜쥐죠. 내 몸이 말라 있든 말든 상관없이 무조건 디밀어요. 그리고 무엇이든 후딱 해치우죠. 내 머릿속에서는 언제나 매력적인 애인이 수도 없이 떠오르는데 말이에요. 대개 어디서든 나에게 고분고분한 젊은 남성들이죠. 남편에게는 그런 면이 조금도 없어요. 그런데도 오르가슴을 느낄 때가 있어요." 그러면서 이 여성은 머리로 하는 섹스의 비극을 정확하게 지적했다. "사실 나를 오르가슴에 오르게 한 사람은 실제 남편이 아니라 머릿속에 있는 환상적인 젊은이들이죠."

섹스 치료사인 크리스토프 요제프 알러스Christoph Joseph Ahlers의 견해에 따르면 모든 성적 환상의 배후에는 소통의 욕구가 들어 있다고 한다. 예를 들어 한 여성이 여러 명의 남성과 만나는 꿈을 꾸면 그것은 그 남성들이 모두 자신에게 반하기를 바라는 심리가 반영된 것이라고 한다. 그리고 여성으로서 자신의 가치가 확대되기를 바라는 꿈이라는 것이다. 한 남성이 자신의 정액을 삼키는 여성 꿈을 꾸면 이 꿈은 그 여성이 자신에게 동화되기를 바라는 열망의 표현이라고 한다.

어떤 남성이 현실 속의 여성에게 자신을 온전히 -따뜻한 마음과 온몸으로- 받아들이기를 바란다는 고백을 했다고 쳐보자. 아니면 어떤 여성이 자신은 아주 소중하고 누구나 탐낼 만한 존재이기를 바란다는 말을 했다고 가정해보자. 이 말은 상대에게 거부당하거나 상대에게 실망을 주고 본인 자신이 상처를 받을 위험이 있다는 신호다. 사람들은 대부분 세월이 가면서 체념의 감정을 품고 살게 마련이고 자신이 꿈꿔온 그런 일이 상대와 이루어질 수 있다는 것을 믿지 못한다.

성적으로 밀착해야 할 때, 불안하고 불쾌하며 마음이 갑갑한 상황이라면 사람은 머릿속의 자극적인 영화관으로 숨어든다. 거기서 온갖 소망과 꿈을 실현할 수도 있기 때문이다. 하지만 이런 습관은 은연중에 파트너와의 접촉 기회를 갈수록 차단하게 된다. 그리고 머릿속의 섹스는 자신도 모르게 중독이 될 수 있다. 그런 섹스는 온갖 지뢰밭에서 벗어나게 해주고 자신이 갈망하는 쾌감을 맛보게 해주는 것 같지만 이때의 경험은 지속성이 없고 불완전한 것이다. 진정한 섹스는 혼자서는 이루어질 수 없는 것이기 때문이다.

"글쎄요, 우리는 석 달에 한 번이나 할까 말까 그래요……."
상담실을 찾는 많은 부부들에게 섹스에 대해 물어볼 때 나오는
대답이다. 수년 전부터는 육체적인 사랑을 일절 하지 않는다는
대답도 드물지 않게 나온다. 많은 부부들에게서 질적으로는 물론
이고 양적으로도 섹스곡선이 하향추세를 보인 지는 오래되었다.

육체적인 사랑은 말할 것도 없고 실제의 섹스는 실종위기에 놓
인 것처럼 보인다. 가상의 섹스는 이와 정반대다. 그 사이에 인터
넷 검색 네 번 중 한 번은 포르노그래피를 찾는 것으로 밝혀졌다.
온갖 환상적인 내용으로 유혹하는 포르노사이트는 그 수가 4억
가까이 되며 매일 300개 사이트가 새로 생긴다. 또 매달 3억 명
이 유폰YouPorn(웹 2.0에 기반한 무료 포르노 동영상 공유 웹사이트로 미국
로스앤젤레스에 본사가 있음 ─ 옮긴이)에 포르노자료를 올린다. 전 세
계적으로 1초마다 3만 개의 포르노 영상을 시청하며 하루로 치면
26억 편의 포르노를 보는 셈이다.

어디서든 남성 이용자가 절대 다수를 차지한다. 이 가상의 섹
스 세계에서 여성이 지배하는 곳은 오직 한 분야로서
sofortficken.de나 firstaffaire.de 또는 poppen.de. 같은 이름의
외도 포털사이트다. 그동안에 독일에서는 이런 사이트가 50곳이
넘게 생겼고 대부분 특정 섹스행위로 전문화된 곳이다. 이 분야
의 시장도 호황을 이루며 매일 1,000명 정도가 새로 가입을 한
다. 이런 사이트에서 결정권은 여성에게 있다. 돈으로 살 수도 없
고 어디에 소속되어 있지도 않으며 아주 인기가 많은 여성들이기
때문이다. 외도사이트에서 여성은 소수이기 때문에 남성과 달리
회비를 내지 않는다. 여성들은 자신의 취향에 따라 완전히 익명
이 보장되는 온갖 형태의 섹스 데이트를 예약할 수 있다.

"실업보조금 수령자에서부터 기업 회장에 이르기까지 모든 계층의 사람들이 이용합니다"라고 50세가 된 지그리트는 설명한다. 지그리트는 남편과 이혼한 뒤, 이색적인 것을 경험하고 싶던 차에 전문화된 기학적 성향(BDSM)의 포털사이트에서 건축기사인 게르하르트를 알게 되었다. 체벌과 지배, 복종, 고통도착, 구속(본디지) 등 온갖 형태로 빗나간 섹스를 즐기는 곳이었다. 지그리트는 게르하르트와 같이 어울렸다. 시간이 가면서 기학적^{嗜虐的} 섹스가 생활의 중심이 되었다. 두 사람은 시간이 날 때마다 이런 형태로 특별 이벤트와 파티를 열었다.

흥미로운 것은 데이트사이트에 들어오는 여성들 중에서는 섹스 외에 뭔가 다른 것을 원하는 사람이 많다는 것이다. 예컨대 이들은 청혼받기를 원한다. 또 키스만을 원하는 사람도 있다. 일상 속에서 뭔가 자신에게 결여된 것을 찾는 것이다. "나는 처음 만나면 남성이 예의를 갖추고 점잖게 해동하는 사람인지 살피죠. 이것이 첫째 조건이지 다른 건 중요하지 않아요"라고 레나테는 말한다. 레나테는 자동차 부품회사의 팀장이며 집에는 두 아이와 남편도 있는 여성이다. "남편과 하는 섹스는 전혀 문제가 없지만 별로 끌리지가 않아요. 게다가 남편은 완전히 딴 세상 사람이죠. 나도 직업이 있는데 집을 식당 정도로밖에 여기지 않아요. 자신의 감정을 드러내는 일도 없고 키스를 해도 언제나 내 입에 도장을 찍듯이 하니까 아무런 느낌이 없어요."

레나테가 가상의 공간으로 도피하고 싶은 충동을 처음 느낀 것은 부부생활에 좌절하고 체념하고 있을 때였다. "남편에게 뭔가 변화를 찾아보자는 말도 해봤어요. 하지만 벽에 대고 말하는 것과 같았죠." 이 뒤로 남편과 헤어질 생각을 몇 번 하기도 했지만 마지막 순간에 아이들 때문에 차마 결단을 내리지 못했다. "밤이면 낯선 남성들과 환상적인 섹스를 하는 생각에 빠져 지내는 날이 많았어요. 그런 생각을 하며 혼자서 욕구를 해결한 거예요."

그러다가 레나테는 인터넷에서 데이트사이트를 찾아내고 회원 가입을 했다. 이때부터 레나테는 데이트사이트를 기웃거리며 남성들이 좋아하는 것을 읽고 그중 한 남성과 침대에서 즐기는 상상을 하기 시작했다. 레나테는 "그런 상상을 하면 흥분이 되죠. 하지만 막상 어떤 남성이 유혹할 때면 키스만 하고 싶다는 메시지를 보내는 거예요"라고 말하면서 빙긋이 미소를 지었다. "그래서 달콤한 키스 맛을 봤죠. 하지만 남성이 이런저런 요구를 하는 경우도 있어요. 언젠가 겨울이었는데 하이힐을 신고 스커트 속에 속옷을 입지 않은 채 약속장소로 나갔어요. 상대가 그래야 흥분이 된다고 해서요."

레나테는 조심스러웠다. 언제나 자신의 생활환경과 먼 데서 남성을 찾았고 한 상대와는 한 번밖에 만나지 않았다. 지금까지 그녀의 남편은 이런 사실을 일체 모르고 있다. 두 사람의 부부관계는 틀에 박힌 것으로서 아무 의미가 없었다. 레나테는 왕자를 찾고 왕자에게 청혼을 받을 수 있는 환상의 세계에 살고 있었다. 대신 본인도 왕자에게 서비스를 해줘야 하는 세계였다.

이렇게 환상의 세계에 사는 여성들은 단순한 왕자가 아니라 적어도 모든 것을 지배하는 알파리더(동물행동학의 '알파'에서 나온 말로 큰 뜻을 품고 자질이 뛰어나며 책임감이 강한 지도자 유형─옮긴이) 같은 남성에게 서비스하는 꿈을 꾸는 사람이 많은 것으로 보인다. 수많은 여성독자들에게 인기를 끄는 베스트셀러 중의 베스트셀러는

《그레이의 50가지 그림자》라는 책이다. 영국작가 E. L. 제임스가 쓴 이 3부작 소프트코어(수위가 낮은) 포르노 소설은 고통 받는 수 많은 현대여성을 아웃팅^{Outing}(커밍아웃과 반대로 자신의 의지와는 상관 없이 자신의 성적 경향이 드러나게 되는 것 ― 옮긴이)의 세계에 눈뜨도록 자극했다. 적어도 이론상으로는 그렇다. 다시 말해 이 책을 보는 여성들은 한 남성에 대한 피학적 복종을 통해 느끼는 쾌감을 아 는 것으로 보인다.

"나는 움직이고 몸을 비틀다가 매를 피하거나……아니면 더 때려 달라고 해야 한다. 하지만 그렇게 말할 수는 없다. 뭔가에 압도된 느 낌이다……팔을 움직일 수 없고 두 다리는 묶여 있다……나는 포 로가 된 것이다……그가 다시 분무기를 뿜어댄다. 이번에는 내 젖가 슴에 대고 뿜는다. 나는 다시 비명을 지른다. 하지만 견딜 수 없는 한 계에 이르자 달콤한 고통이 느껴진다…… 거의 즐겁기까지 하다. 아 니, 처음에는 그렇지 않았다. 그러다가 내 피부에 음악과는 완전히 대조되는 가격이 가해질 때마다 머릿속에서는 노래가 시작되고 나는 이 남성을 거역할 수 없는 유혹으로 느낀다."

스물한 살의 문학도인 아나와 보통사람이 가까이 하기 어려운 억만장자인 크리스천 그레이 사이에서 벌어지는 사도-마조 섹스 는 대강 이런 식으로 전개된다. 두 사람의 역할은 명확하게 구분 된다. 순수하고 순진한 아나는 자신을 빈틈없이 사로잡는 지배자 에게 복종하는 존재다. 현대의 섹스 동화라고 할 이 소설에 여성 또는 소녀들의 절반 가까이가 미친 듯이 빠져드는 이유는 도대체 무엇일까? 여성들에게 무슨 일이 일어난 것일까? 여성들이 정말 모두가 매를 맞고 묶이고 노예처럼 복종하기를 원한단 말인가? 내가 볼 때, 《그레이의 50가지 그림자》를 둘러싸고 벌어지는 현상은 이와는 다른 것이다.

고통의 쾌감은 현재에 대한 무의식적인 동경이다. 다만 고통이 그 순간 속으로 남성을 끌어들인 것뿐이다. 고통은 온전한 형태로 완전히 육체 속에 머무를 것을 남성에게 강요한다. 의식적으로 맛보는 고통은 자신을 개방의 영역으로 이끌면서 자신과의 깊은 일체감으로 바뀔 수 있다. 불교 승려라면 누구나 명상 수행 속에서 육체적인 고통을 의식하면서도 저항하지 않은 채 그 상태에 몸을 맡길 때, 부분적으로는 행복을 맛보며 해탈의 경지에 이를 수 있다는 것을 또 궁극적인 게시와 깨달음을 체험할 수 있다는 것을 가슴으로 알 수 있을 것이다. 하지만 이런 깨달음을 얻는 데 불교승려들에게 환상이나 사도-마조 유희가 필요한 것은 아니다. 그들은 의식적으로 체험된 순간 속에서 온전히 마음을 비우고 자신을 내맡길 때 단순하게 자신의 내면에서 떠오르는 모든 것을 느낄 뿐이다. 이것이 깨달음이다.

《그레이의 50가지 그림자》에 담긴 좀 더 깊은 차원의 문제는, 작품의 의도와는 전혀 상관없는 것으로서 현재의 모든 것에 전적으로 자신을 내맡기는 헌신적인 태도다. 부인否認이나 강박관념도 없고 친근하게 적응하려는 평균적인 중간지대도 없다. 고통과 종속, 지배와 통제가 전부다. 그 현장에 한 남성이 있다.

한 남성과 온전히 현존재가 되어 모든 것을 느낄 뿐이다. 이것을 위해 많은 여성들이 자신의 삶을 맡기는 것이다. 여성들은 대부분 오늘날 남성들이 거의 약속이나 한 듯 정서적으로 닫혀 있고 필요할 때는 곁에 없으며 비타협적이고 육체적으로 경직되거나 무감각한 문제로 시달리고 있다. 하지만《그레이의 50가지 그림자》에는 남성의 온전한 존재에 대한 여성의 열망만 들어 있는 것이 아니라 그와는 뭔가 다른 것, 가령 에크하르트 톨레^{Eckhart} ^{Tolle}가 "여성의 집단적 고통체^{Schmerzkörper/painbody}"라고 부른 개념이 엿보인다. 오늘날 유명한 지혜의 전도사 중 한 사람인 에크하르트 톨레는 비록 E. L. 제임스만큼은 아니더라도 밀리언셀러 작가이며 그의 저서는 뉴욕타임스 베스트셀러 목록에서 1위를 차지한 적도 있다. 다음의 일부 문장을 인용하는 것은 톨레를 모르는 사람 중에 '너무 억지 주장 아니야?'라고 생각하는 경우가 있을 수도 있기 때문이다.

톨레는 개인이나 집단을 막론하고 사람은 누구나 마음속에 고통체라는 것을 지니고 있다고 말한다. 고통체란 살아오면서 쌓인 고통스러운 경험의 축적이며 대개 무의식으로 밀려난 것이다. 집단적인 고통체는 세대에서 세대로 이어지는 가운데 인간의 잠재의식 속에 계속 살아 있다. 여성의 집단적인 고통체에는 수천 년 인류의 역사 속에서 남성에게 당해온 것, 남성들의 폭력과 억압, 성폭행, 마녀사냥, 의도하지 않은 임신과 낙태, 무기력, 금기, 침묵에 대한 경험이 들어 있다.

톨레는 이렇게 눈에 보이지 않지만 매우 강력한 인간 내면의 정보가 활동하는 양상을 다음과 같이 설명한다.

"고통체는 존재 속에 들어 있는 모든 것과 마찬가지로 살아 있지만 당신이 그것에 동화될 때만 활동한다."

우리 여성의 내면에는 이런 집단적인 고통체가 다시 말해 오랫동안 남성이 지배한 세계에서 여성이 역사적으로 고통을 당한 것을 기억하는 무의식적인 정서가 있기 때문에 태고부터 억압과 고통을 경험한 지옥 같은 세계에 무의식적으로 이끌리는 것이다. 그리고 《그레이의 50가지 그림자》에서 단순하고 기본적인 그 모습이 완벽하게 드러난 것이다. 또 그 아픔이 결코 처리되지도 못했고 제대로 애도해보지도 못했으며 치유된 것도 아니기 때문에 여성의 내면에서 뭔가가 그것을 다시 일깨워준 것이다.

톨레는 다음과 같이 말한다.

"고통은 기쁨 속에서는 자라지 못한다…… 고통체가 당신을 독차지한다면 당신에게는 더 큰 고통이 따를 것이다. 그러면 당신은 희생자가 되거나 가해자가 된다. 당신은 고통을 주거나 스스로 고통을 견디거나 아니면 둘 다 경험하게 될 것이다. 가해자와 희생자 사이에 큰 차이가 있는 것은 아니다."

단순하면서도 고대의 역사가 담긴 《그레이의 50가지 그림자》는 적시에 집단적인 여성의 고통체를 활성화했다. 오늘날 서구의 윤리에는 여성의 내면에 수백 년간 누적된 고통과 그 밑바닥에 깔린 상처, 또 상처를 받을 가능성에 대해서 수억의 여성들이 공개적으로 그것이 사실이라고 말할 수밖에 없는 문화가 만연해 있다. 가해자와 피해자가 온통 뒤섞인 가운데 그 사이 어딘가에서 자신의 길을 개척하려고 하는 고통에 찬 쾌락이 있음을 부인할 수 없다는 말이다.

하지만 적어도 수백만 명의 여성독자는 유감스럽게도 남성의 권력과 여성의 복종, 체벌, 노예적 타율성이라는 환상세계에 빠지는 것을 마치 자신을 구원해줄 낙원으로 들어가는 것처럼 인식한다. 이들은 대부분《그레이의 50가지 그림자》덕분에 모든 것을 밖으로 드러내고 언젠가는 그것을 밖으로 터트릴 수 있다는 것은 인식하지 못한다. 환상에 빠진다고 해서 실생활에서 해묵은 고통이 사라지는 것은 아니다. 오히려 확산된다.

나는 오늘날 여성들 모두가 또다시 곳곳에 널린 사이코패스에게 두들겨 맞고 억압을 받으며 체벌을 받는 형태로 구원을 받는다고 생각하지 않는다. 그 대신 뭔가 잠재의식에 응어리진 것과 접촉하고 마침내 그것을 철저히 인식한 다음 거기서 벗어나 해방될 때, 여성으로서 다시 마음이 섹스와 결합하고 깨어 있는 의식을 지닌 애인과 더불어 여성 본연의 관능과 쾌감을 누릴 수 있다고 본다. 그러기 위해서는 복종의 환상에 몸을 맡기고 고통의 분열로 들어가는 대신 자신에 대한 감각을 되찾으며 남성들에게 무조건 똑같이 할 것을 요구하는 용기가 필요하다.

소설 속에 나오는 심리적 소도구는 섹스와 고통, 지배, 복종이 서로 결합할 수 있다는 것을 아주 자세하게 보여준다. 거기서는 과거의 상처에 대한 강박관념과 분열이 드러나며, 독자가 의식적으로 받아들이고 느낄 준비가 되어 있지 않다면 언젠가는 행동으로 해소해야 할 것들이다. 사람은 현실 속에서 오랫동안 억눌려온 긴장과 불안, 무기력을 언제까지나 속에 품고 살 수는 없기 때문이다. 하지만 이런 고통을 다스리고 명상수행을 하는 승려와 비슷하게 그 고통에서 벗어나는 방법이 있다. 이에 대해서는 뒤에서 자세하게 언급할 것이다. 여기서는 일단 무의식중에 그 고통이 활개 치게 내버려두면 큰 상처를 몰고 온다는 것만 지적하고 넘어가겠다.

다음에 소개하는 이야기는 소설이 아니라 어느 부부가 실제로 겪은 것이다. 그레타의 남편은 언제나 7시에서 8시 사이에 퇴근했다. 6시만 되면 그레타는 손을 떨기 시작했다. 언제부턴가 그레타는 마음을 안정시키려고 술을 한 잔 마시기 시작했다. 그러면서 한 잔이 두 잔이 되고 다시 석 잔이 되며 양이 계속 늘어났다. 그 이유는 남편이 그레타가 도저히 견딜 수 없는 온갖 방법의 섹스를 원했기 때문이다. 한번은 남편이 자신을 묶어 달라고 부탁하는 일도 있었다. 자신을 꽁꽁 묶은 다음 때리고 욕을 해달라는 것이었다. 이후 남편은 아내가 자신에게 고통을 가할 수 있도록 다양한 보조기구를 사왔다. 남편은 거의 매일 밤 그런 섹스를 원했다.

얼마의 시간이 지나자 그레타는 쇼핑을 할 때나 버스를 탈 때, 주위에 사람이 많으면 공포심이 들기 시작했다. 아무리 해도 마음을 진정시킬 수 없었고 공포는 마치 눈에 보이지 않는 독처럼 퍼져나갔다. 알코올은 불안을 억누르고 자신을 진정시키는 유일한 수단이었다.

그레타가 친구의 손에 이끌려 내 상담실을 찾아왔을 때, 왜 그녀가 남편과 헤어지지 않는지, 그리고 왜 감각이 마비되었는지 분명히 드러났다. 그레타는 작은 동네에 살았기 때문에 주민은 누구나 서로 아는 사이였다. 그레타의 남편은 직장생활로 아주 바쁜 보수적인 남성이었지만 인기가 있었다. 그레타 자신은 엄격한 종교적 가풍에서 성장했고 어릴 때부터 환경에 적응하고 복종하는 데 익숙했다. "아버지는 식탁에서 컵을 떨어트리거나 외출복을 입고 놀다 더럽히면 때렸어요. 그래서 우리 형제들은 언제나 실수를 하지 않을까 겁을 냈죠. 이러니 아버지가 원하는 대로 하지 않을 수 없었어요."

그레타의 남편은 내가 전혀 모르는 사람이었다. 그레타의 이야기를 들어보니 남편의 아버지는 출장이 잦았다고 한다. 그래서 아버지가 없을 때면 엄마가 몰래 애인을 집으로 불러들였다는 것이다. 엄마의 애인이 오면 그레타의 남편과 형제들은 방 안에 갇혀 있어야 했고 엄마가 내지르는 신음소리와 이상한 비명을 방 안에서 고스란히 들어야 했다. 그 애인이 가고 나면 엄마는 침대에 누운 채 아이들을 방 안으로 불러들이고 자신을 쓰다듬어 달라고 했다. 그러면서 그날 일을 발설하면 혼내주겠다고 으름장을 놓았다.

그레타의 친구와 나는 입원치료를 받아보라고 설득했다. 그레타가 그런 생활에서 벗어났는지 또는 남편과 헤어졌는지 나는 알지 못한다. 다만 이런 상황에 놓인 여성들에게 자신만의 허황된 꿈을 꾸는 대신 자신에게 솔직해지고 온전히 자신을 되찾을 것을 권하고 싶다. 섹스가 당신에게 맞지 않고 불안감을 주며 그 때문에 방향을 상실하거나 심지어 병이 든다면 당신은 그 상황을 당장 중지시키거나 그런 환경에서 떠나야 한다. 요즘에는 그 모든 것이 정상이라는 말을 곧이듣지 말아야 하며 그런 요구에 따르지도 말아야 한다.

"단지 뻣뻣하게 굴고 싶지 않았을 뿐이에요. 그것만 빼면 그 사람은 내가 원하는 것은 무엇이든 다 들어주거든요. 그래서 하자는 대로 한 거죠." 최근에 비르기트라는 여성이 나에게 한 말이다. 비르기트는 섹스 중독에 걸린 남성과 완전히 비정상적인 관계를 맺다가 무척 힘들게 빠져나온 사람이었다. "관계를 청산하고 돌이켜보니 생지옥이 따로 없었어요. 마지막에 분명히 거절을 하고 그 남성을 방에 들이지 않았을 때는 내가 재활교육을 받는 중증 알코올중독자 같다는 느낌이 들었죠."

끝에 가서는 남자가 비르기트를 묶고 섹스 보조기구가 든 상자를 열기 전에 두 사람이 함께 주기도문을 암송하는 단계까지 나갔다. 비르기트가 그런 형태로 관계가 진전되는 것에 불안을 느끼고 자신은 마음이 동하지 않을뿐더러 침대에서 이루어지는 모든 행위가 마음에 들지 않는다고 하면 그 남자는 이렇게 말했다. "당신은 생각이 너무 좁아. 당신이 생각하는 것은 사랑이 아니야. 그저 마음을 열고 자신을 맡겨봐. 내가 무슨 말을 하든 내 마음은 언제나 당신을 향해 열려 있다고. 아무것도 기대하지 않을 때, 당신에게도 재미가 있다는 것을 알게 될 거야." 하지만 어떤 기대를 하든 상관없이 비르기트에게는 남자의 행위가 재미없었다.

비르기트는 활발하고 명랑한 여성이었으며 세상 경험이 많았다. 똑똑하고 유머가 넘쳤으며 외모도 뛰어났다. 결혼도 해봤고 몇 차례 연애를 하면서 여러 남자를 겪어보기도 했다. 그녀가 강박관념이 있다거나 욕구불만에 차 있다고 보는 사람은 아무도 없었다. 그러다가 마르쿠스를 만났을 때, 비르기트는 매혹당하고 말았다. 그녀가 찾던 남자를 드디어 만난 것이다! 마르쿠스는 매력이 넘쳤고 말재간이 있는데다가 정신적으로도 깊이가 있었다. 그에게 반한 비르기트는 곧바로 연애를 시작했다. 어느 날 마르쿠스가 자신의 과거를 들려줄 때까지는 모든 것이 너무도 멋졌다. 비르기트는 그가 자신과 마찬가지로 결혼한 적이 있고 자녀들까지 있다는 것을 알고 있었다. 단지 그가 섹스에 중독되었다는 것만 몰랐다. 당시 두 사람은 서로에게 반한 상태였기 때문에 비르기트는 그가 만날 때마다 섹스를 원하는 것을 보고 멋지고 당연한 것으로 생각했다.

"그가 과거 이야기를 시작하자 나는 온몸이 굳어지는 느낌이었죠. 나로서는 도저히 받아들일 수 없는 행위를 했으니까요." 그는 결혼생활 내내 부인을 속여왔다는 것이다. 알고 보니 수시로 스윙어클럽을 드나들었고 온갖 섹스사이트를 전전하며 수없이 많은 여성을 만나고 다녔다. "족히 1,000명은 될 거요"라고 마르쿠스는 자랑스럽게 떠벌였다. 그는 사드-마조 클럽의 회원이라는 사실도 숨기지 않았다. "하지만 아내에게는 언제나 솔직했어. 아내는 나에 대해 모르는 것이 없었고 그 모든 것을 받아들일 만큼 개방적인 사람이었거든. 그러니 그런 일 때문에 내가 비난받을 일은 없다는 거요."

이런 고백을 들은 비르기트는 큰 충격을 받았고 몹시 혼란스러웠다. 자신의 결혼생활은 별 재미가 없었다고 중얼거리며 비르기트는 자신을 위로하듯 "다행히 그 모든 것은 지나간 과거잖아요? 우리 사이에 아무 문제만 없으면 됐어요"라고 말했다. 이어 비르기트는 마르쿠스가 얼마나 자신에게 잘해주는지, 두 사람이 얼마나 깊은 대화를 나누는지만 생각했다.

하지만 좋은 관계는 그 뒤 얼마 가지 못했다. 자신의 과거 섹스생활을 고백한 지 몇 주가 지나지 않아 마르쿠스는 뭔가 색다른 것을 시도해보자는 제안을 했다. 그리고 매번 새로운 제안을 했다. "늘 하는 얘기가 '나에 대한 사랑이라고 생각하고 해봐. 당신을 억압하는 생각에 지배되지 말란 말이야'라는 것이었어요." 비르기트는 마르쿠스를 사랑했고 강박관념에 휘둘리고 싶지도 않왔다.

비르기트는 그때까지 술을 마시지 않았다. 하지만 그 뒤로 마르쿠스와 침대로 올라가기 전에 한 잔 마셔보자는 생각이 들었다. 그리고 언젠가부터 그녀의 침대 옆에는 포도주 대신 진(독주)과 물 잔이 놓이기 시작했다.

이 무렵 마르쿠스는 이제 은행원 생활을 그만두고 신앙공동체 생활에 전념하겠다는 말을 했다. 그럼에도 섹스는 계속되었기 때문에 비르기트는 별로 동요하지 않았다. 다만 문제는 마르쿠스가 두 사람의 관계도 공동체에 종속되어야 한다고 생각했다는 것이다. "그렇다고 당신에게 문제될 것은 하나도 없어. 당신은 이제 부족한 것이 없잖아. 오히려 사랑 속에서 더 큰 해방감을 맛볼 거야."

이때가 비르기트가 마르쿠스를 놓아줄 수 있는 순간이었다. 이후 비르기트는 처음으로 비참한 기분에 시달렸다. 가슴은 상처를 받았고 버림받은 느낌에 몸이 말을 듣지 않았다. 사랑에 대한 커다란 꿈이 날아간 것이다.

1년이 지난 지금에 와서야 비로소 비르기트는 마루쿠스와 헤어지고 난 뒤 자신이 성숙해졌다는 것을 알았다. "나는 그때의 여자가 아니에요. 남자가 여자를 망칠 수도 있다는 것을 이제는 아니까요. 또 내가 남자에게 사랑받을 뿐만 아니라 존중받고 싶어 한다는 것을 알게 되었어요. 그리고 다른 여자들에게도 충고해주고 싶어요. 서로 이용하지 말고 사랑하라고."

여기서 '남성은 속물'이라는 말로 이 장章의 결론을 내려는 것은 아니고 남성 자체의 성적 특징을 지적하려는 것도 아니다. 오로지 남성 때문에 환상세계에 빠져 고통을 겪은 모든 여성들에게 무슨 대가를 치르더라도 용기를 내어 거기서 벗어나라는 말을 해주고 싶을 뿐이다.

비르기트는 마르쿠스와 살았던 과거에 대해 자세하게 설명했다. 이 자리에서 그 얘기를 세세하게 재론하고 싶지는 않지만 마르쿠스가 치료를 받아야 할 이유는 충분하다는 것만은 지적해두고 싶다. 이런 이야기를 들을 때는 현상의 이면을 들여다볼수록 상황이 더 명확해지는 법이다. 마르쿠스가 비르기트에게 한 행위는 그전에 자신도 당한 것이다. 처음에 자신이 당했으면서도 그 뒤로는 인식하지 못하는 고통을 비르기트에게 가한 것이다. 그가 동정심을 보여야 했다는 것은 분명하지만 그는 자신에게 종속된 여성에게 그 동정을 베풀지 않았다. 이런 여성이 선택할 수 있는 것은 헤어지는 길밖에 없다.

마지막 호흡으로
끝난다!

송 ♥ 우

왜 섹스는 달콤하게 유혹하고 엑스터시를 맛보게 해주는 동시에
또 한편으로는 거기서 도피하게 하고 윤리적으로 접근하게 하며
매우 비인간적인 행위로 몰고 갈 만큼 미묘하면서도 중요한 주
제일 수밖에 없는가? 왜 섹스에 대한 갈증이 멈추지 않는 것일
까? 섹스는 매혹적이고 관능적이면서도 신성한 단계로 나갈 수
있다는 일종의 약속이다. 세계적인 종교치고 섹스를 거론하지
않는 종교는 없고 수천 년 전부터 섹스는 끝없는 유죄판결의 대
상이었으며 그 배후에는 잘못된 도덕관이 동원되고는 했다. 신
체접촉을 악마의 소행으로 낙인찍었는가 하면 인간의 육체에 수
치스러운 구조적 결함이 있는 것으로 보며 죄악의 온상으로 간
주하기도 했다.

　섹스를 만들어내는 원자재는 간단하게 말해 두 인간의 신체적
결합이다. 그리고 이 결합은 생명이라는 케이크 위에 얹은 관능
과 쾌락의 생크림 장식이 아니라 인간존재의 원초적 욕구다. 인

간에게는 접촉과 육체적 사랑이 필요하다는 말이다. 살기 위해 공기가 필요한 것과 전혀 다를 것이 없다.

새로 태어난 아기가 생후 2년 동안 생존에 필요한 모든 것을 공급받는다고 해도 애정이나 따뜻한 체온이 부족하고 신체접촉이 별로 없다면 불구가 된다. 이후 성장과정에서 절름발이가 되거나 병에 자주 걸리고 자신의 감정표현을 제대로 못하며 타인과의 접촉을 꺼리게 된다.

따뜻한 감정교류와 일정한 애정, 신체접촉은 아기들의 생존에 필수적이다. 13세기에 신성로마제국의 황제 프리드리히 2세는 인류의 원시언어를 밝히는 실험을 한 적이 있다. 이 실험에서 갓 태어난 아기들을 산모와 떼어놓고 유모에게 맡긴 채 오로지 아기에게 젖을 먹이고 닦아주는 일만 하도록 했다. 그리고 유모들에게는 일체의 신체접촉이나 감정교류를 금지하고 단 한 마디의 사랑스런 말도 못하게 했다. 이 실험의 결과는 충격적이었다. 생존에 필요한 것을 규칙적으로 공급했음에도 실험에 동원된 아기들이 얼마 후 모두 죽은 것이다.

조산아를 돌보는 "캥거루 케어(신생아 특히 조산아를 산모가 직접 맨살을 맞대고 보호하는 양육법— 옮긴이)"에서도 이 실험결과와 일치하는 현상이 발견된다. 인큐베이터에만 의존하지 않고 자주 엄마 옆에 누워 신체접촉을 한 아기는 성장이 더 빠르고 면역력이 더 강해진다는 사실이 드러났기 때문이다. 규칙적으로 엄마 품에 안겨 신뢰감 속에서 위로를 받은 아기들은 따뜻한 체온이 결핍된 아기들보다 더 안정감이 있고 이후 성장과정에서 우는 빈도가 더 적다. 이런 아기는, 발달심리학자들이 실험으로 입증하듯이, 부모와의 관계에서 안정감을 느끼기 때문에 전체적으로 우는 횟수가 적은 것이다.

건강하고 따뜻한 보살핌 속에서 사랑을 받는 아기를 관찰한 적이 있는가? 그 어린 것이 얼마나 자기 자신이나 자신의 몸과 일체가 된 모습인가? 얼마나 모든 동작과 감정을 온몸으로 표현하는가? 한 아기가 울면 나머지 아기들이 모두 따라서 운다. 또 한 아기가 만족해서 조용히 있으면 나머지 아기들도 조용하다. 감정과 육체는 하나다. 아기는 경험 속에서 완벽하게 자기 자신을 드러낸다. 단순하다.

애정이 듬뿍 담긴 어른의 품에서 아기가 안정을 찾는 모습을 누구나 본 적이 있을 것이다. 엄마의 어깨 너머로 완전한 해방감을 맛보는 그 눈빛과 아빠의 배 위에서 아무 걱정 없이 새근거리며 자는 모습을 보았는가? 그 모습은 완전한 육체의 쾌락이며 행복한 자기만족이자 밀착된 육체의 교류이며 완벽한 신뢰이고 피부와 피부, 심장과 심장의 소통이다.

우리들은 이제 아기가 아니지만 사랑스러운 육체적 접촉은 성인들에게도 언제나 기본적인 욕구다. 성 심리학자인 크리스토프 알러스는 다음과 같이 말한다.

"인간의 유전자에는 결합의 본능이 입력되어 있으며 이 본능을 가장 잘 실현하는 것이 바로 섹스다. 섹스는 개별화의 극복을 통한 구원이다. 쾌락은 혼자서도 누릴 수 있고 쾌락을 제공하는 사람에게 빌릴 수도 있다. 그동안 섹스와 무관하게 번식하는 방법도 생겼다. 다만 혼자서 얻을 수 없는 유일한 것은 누군가에게 받아들여지는 감정이다."

엄마와 아이는 첫 호흡부터 이런 소통을 시작한다. 전문가들의 일치된 견해에 따르면 유아기 때는 언제나 사랑스럽고 존중받는 신체접촉과 충분히 입을 맞추고 안아주며 체온 교류를 해줄 때 친밀감을 경험한다. 접촉을 통해서 -달래고 쓰다듬고 안아주는- 아기에게 안정감을 주는 것은 정상적인 정신을 지닌 엄마의 자연스러운 본능에 어울리는 것이다. 그리고 갓난아기 곁에서 오래 시간을 보내는 엄마는 산후 우울증으로 시달리는 일도 적다.

엄마와 아이는 말하자면 신체접촉을 통해 육체적인 사랑을 나누는 것이다. 아기 때 각인된 최초의 인상은 누구든 내면에 깊이 뿌리박혀 있으며 앞에서 말한 대로 신체접촉에 대한 욕구는 기본적인 것이지만 동시에 극도로 민감한 것이기도 하다. 이런 욕구를 인정하지 않거나 자신에게는 그런 욕구가 없다고 주장하는 사람들도 많지만 그런 주장은 뜨거운 것을 만졌다가 데고 나서 다시 만지지 않으려는 심리처럼 무의식적인 불안에서 나오는 것이다. 누구나 신체접촉과 사랑의 테두리에서 유아기에 결핍과 불안, 거부, 가슴의 상처, 수치, 억압을 경험하지 않는 사람은 없기 때문이다. 이처럼 어린 나이에 내면화된 경험은 그에 따르는 고통을 다시는 반복하고 싶지 않도록 만든다.

지금 언급하는 것은 강간이나 폭력을 경험한 경우가 아니라 완전히 정상적으로 보이는 유아기에 대해서 하는 말이다. 온전히 자신의 능력과 경험으로 완벽한 성장의 토대를 제공해준 부모나 주변인물을 둔 사람이 누가 있겠는가? 우리의 이전 세대 중에서 자신의 자녀를 충분한 감정과 접촉 속에서 키울 수 있을 만큼 본인 스스로 정서적으로나 육체적으로 완벽한 환경에서 성장한 사람은 아주 드물다. 신뢰가 충만한 접촉과 육체적인 사랑에 대한 갈망이 있다고 해도 이것을 불안이나 외로움과 함께 경험하지 않은 성인은 거의 없다. 이토록 근본적인 애정의 결핍은 수많은 세대를 거쳐 내려왔고 세계적으로 모든 사회계층이 겪는 것으로서 아이들은 누가 일러주지 않아도 본능적으로 경험하고 있다. 더구나 오늘날의 합리적인 토양에서는 애정결핍을 직접 생생하게 몸으로 경험하는 아이들이 늘어났다.

우리가 성적인 문제를 이해하고 치료하려면, 우리가 여전히 타인의 육체적인 애정에 종속되어 있고 외부세계에 우선 육체적으로 수용되는 것을 육체적인 경험으로 생각할 때, 우리 몸에서 무슨 일이 일어나는지 먼저 알아야 한다. 또 식물이 빛을 필요로 하듯이 우리가 성장과 발전을 위해 접촉과 관심을 간절히 필요로 할 때, 무슨 일이 일어나는지도 알아야 한다. 불안과 고통, 상실감, 간섭을 느끼는 순간, 사람은 내면적으로 갈등을 겪는다. 이때 뭔가 필요하지만 그것을 얻지는 못한다. 아니면 잘못된 것을 얻는다. 사람은 유아기의 직접적인 경험에 대해서는 아무것도 분명하게 밝힐 수 없고 아무것도 이해하지 못한다. 그러면서도 그때의 긴장과 고통으로서 몸속에서 걸러지지 않은 불안과 궁핍, 소통부재, 고독, 생생한 위협을 계속 느낀다.

론은 마라톤 선수처럼 달린다. 일하지 않을 때는 계속 달린다. 론은 끝없이 달리며 달리는 것을 절대 멈추지 못한다. 달리지 못할 때는 미칠 듯이 괴로워한다. 그는 달리지 못할 때면 미치지 않기 위해서 섹스를 해야 한다. 빠르고 힘찬 섹스를 한다. 빠르고 힘찬 섹스를 하지 못하고 달리지도 못할 상황이면 그는 사람들과 떨어져서 지내야 한다. 이때는 아무도 그에게 접근할 수 없다. "사람들과 접촉하면 불안해요. 피하는 게 상책이죠"라고 그는 말한다. "하지만 섹스를 못해도 미칠 것 같아요."

론은 자신의 젖먹이 때를 생지옥이라고 표현했다. 그는 골격에 이상이 있어서 생후 6개월 동안 몸이 묶인 채 척추교정용 침대에서 보내야 했다. 움직이지도 못하고 끊임없이 고통으로 울부짖는 상태에서 엄마는 론을 안아줄 수도 없었고 어르거나 달래줄 수도 없었다.

마침내 부목을 댄 상태에서 달리기를 배웠을 때, 이것은 육체적인 접촉과 인간적인 교류, 활발한 움직임이라곤 없었던 그가 외롭게 마비된 현존재에서 해방되는 순간이었다. 이때부터 움직이지 못하고 정지된 모든 순간은 론에게 교정용 침대로 돌아가는 지옥처럼 느껴졌다. 엄마의 품에 안겨 있을 때도 안정을 찾지 못한 론은 달리지 않으면 껑충껑충 뛰는 등 수업시간에도 가만히 앉아 있지 못했다. 그는 오직 교정용 침대의 족쇄에서 벗어나기 위해 새로운 공간으로, 불가피한 움직임의 영역으로 끝없이 이동해야 했다. 정지된 공간은 너무 고통스러워서 머물 수가 없었다.

론이 자신의 부인과 함께 부부생활에 대한 상담을 하려고 내 앞에 앉았을 때는, 심한 관절통을 앓는 중이어서 달리지 못할 때였다. 론의 신체기억(인간의 세포가 기억을 간직한다는 설에서 나온 인체 조직의 기억기능—옮긴이)은 어릴 때의 마비상태를 잊지 못했다. 그리고 그 기억은 안정되고 생생한 신체접촉을 경험하지 못했다. "아내가 나를 안으려고 할 때면 폐소공포를 느껴요. 마치 좁은 방에 나를 가두는 느낌이었죠. 전에는 그 상태에서 뛰쳐나가 한두 시간 달리기라도 했지만 지금은 그러지도 못하는 처지가 된 겁니다. 지금 내가 할 수 있는 건 섹스밖에 없어요."

지금 여기서 론의 사연을 시시콜콜 늘어놓을 생각은 없다. 다만 그가 부부생활의 정상화 외에 집중적인 치료라는 고달픈 여행을 시작했다는 것만은 밝히고자 한다. 론은 이 치료과정을 통해 유아기의 충격적인 경험에서 생긴 상상할 수 없이 끔찍한 내면의 긴장을 의식적으로 느끼는 법을 배울 필요가 있었다. 그리고 그 긴장에서 병적으로 도피하지도 않고 섹스로 해소하지도 않는 방법을 배워야 했다.

유아기 이후의 발달단계에서도 신체적, 정서적으로 격리된 경험은 아이들에게 악몽이 되어 계속 여파를 미칠 수 있다. 이와 비슷한 것으로서 내 어머니가 나에게 보여준 교육방식은 아마 최악이었을 것이다. 내가 아이들과 싸우거나 말을 듣지 않을 때면 엄마는 "좋아, 이제부터 너는 엄마가 없는 거야!"라고 말했다. 이 말은 엄마 쪽에서 며칠 동안 한 마디도 하지 않고 침묵으로 일관하겠다는 신호였다. 말을 안 하는 것은 물론이고 나를 쳐다보지도 않았으며 몸에 손을 대거나 가까이 다가오지도 않았다. 지금도 그때 엄마의 입에서 그 말이 나올 때마다 얼마나 가슴을 졸였는지 기억하고 있다. 엄마의 침묵이 시작되면 엄마를 잃어버리는 것이나 아닌지, 사나운 짐승에게 잡아먹히지나 않을지 불안해서 견딜 수 없었다. 그때마다 나는 빌면서 엄마의 품 안으로 달려들려고 했다. 그래도 엄마는 엄한 표정으로 나를 쌀쌀맞게 뿌리쳤다.

어린 나이에 겪은 그 경험은 나에게 죽음과 같은 공포를 안겨주었다. 청소년기가 되어서도 엄마가 왜 그렇게 나를 차갑게 대했는지 이해하지 못했지만 지금이라면 적어도 반발하고 내 나름대로 엄마의 그런 태도에 도전할 수 있을 것이다. 성인이 된 뒤에 나는 엄마에게 달리 더 좋은 방법이 없었다는 것을 분명히 알게 되었다. 엄마의 유아기가 어땠는지 알고부터 그런 태도를 이해하게 되었기 때문이다. 엄마가 나를 꾸짖고 침묵하며 애정을 단절하는 방식은 전체적으로 자립을 위한 몬테소리 교육의 모자母子-차단 방법에 가까운 것으로서 엄마 자신이 어릴 때 본인의 아버지에게 경험한 것과 비교되는 것이었다. 하지만 반발하든 이해하든 상관없이 누군가 갈등상황에서 침묵하고 거리를 둘 때면 이후에도 나는 그것이 언제나 일종의 고문처럼 느껴졌다.

우리가 결혼한 뒤에는 남편과 싸우고 나면 일정한 타협점을 찾고 서로 접촉을 하기까지 침묵이 필요했다. 남편도 유아기에 그런 침묵을 경험했기 때문이다. 집안에 갈등이 생길 때면 그의 아버지는 서재에 들어가서 나오지 않았다. 침묵은 그가 아내에게 감정이 상했을 때 하루 종일 숨어 있는 도피처였다. 남편은 심각한 상황에서 침묵이 도움이 된다는 것을 배웠고 나는 침묵이 극단적인 위협이 된다는 것을 배웠기 때문에 어찌 보면 우리 부부는 서로 완벽하게 어울리는 것인지도 모른다.

우리는 부부생활을 하면서 모든 면에서 -정신적이거나 정서적인 것 또는 말로 표현하지 못한 것- 오래도록 청산하지 못한 문제에 대처하는 법을 배워야 했다. 처음에는 섹스를 하면서도 거리를 둔 격리라는 유아기의 위협적인 기본경험을 육체 속에서도 직접 느낄 수 있었다. 우리 두 사람이 불쾌한 감정을 오랫동안 해소하지 못하고 거기서 달아나지도 못할 때, 우리는 침대에서 종종 극단적으로 치밀어오르는 긴장과 엄청난 감정의 소용돌이를 하나하나 느끼는 경험을 했다. 이럴 때면 가슴이 벌렁거리고 불안하며 얼음장처럼 몸이 차가워지고 서서히 마비되면서 완전히 몸의 기능이 정지되었다. 이때마다 강렬한 충동을 준 것은 '여기서 다 털어내자!'라는 생각이었다.

그 불안을 외면하지 않고 정면으로 맞서 싸우며 굳은 마음으로 내면의 온갖 혼란을 인지하려고 하면 어느새 몸은 고맙게도 그동안 쌓이고 경험한 것을 다 밖으로 풀어놓는다. 그러면 완전히 긴장이 해소되면서 일종의 깊은 해방감이 찾아온다. 의식적으로 자신에게 몰두하고 어린애처럼 상처를 받을 수 있는 환경에 자신을 그대로 노출시킨다는 것은 꽤나 힘든 과제였다.

아이들은 성인의 삶과 태도를 여과 없이 경험할 공간이 있어야 한다. 우리 성인들이 알아두어야 할 사실은, 아이들이 경험하는 긴장과 경직, 마비, 불안, 상실감, 궁핍의 감정은 비단 척추교정 침대나 모자-차단 방식에서뿐 아니라 상황을 조작하거나 지나치게 권위적인 주변인물들, 또 신체접촉의 결핍이나 신체적인 폭력에서도 나온다는 것이다. 정서가 결핍되거나 자기중심적인 부모는 배려가 부족하거나 메마른 또는 왜곡된 정서와 똑같은 감정을 심어줄 수 있다. 특히 어릴 때 경험하는 알코올 중독과 성폭력, 구타, 이혼, 죽음이 극단적인 영향을 준다.

이 모든 것은 아이의 신체에는 긴장으로, 정서에는 불안으로 체험된다. 그리고 주변의 도움이 없을 때 본격적으로 확대된다. 감정을 처리하지 못하고 안정적인 신체접촉도 없을 때 아이들의 내면에서는 긴장과 불안에 대처하기 위해 신경질적인 반응이 발달한다. 그렇지 않으면 부담에 시달리는 모습을 보여주며 지나치게 활동적이거나 불안한 태도로 긴장에서 벗어나려고 한다. 또 적극적으로 스트레스를 해소하려고 하는 아이들도 있다. 이런 아이는 억압이나 내면의 긴장상태에 빠질 때 공격적이고 파괴적인 성향을 드러낸다.

이런 전략은 이후 성생활에서 다시 엿볼 수 있다. 론의 경우에 분명하게 알 수 있는 섹스는 신체적인 접촉을 통해 느끼게 되는 사랑이 인간존재의 원초적인 욕구였던 시기에 경험한 것이 성인이 되어서도 지속되는 형태라고 할 수 있다. 어린 시절에는 훗날 자동적으로 다시 불러내게 될 일종의 소프트웨어를 쓴다고 보면 된다. 대부분 그것을 인식하지 못할 뿐이다. 우리가 어려서 자주 경험하는 것은 무엇이든 우리의 내면에 각인이 되거나 감정의 표본으로 저장된다. 그리고 새로운 경험을 할 때는 자동적으로 이 과거의 표본에 따라 반응을 보인다.

또 반대로 내면에 각인되는 시기에 경험하지 못한 것은 인간의 내부 시스템이 알지 못한다. 이런 것을 우리가 얼마나 필요로 하는지와 상관없이 이것은 타인과 공유할 수도 없고 부담 없이는 받아들일 수도 없는 것이다. 생후 몇 년간 안정적인 신체접촉을 누리지 못하고 대신 방해를 받거나 고통스런 경험만 한 사람은 훗날 자신의 컴퓨터에 맞는 소프트웨어가 없는 것과 마찬가지다. 다시 말해 훗날 성인이 되어 다시 불러들이려고 해도 그에 필요한 육체적인 사랑이라는 건전한 토대가 없다는 말이다.

어떤 식으로든 원초적인 소프트웨어가 작동하게 마련이다. 성인이 되어 섹스를 할 때는 어린 시절 잠재의식에 입력된 프로그램이 작동한다. 어떤 사람은 한때의 억압이나 분열을 경험할 때와 같은 반응을 보이고 잠재의식은 탐욕과 중독의 성향으로 기운다. 또 어떤 사람은 고통을 맛보며 자기 파괴적이거나 마조히스트(피학성 도착자) 같은 성적 특징을 보인다. 또 불안과 긴장을 해소하기 위해 섹스를 할 때 지배적이고 공격적인 태도를 보이는 사람도 있다.

이런 심리적 상관관계를 사람들은 대부분 알지 못한다. 단지 사람마다 각기 성향이 다르다고 생각하며 이런저런 행위에 도취되거나 아니면 아무 생각 없이 섹스를 할 뿐이다. 사람은 누구나 다소간에 노이로제가 있으며 무의식중에 반사적으로 자신의 과거를 계속 드러낸다. 다만 진정 자신을 충족시켜주는 것이 무엇인지 자신에게 속하는 것이 무엇인지 모를 뿐이다.

올바른 섹스-소프트웨어를 가진 사람은 없지만

우리는 모두
성적 존재다

♂ ♥ ♀

섹스에 만족하지 못할 때, 회피하거나 불평하는 것은 도움이 되지 않는다. 당신이 섹스에서 행복감을 맛보지 못한다면 진솔한 마음으로 당신 자신을 사랑스럽게 바라볼 필요가 있다. 혹시 흡족한 섹스를 위한 소프트웨어가 나에게 없는 것은 아닐까? 혹시 육체접촉이라는 문제에서 자질을 물려받지 못하거나 올바로 배우지 못한 것은 아닐까? 섹스에 대한 내 욕구나 불안이 내 무의식의 소프트웨어만 많이 보여주고 나의 진정한 성적 특징을 보여주지 못하는 것은 아닐까?

아마 당신은 섹스라는 세계의 문이 자신에게는 닫혀 있다고 생각할지도 모른다. 어쩌면 부정적인 경험을 반복하는 것에 대한 불안을 안고 있거나 직접적인 육체적 욕구를 더 이상 느끼지 못하고 그 욕구를 의식에서 몰아냈을 가능성이 더 클지도 모른다. 당신은 또 솔직하게 더 많은 육체접촉을 갈망하면서도 무의식에서는 그에 걸맞게 올바른 육체접촉을 충분히 기대할 만한 원초적 경험이 없는지도 모른다. 말하자면 보조브레이크를 올린 채 차를 전속력으로 모는 태도와 다를 것이 없다고 할 수 있다. 이런 사람은 섹스를 간절히 원하면서도 동시에 접촉에 대한 불안을 느끼는 경우가 종종 있다.

아니면 섹스를 할 때 억압이나 불안을 느낀다. 이것은 강박증 때문이 아니라 내면적으로 쾌감을 맛본 경험이 거의 없기 때문이다. 당신은 어쩌면 어느 날 상대와 가까워지고 육체접촉을 하면서도 무의식적으로는 이내 스트레스를 받고 쾌감과 차단되었다고 느끼면서 기능장애로 시달릴지도 모른다. 이것은 당신이 불감증이거나 임포텐츠(성교불능), 또는 어떤 이유로든 기능에 문제가 있어서가 아니라 당신의 전체 시스템이 육체접촉의 경험을 못했거나 부정적인 경험만 한 데서 나오는 현상이다.

성의 혁명시대라고 할 70년대에 의사이자 지그문트 프로이트 Sigmund Freud의 제자인 빌헬름 라이히 Wilhelm Reich는 광범위한 연구를 통해 사람은 거의 누구나 유아기의 억압과 신경질환, 불안에 몹시 시달리며 이럴 때, 자연스럽게 섹스에 몰두하지 못한다는 결론을 내렸다. 그는 이런 장애를 "오르가슴 임포텐츠"라고 불렀다.

라이히가 자신의 논문에서 줄기차게 주장한 것은 우리 사회에서 분명하고도 아주 자연스러운 성적 행복을 맛보는 사람은 거의 아무도 없으며, 대신 억압과 소유의지, 불안과 동경 사이를 끊임없이 오간다는 것이다. 그는 자신의 몸을 있는 그대로 거리낌 없이 사랑하고 아무 문제 없이 흥분에 이르는 사람은 거의 아무도 없다고 생각했다.

라이히는 우리의 내면 깊은 곳에 있는 분열의식을 발견하고 이것을 인간의 성적 딜레마에 대한 원인으로 보았다. 정신적으로나 감정상으로 상대를 있는 그대로 신뢰하고 동시에 거리낌 없이 자신의 성적 본능을 개방할 수 있는 사람은 거의 아무도 없다는 것이다. 또 실제로 자신의 내면에 온전히 몰입해서 엑스터시를 허용하거나 자신의 자연스런 성적 에너지와 관능의 영역으로 들어가 해방감을 맛볼 수 있는 사람은 아무도 없다고 한다. 그 대신 사람은 대부분 성적 해방이라는 목표를 위해 서로 이용할 뿐이며 마찰과 호흡억제, 압박을 통해 근육이 긴장하지 못하도록 억누른 채 인위적으로 흥분을 일으키며 오르가슴 속에서 욕구를 분출할 때까지 이 압박을 멈추지 않는다는 것이다.

하지만 이른바 정상적인 성적 특징에서 나오는 것이라는 이런 방식은 조만간 막다른 길로 빠지게 되어 있다. 남성은 성적으로 굶주린 상태에서 스트레스를 받고, 친밀감과 사랑을 찾는 여성의 노력은 물거품이 된다. 성인이 된 사람들 중에 일상생활 속에서 순수하게 밀착된 육체적 접촉을 명쾌하게 지속적으로 경험하는 경우는 거의 없으며 섹스와 사랑을 연결시키는 법을 아는 사람도 거의 없다. 요즘 사람들은 생각할 수 있는 온갖 체위에 대한 라이브 강좌를 유튜브에서 보기도 하고 성교 및 여러 가지 성적 접촉에 대한 대화를 밥 먹듯이 자유롭게 주고받는다. 하지만 성적인 사랑을 아는 사람이 과연 있을까?

당신이 갓 성인이 되어 섹스를 경험하던 시절을 돌이켜보라. 섹스는 거의 언제나 어떤 불안을 동반했을 것이다. 그가 나를 좋아할까? 내가 만족을 줄 수 있을까? 나에게 정말 매력이 있는 것일까? 이런 걱정은 지금까지도 큰 변화가 없다고 할 수 있다. 최근에 열여덟 살이 된 내 딸의 친구 한 명은 나에게 속마음을 솔직하게 털어놓은 적이 있다. "네, 그래요. 사실 남자아이가 나만 만나는 것인지 불안해요. 그 애가 정말 나만 좋아하는 것인지 나하고만 깊은 관계를 맺는 것인지 걱정이 되죠. 정말 그렇다면 행복한 거죠."

여성은 비교적 어린 나이에 자신을 성적 욕구의 대상으로 인식하는 기회가 생기기 때문에 섹스가 불안을 동반할 수밖에 없다. 14~17세 청소년을 대상으로 한 엠니드Emnid 설문조사에서는 흔히 말하는 여성의 첫 경험에 대한 물음에 응답자의 절반 가까이가 "특별한 것이 없는" 또는 "불쾌한" 느낌을 받았거나 아니면 "양심의 가책을 느꼈다"는 대답을 한 것으로 드러났다. 또 청소년의 건강 계몽과 성 경험 중앙연구소의 연구는 여성이 첫 성교를 할 때 무엇보다 자신이 '올바로' 한 것인지 의아해한다는 결과를 보여준다. 이 '올바로'라는 것은 오늘날 무엇보다 여자아이들이 잡지나 인터넷의 무료 섹스비디오에서 본 내용을 기준으로 정의가 이루어진다.

남성도 이보다 나을 것이 없다. 포자Forsa의 설문조사에 따르면 남자아이들은 세 명 중 한 명이 침대에서 잘할 수 있을지를 걱정한다고 한다. 남자아이들은 처음부터 자신이 하는 과정을 지켜봐야 하는 심리가 있는 것이다. 자신이 선택한 여성과 그것이 잘될지, 친구들은 더 잘하는 것이나 아닌지를 걱정하는 것이다. 그러니 자신이 하는 모습을 스스로 지켜볼 수밖에 없다. 제대로 하고 있는 것인지, 시간을 오래 끌 수 있는지를 지켜본다. 또 자신의 것이 큰지 그것이 늘 제대로 기능을 발휘할 수 있을지도 걱정해야 한다. 남자아이들도 대부분 포르노라는 자가 해결 공간에서 섹스를 알게 된다. 실패에 대한 불안감 때문에 까다로운 10대 여성들 대신 영상을 보며 마우스클릭으로 퀴키Quickie(임시변통으로 빨리 끝내는 섹스─옮긴이)를 맛보는 경우가 점점 늘어나고 있다. 하지만 섹스 영상은 육체나 정신과의 접촉에 아무런 도움이 되지 못한다. 그리고 성적인 과부하와 연결된 성적 압박은 행복감을 주지 못한다. 무의식적으로 평생 안정적인 결합의 토대를 제공할 수 있는 사람을 곁에 두고 싶은 욕구는 비단 여성들뿐만 아니라 성인 남성들에게도 있다. 인간은 관계가 필요하다. 서로 신뢰를 주고받으며 안정감을 줄 수 있는 상대가 필요하다는 말이다.

우리 인간은 육체적인 사랑을 하게끔 만들어진 존재다. 가장 강렬한 소통은 비언어적이며, 섹스는 인간의 소통형식 중에서 가장 은밀하고 본능적이며 가장 직접적이다. 입에서 나오는 어떤 언어도 성적 접촉만큼 깊은 감동을 주지 못하며 어떤 오락도 성적 접촉만큼 친밀한 감정을 유발하지 못한다. 크리스토프 알러스는 "섹스의 기능 중에 가장 중요한 것은 소통이며 동시에 소통을 위해 인간의 의식이 가장 필요치 않은 것이 섹스의 기능이기도 하다"라고 말한다. 성적인 소통은 모든 영역에서 효과를 발휘하지만 상처를 받기 쉽고 지극히 섬세한 것이다. 성적인 만남은 상대에게 받아들여지고 소속되고 싶다는 인간의 기본욕구를 충족하는 데 도움을 준다.

우리 인간이 살아가면서 행하는 모든 것은 깊은 내면에서 결합을 체험하고 우리 자신이 올바른 삶을 살고 있다는 것을 확인하려는 목표에 맞춰져 있다. 직업적인 성공이든 교육이든 아니면 지위나 스포츠에 대한 경쟁력이든 다 마찬가지다. 누구나 "나는 문제없다"라는 감정을 느끼고 싶어 한다. 자신이 수용되고 올바로 살고 있다는 감정을 느끼게 해주는 가장 강렬한 형식이 바로 성적 소통이다. 이런 형식의 언어를 모르는 사람은 언제나 자신을 오해하고 불필요하게 인간관계에 부담을 준다.

예를 하나만 들어보자. 아이가 있어서 섹스를 하지 않는 부부가 있다고 쳐보자. 남성과 여성은 -이 경우에는 엄마 아빠- 자신에 대해서 또 상대와의 관계에 회의감을 느낀다. 걱정이 되어 아이를 방치할 수 없다는 심리 때문이다. 통계에 따르면 첫 아이의 출산은 주요 이혼 동기의 하나라고 한다. 이때부터 아주 은밀하게 내면적인 파트너 관계가 무너지기 시작한다는 것이다. 두 사람이 섹스를 잃어버리고 서로 육체적인 접촉을 하지 않는 것이다. 자책감을 느끼거나 상대가 자신을 거부한다는 느낌을 받는다. 상대의 사랑을 의심하고 자신에게 신체장애가 있다고 생각해 수치감에 시달리며 자신만의 세계로 숨는다. 한쪽은 아이와 "결혼"하며 한쪽은 바람을 피우기도 한다.

내가 상담실을 운영하면서 모은 자료만으로도 아마 임신과 출산이 섹스에 미치는 부담에 대해서 책 한 권은 충분히 쓸 수 있을 것이다. 지금까지 여성이 아이를 낳고 나서 그때까지 건드려지지 않은 자신의 여성성과 깊은 교감을 하고 갑자기 전보다 훨씬 더 민감해진다는 것을 알려주는 사람은 없었다.

바로 얼마 전에 젊은 엄마인 알베르티나는 나와 마주 앉은 자리에서 아주 심란한 표정을 지으며 말했다. "빨리 할머니가 되고 싶어요. 사실 아이를 갖고 싶은 생각은 없었죠. 나는 독립적이고 의지가 강한 데다 남들이 부러워할 만한 직위를 갖고 있었죠. 부하직원을 40명이나 거느렸으니까요. 그런데 지금은 딸이 걱정되어 시부모에게 겨우 한두 시간 맡기는 것도 불안해서 못 견딜 지경이에요." 알베르티나의 남편은 짜증을 냈다. "알베르티나는 아이에 대한 애착이 너무 지나쳐요. 거의 강박관념 수준이죠. 아이의 숨소리 하나하나, 조그만 동작 하나하나마다 신경을 쓸 정도니까요. 아무리 해도 성에 차지 않으니 내가 아이를 돌본다는 생각은 꿈에도 못하죠. 우리는 이제 부부라고 할 수 없습니다. 이대로 두고 볼 수는 없어요."

대화를 하는 과정에서 이 부부는 끊임없이 자신의 주장을 늘어놓았다. 여성은 남편의 모든 점을 비난했고 남편도 마찬가지였다. 알베르티나에게는 직업이 최우선이었다. 그래서 아이를 가질 생각이 없었지만 남편을 위해서 양보를 하게 되었다. 그리고 두 사람의 딸이 태어나자 알베르티나는 갑자기 새끼를 낳은 어미짐승으로 돌변한 것이다. 대화 중에 알베르티나가 네 살 때부터 외할머니 손에서 자랐다는 사실이 밝혀졌다. 아빠가 병이 들어 엄마가 아빠와 헤어졌기 때문이다. 엄마와 할머니는 여성에게 가장 중요한 것은 경제적 자립과 독립이라는 것을 끊임없이 알베르티나에게 주입시켰다. 이런 가르침은 알베르티나의 신념이 되었고 살면서 늘 그 신념을 지키려고 했다. 하지만 자신의 딸을 낳을 때까지는 어릴 때 아버지를 잃은 고통에 시달렸다. 또 이혼 뒤에 엄마가 오랫동안 일을 해야 했고 늘 저녁때 피곤한 몸으로 집에 왔기 때문에 제대로 보살핌을 받지 못했다는 기억으로 괴로워했다. 나와 상담을 하면서 알베르티나는 이제는 자신이 늘 생각하던 것처럼 독립적인 직업여성이 아니라 자신에게도 지원이 필요하며 어릴 때 따뜻한 정과 보살핌이 없어 몹시 시달렸다는 것을 깨달았다. 알베르티나는 자신이 어릴 때 누리지 못한 사랑과 정을 무의식중에 딸에게 주려고 몹시 애를 쓴다는 것을 알게 되었다. 또 이런 의식화의 과정을 통해 다른 눈으로 남편을 볼 수 있었고 남편도 똑같았다. 알베르티나는 불안하게 딸에게 집착하는 태도에서 한 발 물러나는 법을 배웠고, 그런 태도가 딸에게도 좋지 않다는 것을 깨달았다. 그리고 아내와 엄마라는 관점에서 새로운 공간을 수용할 수 있었다.

아이의 출산이 얼마나 우리 자신의 유아기와 잠재의식으로 연결되어 있는지, 또 한때 쌓였던 우리의 욕구를 활성화시키는지 알려주는 사람은 없었다. 그리고 태고부터 인간의 내면에 깊이 자리 잡은 남녀의 성적 에너지가 자신의 아이를 출산할 때 다른 기능을 한다는 것과 해당지식이 부족할 때 부부는 극단적인 부담을 느낀다는 것을 설명해주는 사람도 없었다.

성 과학자인 알러스는 남성과 여성이 성적 소통을 추구하는 동기가 다르다고 생각한다. 남성은 여성과 마찬가지로 결합에 대한 욕구를 느끼지만 이것 외에 많은 남성에게는 관계형성이 중요한 이유가 된다고 한다. 그러다가 파트너 관계가 형성되고 이 관계가 굳어지면 섹스를 등한시하고 종종 바람을 피울 생각을 한다는 것이다.

여성은 이와 달리 대개 무의식적으로 섹스와 결합심리를 교환하는 성향이 있다고 한다. 알러스의 견해에 따르면 여성들은 무엇보다 관계가 불안정하고 위기에 처했을 때 성적인 본능을 집중적으로 경험한다. 이런 형태는 보상섹스에 대한 여성적인 동기부여이기도 하며 왜 여성이 남편이 바람을 피운 뒤에 다시 섹스의 쾌감을 맛보는지 설명이 된다. 여성은 무조건 결합 상태를 회복하려고 하는 것이다.

여성은 또 아이를 갖고 싶을 때 섹스충동을 받는다. 다시 알러스의 견해를 인용하면 이때 섹스의 쾌감곡선이 다시 상승한다. 이때도 중요한 동기는 결합심리에서 나오지만 이번에는 조금 더 복잡하다. 즉 아이가 중심이 된 생활을 위해서 남성을 필요로 하는 것이다. 이런 심리는 여성의 성적 활동을 자극하게 된다. 아이가 있을 때 섹스는 우선 의무영역이 된다. 남성도 결합이라는 측면에서 이와 마찬가지다. 이렇게 되면 대부분의 여성에게 원초적인 결합심리는 남편에서 아이로 바뀐다. 사랑에서 나오는 모든 육체적 교류는 이제 엄마와 아이 사이에서 이루어진다.

그 교류는 여성이 임신 이전에 경험한 쾌감과 열정의 파도만큼이나 강렬하며 이 파도는 많은 여성의 경우 아이가 태어나면 갑자기 다시 가라앉는다. 이런 뒤에 여성은 아이와의 순수하고 섬세한 관계 속에서 사랑에 대한 육체적 욕구를 발산하며 자동적으로 남편과의 성적 관계로 돌아가는 것이 아니다. 또 남편과의 심리적 결합은 아이보다 더 힘들고 부담스러울 때가 종종 있다.

오랫동안 섹스를 하지 않고 부인과 사이가 멀어졌기 때문에 나를 찾아온 어떤 남성은 부인과의 성생활을 다음과 같이 묘사했다. "처음 몇 년 동안 나는 실제로 남성 역할을 했고 아내의 욕구를 만족시켜줬어요. 그러다가 시간이 지나자 내가 종마種馬 같다는 느낌이 드는 겁니다. 아이 셋을 낳은 뒤로는 성적으로 아예 쓸모없는 존재가 되었어요."

내 상담실에는 많은 사람이 찾아온다. 이들은 남성이나 여성이나 똑같이 처음 만나 데이트를 할 때는 서로 강렬한 욕구를 느끼다가 관계가 차츰 굳어지면서 -아이를 낳고 집을 장만하고 직장에서 승진하는 등- 갈수록 쾌감과 열정을 잃는다.

이런 현상은, 사람들이 만나 서로 상대를 필요로 하는 주된 동기 두 가지가 결합과 번식욕구라는 것을 알면 잘 이해가 된다. 그리고 아이의 출산처럼 생명의 탄생이라는 일이 발생할 때 무의식적인 힘이 작용하고 번식욕구가 충족됨으로써 그 핵심 동기가 사라진다는 것을 안다면 불안을 줄일 수 있고 긴장에서 벗어날 수도 있다. 또 개인적인 의식세계를 알고 상대가 나를 적대시하는 것이 아니라 무의식적인 본능에서 행동하는 것을 이해한다면 다시 상대와 가까워질 수 있다.

무의식적으로 각인된 내면의 인상과 불안, 저항감에서 벗어나 상대와 결합하기 위해 부부로서 규칙적인 육체의 사랑을 실천하려고 노력할 때, 섹스에 얽힌 진정한 비밀과 나이를 초월한 섹스의 의미를 발견하게 될 것이다. 그리고 상대의 곁에 머무르는 법을 배운다면 어떤 불안이나 저항감이 생기든 상관없다.

사람은 누구나 과거의 상처가 있다. 대부분 아이를 얻고 나서 관계의 위기를 겪으며 스트레스와 압박을 받다 보면 더 이상 쾌감을 느끼지 못한다. 하지만 이 모든 삶의 파도 밑바닥에는 순간순간마다 육체적 사랑이라는 원초적 욕구가 늘 잠재되어 있는 법이다. 이 원초적 욕구를 인정하고 그 방향으로 다가가라. 그쪽으로 가는 길이 막혀 있는 것처럼 보이더라도 상관없다.

이름가르트는 69세고 카를은 74세였다. 두 사람은 수년째 각방을 쓰고 있었다. 카를에게는 오래전부터 다른 여성이 있었고, 이름가르트는 관절염을 앓고 있었다. 두 사람이 우리 상담실을 찾아왔을 때, 이름가르트는 완전히 울분에 찬 얼굴이었고 카를은 아내에게 정이 떨어진 표정이었다. 이름가르트는 남편에게 최후 통첩을 했다. 당장 그 여성과 관계를 끝내지 않으면 남편의 외도 사실을 세상에 알리겠다는 것이었다. 카를은 남부독일의 소도시에 살고 있었는데, 명망 있는 유지였고 여러 단체의 회원이기도 했다. "그런 다음에는 어떻게 할 건데?" 카를이 차갑게 물었다. "뭘 어떻게 해. 다시 당신과 사는 거지. 지금까지처럼 섹스는 안 하고."

얘기를 정리하면 이렇다. 나는 카를과 이름가르트처럼 작은 도시의 비좁은 사회에 살면서 그렇게 서로 외면하고 사는 사람은 별로 보지 못했다. 어떻게든 분노에 찬 여성을 위한 처방이 있어야 했다. 두 사람은 똑같이 이혼에 대한 두려움이 있었고, 공허한 부부생활이 세상에 알려지는 것을 불안해했기 때문에 새로운 성생활을 유도할 필요가 있었다.

두 사람은 상대에게 열정이 식었고 서로 쾌감을 느끼지 못했다. 카를은 아내와 섹스를 할 때 발기부전 때문에 애를 먹었고, 이름가르트는 관절염으로 고생했다. 하지만 나는 거의 매일 잠자리에서 일어나기 전에 신중하게 육체적인 결합을 시도하도록 했다(발기부전에 대한 문제는 이 책 2부에서 다룰 것이다). 그 결과 놀라운 일이 일어났다. 카를은 이메일로 부부가 다시 한 방을 사용한다는 것과 두 사람 모두 노년의 나이에 회춘했으며 아내의 관절염도 깨끗이 나았다는 소식을 보내왔다. 이메일의 마지막 문장은 다음과 같다. "그 상담실을 찾는 사람들에게 알려줘요. 관절염에는 섹스가 좋다고 말입니다. 섹스에는 나이가 없다는 말도요."

아니,
몸은 잊는 법이 없다

송 ♥ 우

내 상담실을 찾는 사람들은 "이제 그 여성을 사랑하지 않아요"라거나 "이제 그 남성에게는 아무 감정이 없어요"라는 말을 종종한다. 그리고 상대가 자신에게 맞지 않는 것이나 사랑과 감정이사라진 것이 관계의 종말을 알리는 분명한 증거라고 생각한다.하지만 그렇게 간단하게 생각할 일이 아니다.

사랑이 식으면 사람들은 대부분 내면적으로 메마른 감정을 자동적으로 파트너와의 관계에 투사한다. 이때 먼저 시선을 자기자신에게 돌리는 것이 큰 도움이 될 수 있다. '나에게 아무 감정이 없는 거야'라든가 '내 감정을 더 이상 느낄 수 없어'라고 생각해보는 것이다. 이렇게 된 데에는 여러 가지 이유가 있을 수있다.

정열이 사라지고 감정이 메마르며 사랑이 식을 때는 자기 자신과 파트너 사이에 뭔가 조화가 이루어지지 않기 때문이다. 또 파트너가 상황에 따라 순수하고 별 문제가 없는 태도를 보인다고 해도 그 때문에 우리들 내면에 있는 어떤 과거의 문제가 – 과거의 불안, 과거의 상처– 활성화되어 우리들 내면의 문이 닫히면서 아무 감정도 못 느끼는 것이 원인일 수도 있다. 이런 현상은 매번 의식적인 행위가 없어도 완전히 자동적으로 전개된다. 이렇게 자동화된 폐쇄심리는 섹스를 할 때 유난히 쉽게, 그리고 아주 강렬하게 활성화된다.

섹스의 아름다움은 그것이 우리를 감정과 육체의 세계로 이끌어준다는 것이고 잘되면 그곳에서 우리를 기다리는 온갖 환희를 맛보게 해준다는 것이다. 우리 인간이 섹스를 아주 좋아하는 이유는 바로 그 때문이다. 하지만 사람의 내면에는 어떤 경우든 한 가지를 피하려고 하는 부분이 있다. 즉 강렬한 감정을 맛보는 것을 피하려고 하는 부분이 있다는 말이다. 이 부분은 우리의 잠재의식에 숨어 있는 것이다. 그것은 우리가 평생 살아가는 동안 우리를 고통스럽게 하고 극심한 불안으로 몰고 가는 모든 것을 걷어내고 지속적으로 마비시키는 데 도움을 주는 부분이다. 이 부분에 입력된 프로그램은 "아무것도 느끼지 마라, 그렇지 않으면 과거의 고통이 다시 살아날 것이다"라고 외친다. 하지만 섹스는 그와 반대다. "아아, 좋아!"라는 느낌을 부추기기 때문이다. 느낌을 무조건 다시 맛보려고 하는 것이다. 그 느낌은 화려하고 황홀하고 행복에 넘치는 맛일 수도 있다.

이렇게 상반되는 프로그램이 부딪칠 때면 인체의 시스템에 쇼트(단락) 현상이 발생한다. 그리고 이것은 우리가 쇼트를 이해하는 것과 상관없이 우리의 관계와 성생활에 극단적인 부담을 준다.

우테와 토비아스의 관계가 벽에 부닥친 것은 처음으로 함께 휴가를 갔을 때부터였다. 두 사람은 그때 사귄 지 얼마 되지 않았다. 이들은 같이 자전거 여행을 떠나 여름날 저녁에 한적한 잔디밭의 공터에 앉아 쉬고 있었다. 토비아스가 우테의 팔을 잡고 부드럽게 키스를 했다. 두 사람은 피곤한 상태에서 서로 부둥켜안은 채 풀밭에 다정하게 누웠다. 그때 갑자기 우테가 몸이 굳어지며 토비아스를 뿌리쳤다. "그만 해. 이러고 싶지 않아." 우테는 토비아스의 품에서 빠져나온 다음 일어나 앉았다. 우테의 심장이 거세게 고동쳤다. "왜 그래?" 토비아스가 물었다. "나도 몰라. 나를 그냥 내버려둬." 우테는 갑자기 풀냄새가 견딜 수 없을 정도로 역겨워졌다. 그리고 토비아스와 감정이 차단된 느낌을 받았다. 두 사람은 영문을 모른 채 어색한 분위기에서 다시 자전거를 탔다.

이 날 이후로 두 사람 사이의 긴장감은 점점 심해졌다. 우테는 갑자기 애무를 받아들일 수 없었고, 토비아스는 상대가 자신을 거부한다는 느낌을 받았다. 두 사람의 관계는 점점 더 멀어졌다. 그리고 우테는 불면증에 시달리기 시작했고, 토비아스가 섹스를 원할 때면 두 사람의 관계에 자신감이 사라지면서 갑갑한 기분이 들었다. 우테는 자기 자신이 이해되지 않았고 토비아스에게 뭐라고 말해야 좋을지 몰랐다. 두 사람은 서로 말이 없었고 어쩌다 마주쳐도 외면했다.

그러다가 한번은 우테가 만원이 된 지하철을 타고 가다 공황발작을 일으킨 적이 있었다. 농담을 주고받는 젊은 남성들 틈에 앉아 있을 때였다. 다음 역에 도착하자 우테는 신선한 공기를 마시기 위해 지하철에서 내릴 수밖에 없었다. 밖으로 나오자 조금 나

아졌다. 우테는 의사를 찾아갔고 의사는 적당한 치료사를 소개해 주었다.

"지하철에 앉아 있는데, 갑자기 옛날 생각이 나는 거예요. 열여섯 살 때였는데, 한 동네에 사는 한두 살 많은 남자아이와 사귀고 있었죠. 우리는 같은 테니스클럽의 회원이었고요. 어느 날 여름 축제가 열렸는데 그 애가 클럽하우스 뒤편의 덤불 사이에 있는 조그만 잔디밭으로 나를 데리고 갔어요. 그 애는 술이 취해 있었지만 나는 소원이 이루어진 것 같아 아주 행복한 기분이었죠. 그 애가 나를 풀밭에 눕히더니 내 블라우스 단추를 풀고는 브라를 위로 올렸어요. 바로 그 순간 소름끼치는 웃음소리가 들리는 거예요. 남자애들 여럿이 클럽에서 나오다가 덤불 사이에 숨어 있는 우리를 본 거죠. 남자애들은 그 애가 브라를 벗기고 내 맨가슴을 볼 것인지 실패할 것인지를 놓고 내기를 했더라고요. 내기에서 이긴 그 애는 나를 잔디밭에 남겨두고 다른 애들과 축제가 열리는 곳으로 돌아갔어요."

그때까지 우테는 이 일을 어느 누구에게도 말하지 않았었다. 그 일이 너무 부끄러운데다 남자들에게 아무 일도 없었다고 말해도 아무도 믿어주지 않을 것 같았기 때문이다. 한동네 사는 그 남자애와 우테는 그 뒤로 아무 일도 없었던 것처럼 행동했다. 어쩌다 그 애와 다른 남자애들이 같은 버스에 탄 그녀를 보고 수군거리며 낄낄거릴 때면 그날의 기억이 다시 떠오르며 한동안 고통스러운 악몽처럼 우테를 괴롭혔다. 하지만 언제부턴가 우테의 충격과 수치, 무력감, 상처 난 가슴은 자신도 모르게 기억에서 지워졌다.

우테는 나이가 들면서 때때로 남성과 만났지만 진지한 관계로 진전된 적은 한 번도 없었다. 대부분 올바른 상대가 아니라는 느낌이 들었기 때문에 빠른 기간에 헤어졌다. 그러다가 토비아스를 만났다. "토비아스를 보자마자 마음이 끌렸어요. 솔직하고 신뢰감을 주었거든요. 또 토비아스가 진심으로 나를 좋아한다는 것을 알았어요." 이런 상황에서 자신의 감정이 식고 토비아스와의 관계가 갑자기 알 수 없는 이유로 난관에 부닥치자 우테는 더욱 서글픈 기분이 들었다.

그러던 어느 날 치료를 받던 중 옛날 기억이 되살아났다. "풀 때문이었어요. 풀냄새, 키스, 포옹⋯⋯. 내 몸이 다시 클럽하우스 뒤쪽 잔디밭에서 일어난 일을 기억한 거죠. 그때 일을 생각하면 불안과 굴욕감이 치밀어오르며 몸서리치도록 수치스러웠어요. 지하철에서 남자아이들 틈에 앉아 있을 때도 옛날 버스에서 느꼈던 불안과 수치가 되살아났던 거예요."

그러면 우테는 어떻게 그 모든 것을 자신의 기억에서 지울 수 있었을까? 당시 우테는 클럽하우스 뒤편의 잔디밭에서 처음으로 육체접촉을 하면서 극심한 충격을 받았다고 볼 수 있다. 완전히 자신을 맡기고 심장이 벌떡거리며 환희의 고동소리가 들리는 가운데 최초의 성적 쾌감을 맛보려고 하는 순간에 웃음거리가 되고 조롱당하고 버림을 받은 것이다. 그 충격은 극단적인 감정의 혼란과 극도의 스트레스, 무력감을 낳았고, 이것은 우테가 견디기에 너무 힘든 것이었다. 그래서 우테의 신경계는 닫혔고 고통스러운 자극을 동결시켰으며 그 고통을 그녀의 의식에서 떼어낸 것이다.

사람이 엄청난 고통과 무섭게 자신을 짓누르는 불안, 극도의 무력감에 빠지게 되면 이것은 인체의 신경계에 너무 지나친 자극의 과잉 상태로 받아들여지고 마치 모든 퓨즈가 타버리는 정전사태 같은 현상이 발생한다. 이런 충격을 받았을 때는 움직일 수도없고 생각도 또렷하지 못하다. 또 아무런 감각도 느끼지 못한다.이렇게 충격적인 경험의 분열현상은 처음에는 우리를 보호해준다. 그 분열로 인해 무섭게 무너지는 감정의 위협적인 사태가 발생하게 되지 않기 때문이다.

그 직후에 누군가를 신뢰하고 충격적인 경험을 처리할 수 있는기회가 온다면 감정의 마비나 '동결' 현상은 다시 천천히 풀릴 수있다. 물론 희미해진 불안과 고통 또는 가슴을 조여 오는 기억의영상이 되살아날 수도 있다. 처음에는 이것이 위협적으로 보이기도 하지만 치유가 가능하다. 몸과 정신은 모든 것을 다시 밖으로토해내고 트라우마(정신적 충격)를 가공처리하며 정신적 상처를극복할 수 있기 때문이다.

하지만 우테에게는 이렇게 할 기회가 없었다. 우테는 테니스클럽에서 충격을 받은 뒤로 어떤 도움도 받지 못했고 부담을 털어낼 기회도 없었으며 오로지 트라우마의 경험을 내면에 꼭꼭 간직하고 감출 수밖에 없는 상황이었다.

누구나 살아오는 동안 이렇게 충격적인 경험을 하게 마련이며어쩌면 여러 번 겪을 수도 있다. 아마 당신은 사랑하는 사람의 죽음이나 육체적·정신적 학대와 사고, 성폭력, 낙태, 유산, 경악스럽고 매우 고통스러웠던 이별, 사기, 그 밖에 무섭고 정서적으로견딜 수 없었던 경험을 하고 끔찍한 상황을 겪었을 수도 있다. 또그런 경험으로 감정의 과부하를 누구와 공유할 수도 없고 견딜수도 없으며 마음껏 애도하지도 못하고 거기서 벗어나지도 못하던 시기가 있었을지도 모른다. 그렇다면 어딘가로 치워버리거나 희미해진 것, 몰아낸 것 또는 잊어버린 것이 해방을 의미하는 것이 아님을 알아야 한다. 고통과 불안, 무력감, 견딜 수 없는 경험의 부담은 당신의 내부에 고스란히 간직되고 신체기억에 저장된 채 풀려날 때를 기다리는 것이다.

사람은 상황에 따라 마음속에서 야릇한 감정이 이는 것을 똑똑히 느끼면서도 그 이유는 모를 때가 많다. 또 간절히 원하는 대상이 있어도 선뜻 다가가지 못할 때가 많다. 그 원인은 누구나 마음속에 다소간 강하게 각인된 충격적인 경험을 안고 있기 때문일 때가 종종 있다. 극단적인 충격을 경험한 사람은 때로 제대로 사랑할 수도 없고 강렬한 느낌도 없다는 감정을 갖게 된다. 이런 심리는 지속적으로 긴장을 키우고 원인을 알 수 없는 육체적, 정신적 기능장애와 불안 및 공황장애로 이어질 수 있다. 그리고 그런 잠재적 요인은 과거의 상황과 연결된 외부의 자극을 통해 갑자기 폭발할 때가 많다. 우테가 바로 이런 경우다.

비록 수년 동안 당시의 트라우마가 없었던 것처럼 보이더라도 그것은 끈질기게 구출되기만을 기다리고 있었을 뿐이다. 치료를 받으며 우테는 사람의 의식은 잊을 수 있지만 사람의 신체기억은 결코 잊지 않는다는 것을 깨달았다. 또 자신의 신체기억은 모든 경험을 세포 속에 간직하고 있다는 것도 배웠다. 이 경험은 몇 달, 몇 년씩 심지어 평생 동안 동결된 상태로 우리를 보호해주는 것 같지만 우리가 그 경험을 다시 의식으로 불러들여 해소하지 않는 한, 그 보호 상태라는 것은 지극히 제한적인 것이다. 우테는 운이 좋았다. 비록 강제된 것이라고 해도 다시 기억이 되살아나 치유할 기회가 주어진 것이다.

정확하게 자신의 마음을 연 상태에서 토비아스가 육체적인 관계를 원한 바로 그 순간, 우테는 충격과 수치에 휩싸인 의식의 숨겨진 부분과 접촉하는 강렬한 감정을 느낀 것이다. 사람은 자신을 개방하고 느낌을 원하는 성적 본능 속에서 자동적으로 평소에는 멀리하고 싶은 영역으로 들어가게 된다. 자신과 상대가 너무 가까워짐으로써, 우테의 경우에서처럼 내면의 "위험한", 그리고 극단적인 부담을 주는 영역을 건드린다는 말이다. 그러면 쾌감과 관능의 충족을 경험하는 것이 아니라 느닷없이 공포와 무감각, 공격적 태도, 감정상의 과민반응에 압도된다.

언젠가 때가 무르익으면 사람의 무의식은 시급히 치유할 필요가 있는 과거의 기억을 다시 불러낸다. 무의식이 선택하는 시점은 대개 아주 정확하다. 그리고 우리의 생활환경이 그 새로운 기억을 감당하고 그것을 치유할 수 있을 때까지 기다린다. 우테의 경우도 마찬가지였다. 우테는 마침내 과거의 충격적이고 수치스러운 경험을 다룰 수 있는 신뢰가 넘치는 관계를 맺게 된 것이다. 치료과정에서 우테는 이 악몽의 뿌리를 다시 파악하게 되었고, 나와 상담하면서 비록 불안하고 겁이 나기는 했지만, 한 남성과 관련된 가슴 아픈 역사와 다시 정면으로 맞서는 법을 배웠다. 우테는 또 토비아스에게 자신의 수치감과 남성에 대한 증오심을 그대로 보여주고 마비되고 무감각해진 심리에 대처하며 조금씩 자신을 여는 법을 배웠다. 그리고 토비아스 또한 상처받은 여성의 문제에 관심을 가짐으로써 어쩔 수 없이 자신의 상처와 거절당할 것을 두려워하는 심리와 맞서는 법을 서서히 배우게 되었다.

우테와 토비아스가 다시 가까워진 것은, 내가 볼 때, 진정한 사랑의 시작이었다. 두 사람은 이제 상대에 대한 내면의 이상에 의존하지 않고 성장하는 가운데 치유되고 서로 과거의 상처에서 벗어나기 위해 사랑스럽게 아끼며 살게 되었다.

나는 감정이나 열정이 식어서 사람들이 나를 찾아오면 곧바로 그들의 파트너 관계가 끝났다고 생각하지 않는다. 그들은 드러난 상처를 마주 보고 서 있는 사람들이다. 섹스가 갑자기 불안이나 수치와 결합된 사람들, 관계를 이어오는 과정에서 관능에 다가가는 길을 잃어버린 사람들, 갑자기 전에는 보이지 않던 장애가 생긴 사람들, 전에는 쾌감을 느끼던 것에 느닷없이 저항감을 느끼는 사람들이다. 나는 이들에게 이제 자신을 좀 더 정확하게 바라볼 시기가 되었고 변화가 필요한 상황이라는 것을 말해준다.

갑자기 성생활이 방해받을 때는 분명한 계기가 -임신, 출산, 외도, 직업상의 스트레스, 심각한 다툼, 관계의 위기, 낙태- 있는 경우가 많다. 하지만 갖가지 사연을 늘어놓는 당사자들은 정작 왜 두 사람의 관계에 또는 성생활에 느닷없이 단절감이나 무감각, 거리감, 수치, 불안이 생기는지 설명하지 못한다.

모든 사람이 우테처럼 그토록 쓰라리고 충격적인 경험을 하는 것은 아니지만 거의 누구나 자신의 신체조건 때문에 수치를 느끼거나 사랑에 실패한 경험은 있게 마련이다. 그리고 우리는 모두 자신의 감정을 억제하고 열정을 가두며 사랑에 빠진 심리를 감추도록 강요받을 때가 많다. 누구나 섹스를 할 때 불안하거나 상대가 제대로 받아들이지 않는다는 느낌을 경험했을 것이다. 또 섹스나 사랑, 욕구와 관련된 경험을 고통스럽다고 여기고 차라리 피하고 싶다는 느낌을 받기도 했을 것이다.

때로는 요구가 조금만 지나쳐도, 조금만 부담을 느껴도 흔히 말하는 한계상황에 이를 때가 있다. 과거의 경험과 공명하는 섬세한 기억의 꼬리가 이어지다가 갑자기 댐이 무너지면서 과거의 기억이 다시 의식 속으로 돌아온다. 또 쾌감과 관능을 느끼고 싶은데 대신 아무 감각이 없거나 과민반응 또는 공격심리가 나오기도 하고 슬프거나 반발심이 생기며 움츠러들거나 욕구불만에 휩싸이거나 단절되었다는 느낌에 빠지기도 한다. 이런 감정이 다시 활발해지고 기억이 돌아올 때는 몹시 방해가 되고 위협적인 작용을 할 수도 있겠지만 이렇게 과거의 기억이 풀려나오는 현상은 치유의 시작으로 볼 수 있다.

우테와 토비아스는 젊었지만 과거사에서 도피하지 않고 함께 성장하며 치유할 용기가 있었다. 두 사람은 깨어 있는 정신으로 부드러운 육체적 접촉을 하는 방법을 배웠다. 이 방법은 뒤에서 다시 소개하겠지만 파트너 관계를 맺는 사람에게 이들이 사랑하는 와중에 발생하는 불안을 허용하고 그것을 해소하는 기회를 줄 것이다.

가족의 비밀은 왜
섹스에 부담을 주는가?

♂ ♥ ♀

우테의 이야기는 처리되지 못한 유아기와 청소년기의 트라우마 체험이 현재의 성생활에 얼마나 부담을 주는지 보여준다. 하지만 개인의 과거뿐 아니라 가족의 과거도 섹스에 영향을 준다. 상상이 되지 않겠지만, 우리들 중에는 무의식적으로 부모나 조부모, 심지어 증조부모의 고통과 불안, 수치, 죄책감을 내면에 깔고 사는 사람들이 많으며, 이 같은 "과거의 족쇄"가 자유롭고 거리낌 없는 현재의 성생활을 방해하고 다른 사람을 신뢰하는 데 어려움을 준다.

"갑자기 섹스를 못할 것처럼 몸이 굳어지고 얼어붙는 거예요……집에서 멀리 떨어져 있을 때만 섹스를 즐길 수 있고 말이죠……침대에서 원격조종을 받는 기분이 들 때가 많아요……갑자기 벽에 부닥친 것처럼 몸이 압박을 받는 느낌이 와요……섹스를 해도 고통스럽기만 하고 아무 느낌이 없어요……그러면 나 자신에게 짜증이 나죠……마치 보이지 않는 힘에 끌려 다니는

기분이에요. 그럴 때는 다른 여성을 찾아 바람을 피울 수밖에 없
게 되죠."

자신의 성적 표현이 너무 진부한 것 같고 어떤 알 수 없는 힘이
그런 짓을 반복하지 못하도록 억제한다는 느낌을 받는 사람이 적
지 않다. 그리고 자신의 성생활이 섹스 본연의 형태와는 무관한
것 같다는 생각을 한다. 이렇게 "원격조종"을 받는다는 느낌이
드는 원인은 가족사와 뒤얽힌 배경에서 나오는 경우가 드물지 않
다. 당사자는 대부분 알지 못한 상태에서 가문의 섹스, 출산, 이
혼, 폭력과 연관된 트라우마를 물려받기 때문이다.

우리의 부모와 부모의 부모, 그리고 그들의 섹스와 사랑, 상호
관계가 도대체 우리와 무슨 관계가 있단 말인가? 윗세대의 그런
요인 때문에 우리가 여전히 내면에 간직하고 있고 우리 자신의
성생활 속으로 무의식중에 끌어들인 것이 무엇일까? 섹스를 둘
러싼 부부간의 강간과 폭력, 성적 학대, 원치 않는 임신, 슬쩍 바
꿔친 아이(남편 외에 다른 남성과의 사이에서 낳은 아이) 등등. 이 모든
요인은 많은 가정에 고통을 낳는다. 그때의 충격이 더 고통스럽
고 더 수치스러우며 혼란할수록 이 경험은 묵살되고 억제된 채
은밀한 형태로 내면으로 숨어든다.

아무도 이런 고통을 말하지 않고 맞서지도 않으며 애달파하지
도 않는다고 해서 그 흔적이 가문 내에 아무런 영향을 주지 않는
것은 아니다. 트라우마를 준 사건은 그것을 강렬하게 경험한 사
람만이 아니라 가족 구성원은 물론이고 때로는 후손에게까지 계
속 정신적으로 심한 상처를 남긴다. 심리학자이자 심리치료사로
서 뮌헨 가톨릭 전문대학의 강사인 프란츠 루페르트Franz Ruppert는
자신의 저서 《트라우마, 불안, 사랑Trauma, Angst und Liebe》에서 다음

과 같은 설명을 한다. "트라우마는 우리 인간의 심리적, 육체적 건강문제의 주요 원인이다. 이 원인은 때로 가문 내에서 세대를 거쳐 지속된다."

본 장에서는 인간의 심리를 깊이 다룰 것이다. 아마 읽다 보면 당신이 알고 싶은 것은 섹스인데, 이런 요인들을 이해하는 것이 뭐가 중요하다는 것인지 의문이 생길지도 모른다. 이 책의 1부가 필요한 이유는 섹스의 새로운 세계로 들어가 자신을 해방시키는 과제를 다루는 2부의 내용을 소화하기 위해 준비운동이 필요하기 때문이다. 당신이 실제로 섹스를 하며 자신을 해방시키려면 그것을 억제하는 당신 자신의 무의식적인 반발을 알아야 한다. 그리고 무엇보다 당신 내부의 어떤 힘이 당신을 끊임없이 자기폐쇄와 도피, 외도 또는 무감각이나 고통으로 이끄는지 이해해야 한다. 섹스는 당신에게 깊은 쾌감을 제공할 수 있지만 동시에 극심한 불안으로 이끈다는 것도 알아야 한다.

쾌감을 맛보려면 당신은 자신의 불안을 알아야 하고 불안을 다룰 능력이 있어야 한다. 중요한 것은 당신이 혈연의 고리에서 일부를 차지할 뿐 아니라 정서적 유산의 상속자이기도 하다는 것을 알아야 한다는 것이다. 고통과 불안을 드러내놓고 극복하거나 처리하지 않으면, 또 한 세대의 위협적인 경험을 정서적으로 떼어내고 정신적으로 지워버리지 않으면 그것은 가문이라는 시스템 안에서 보이지 않는 방해 공간으로 계속 영향을 준다.

고통스러운 비밀을 간직한 가족은 지속적으로 수치감의 심한 통제를 받으며 살아간다. 가족 구성원이나 이들의 행위 또는 운명의 연관성을 부인해야 하는 상황에 놓이기 때문이다. 이 비밀을 아는 사람들은 대개 무력감과 불안 또는 열등감 속에서 주위를 경계하며 외부세계와 담을 쌓고 산다. 그리고 거기서 나오는 행위는 모두 그 어두운 그림자와 불안을 떨쳐내고 그 위에 유난히 두드러진 완벽주의와 성공, 온전한 세계의 모습을 덧씌우기 위한 것이다. 하지만 부정적인 의식은 계속 잠재의식에 남아 온 가족이 그 고통스러운 비밀 때문에 허약해지는 결과로 이어진다. 그 비밀을 모르는 구성원도 예외가 아니다.

헬가는 흥분한 얼굴로 나를 찾아왔다. 마치 싸움에서 이긴 사람의 표정 같았다. "세상에 이런 일이 다 있네요. 그 여자가 글쎄 처음에는 늘 하던 대로 문전박대를 하더니 나에게 막 욕을 하는 거예요. 그러더니 방에서 뛰어나오더라고요. 그런 다음 갑자기 기세가 꺾여서 내 여동생이 자기 아버지의 딸이라고 털어놓지 뭐예요. 사실은 그게 아니라 우리 외할아버지가 오랫동안 엄마에게 성폭행을 한 거였어요. 그러다가 엄마가 할아버지의 아이를 임신한 거예요. 엄마는 임신 사실을 숨기고 있다가 마을 축제가 열렸을 때, 남자 하나를 유혹해서 잠을 자고는 그 남자의 아이라고 뒤집어씌운 거죠. '별로 창피하지는 않았다. 동네를 떠나고 그 남자와 헤어지면 그만이니까. 하지만 진짜 아이 아빠의 손에서 벗어나려면 죽지 않는 한 방법이 없었어'라고 엄마는 넋이 나간 목소리로 말했죠."

헬가는 자신의 어머니에게 들은 이야기를 전하면서 거의 행복에 겨운 표정을 지었다. 이 참담한 가족의 비밀은 싸우는 과정에서 드러난 것이다. 그 비밀을 알자 헬가는 엄마가 독신생활을 하며 얼마나 불행했는지, 또 엄마가 일찍 이혼한 헬가의 아빠를 얼마나 그리워했는지를 생각하며 엄마와 가까워지려고 애를 썼다.

또 헬가는 자신의 여동생이 힘들게 살았다는 사실이 너무 괴로웠다. 엄마는 처음에 헬가가 괴로워하는 것에 아무 관심도 보이지 않다가 차츰 자신의 고통과 비밀을 더 이상 숨기지 않았다. "엄마가 그 끔찍한 과거사를 말해준 뒤로 내 인생 전체를 이해할 것 같은 기분이었어요. 이제 자유를 찾은 것 같은, 이제 나 스스로 살 수 있는 것 같은 느낌이 든 거죠."

그때까지 헬가의 애정생활은 비참하기 그지없었다. 때때로 남성을 만나면서 자신은 남자를 유혹하는 데는 완벽한 여자라고 자조 섞인 넋두리를 하고는 했지만 실제로는 한 남자와 장기적인 관계를 맺을 수 없었기 때문이다. 한두 달 남자와 지내다 보면 그때마다 피부에 습진이 생기고 심한 방광염을 앓아서 섹스는 불가능했다. 최악의 경우는 남자들이 헬가의 집으로 찾아오려고 할 때 일어났다.

"도대체 무슨 일인지 영문을 알 수 없었어요. 제대로 섹스를 하는 사이였는데도 그 남자가 집으로 찾아오면 주춤하고 뒤로 물러나면서 남자가 내 몸에 손을 못 대도록 갖은 애를 다 썼으니까 말이에요. 언젠가 휴가 가서 사귄 남자가 집에 찾아왔을 때는 몸이 부르르 떨릴 정도로 불안해서 혼났어요. 정말 끔찍했죠. 그 남자만 만나면 즐거웠고 드디어 뭔가 이루어지겠구나 하는 희망이 생겼는데도 말이에요. 그가 집에 도착할 시간이 되면 완전히 돌아버릴 것 같은 기분이 들었고 적당히 거짓말로 둘러대면서 호텔로 가자고 하고는 했어요. 호텔에서는 그가 얼마나 명랑하고 탐나는 남자였는지 몰라요." 시간이 가면서 헬가는 더 이상 아무도 집으로 불러들이지 않았고 오로지 섹스사이트에서 만난 낯선 남성들과 멀리 떨어진 동네에서 만나거나 아니면 휴가지에 가서 연애를 했다. 그러다가 유방암에 걸렸다. 그리고 암 치료를 받고 나서 나를 찾아오게 된 것이다.

헬가의 엄마는 평생 어릴 때의 악몽을 의식에서 몰아내려고 애를 썼다. 엄마는 헬가 여동생의 명목상의 아버지인 남성 얘기를 일체 하지 않았고 헬가의 아빠와도 일찍 헤어졌다. 자유교회(국가의 통제를 받지 않는 교회) 동네에서 일하지 않을 때는 오케스트라의 첼리스트로 활동하며 음악의 세계에 빠져 지냈다. "엄마는 우리 아이들에게 문제가 있거나 뭔가 엄마의 도움이 필요할 때도 우리를 돌보는 대신 음악만 했어요." 딸들도 어릴 때부터 자신의 악기를 배워야 했고 엄마에게 음악이 "행복을 주는 유일한 것"이라거나 "하느님이 우리 아버지"라는 말을 들어야 했다.

헬가는 지금까지 살아오면서 엄마에게 잘해 드리고, 모든 감정의 골을 메우며 엄마가 불안에 시달리지 않도록 최선을 다했다. 이와 달리 동생은 언제나 반항을 했지만 아무 소용이 없었다. 그럴 때면 엄마는 동생을 방안에 가두고 '주기도문'을 외며 순응하도록 가르쳤다. 헬가의 동생은 18세가 되자마자 집을 나갔다. 그리고 두 번이나 이혼을 했고 수없이 유산을 했으며 폭력을 일삼는 남성을 만나기도 했다. 또 알코올중독 치료소에 두 번이나 들어갔지만 결국 술을 끊는 데는 실패하고 말았다.

엄마의 고백 이후 헬가의 정신이 다시 온전히 자리를 잡고 차츰 자신과 엄마의 삶을 제대로 이해하기까지는 한참 시간이 걸렸다. 헬가는 남성들과의 관계가 방해받는 원인과 신체적인 증상, 부담을 받는 성적 본능, 그리고 접촉에 대한 불안을 훨씬 잘 이해하게 되었다. 이뿐만 아니라 헬가는 이제 자신의 어머니가 그 오랜 세월 왜 동생과 불화했는지도 이해했다. 엄마는 동생이 어릴 때, 가까이 얼씬거리지도 못하게 했고 조금 큰 뒤로는 집 밖으로 내보내지도 않았다. 엄마는 동생을 보며 "꼴도 보기 싫은 아이"라고 욕하며 하찮은 물건 취급을 했고 그러다가도 난데없이 동생에게 푸짐한 선물을 안겨주기도 했다.

성폭력과 근친상간, 원치 않는 임신으로 트라우마가 생긴 엄마조차도 자신의 딸들에게는 온전한 성장기를 누리게 하려고 애썼으며 아이들에게 트라우마와 남성 대신 하느님에 대한 굳건한 믿음과 음악의 행복을 맛보게 하려고 했다. 하지만 이 모든 노력에도 불구하고 엄마의 충격에 영향을 받은 것으로 보이는 아이들의 불행이 이어졌고 이것이 또 엄마의 인생을 무척이나 힘들게 했다. 엄마의 상처는 숨겨져 있었지만 엄마의 생각과 행동에 적잖은 영향을 주었기 때문이다.

아이들과 가까이 있으려고 하는 의지 때문에 엄마는 때로 트라우마의 경험을 전달하는 핵심역할을 한 것이다. "윗세대의 트라우마는 아이들의 심리에 그대로 흡수된다"라고 루페르트 교수는 말한다. 성장기의 인간은 강력한 자기경계가 없고 정서적으로 자신을 보호할 방패막도 없다. 오히려 그와 반대로 부모가 감정적으로 내보내는 모든 것을 받아들이는 작은 라디오 수신기 같은 존재라고 할 수 있다. 감정은 눈에 보이지 않지만 정보로 가득 차 있고 우리의 전반적인 경험에 강력한 영향력을 행사할 수 있다. 불안과 우울증은 사람을 자살로 몰고 갈 수도 있으며 행복감은 우리 자신의 경계를 초월해 크게 자라날 수도 있다.

우리 인간은 누구나 어머니의 뱃속에서부터 눈에 보이지 않는 가족의 정보마당에 접근하며, 이 정보가 이미 그때부터 우리에게 각인이 된다. 마치 모든 가족의 프로그램과 파일을 다운로드해서 보는 것과 다름없다. 하위메뉴에 들어 있는 트라우마와 고통, 불안의 파일도 마찬가지다.

헬가 어머니의 심리적 하드디스크에도 쫓겨나고 분리된 온갖 정보가 들어 있었다. 딸들이 행복하고 순탄한 성장기를 누리게 하려고 애를 쓴 것과 상관없이 어머니는 동시에 자신이 어렸을 때 겪었던 트라우마를 통해 불러낸 온갖 불안과 심리적 분열도 무의식중에 딸들에게 제공한 것이다. 루페르트 교수는 공생 트라우마Symbiosetrauma라는 용어를 사용한다. 이 말은 아이가 자기 자신의 트라우마로 시달리는 엄마에게 자연스러운 아동기의 결합 욕구를 충족하지 못하기 때문에 시달리는 이른바 공동 트라우마Co-Trauma를 뜻하는 개념이다. 루페르트의 연구에 따르면 이렇게 치유되지 못한 의식의 고리는 너무도 깊이 심리에 박혀 있기 때문에 트라우마로 시달리는 엄마는 아이들과 청소년, 때로는 성인에게까지 나타나는 정서불안과 섭식장애, 활동과다, 정체성 문제, 알코올 및 마약 중독의 원인이 될 때가 많다고 한다.

헬가의 어머니는 아동기부터 트라우마를 경험한 뒤로는 스스로 신체접촉을 감당할 수 없었고 딸들에게 따뜻한 정과 체온, 모성애를 제공할 수 없는 처지였다. 무엇보다 아이들이 위기에 빠지거나 비명을 지를 때, 정서적으로나 육체적으로 가까이 다가가 아이들의 욕구에 감정이입을 할 수 있는 능력이 결여된 상태였다. 물론 딸들에게 안정감을 심어주려고 있는 힘을 다했지만 내면적으로는 아이들이 다가올 때 자기폐쇄를 할 수밖에 없었다. 아이들이 울거나 불안해하거나 뭔가를 요구하는 일이 늘어날수록 어떤 감정의 교류도 가능하지 않도록 더 튼튼한 벽을 쌓은 것이다. 헬가와 헬가의 여동생은 정서적 아사상태에 있었다. 정서적으로 또 육체적으로 결합할 수 있는 대상이 없는 환경과 그에 수반되는 정신적인 고통을 오래 견딜 수 있는 아이는 없기 때문에 전에 엄마가 했던 것을 그 아이는 따라하게 되어 있다. 여기서 아이의 불안과 분노, 고통, 절망, 그리고 내면의 온갖 궁핍이 밖으로 노출된다. 이런 식으로 헬가는 오랫동안 자신의 어머니와 마찬가지로 인간관계에서 벅찬 시련을 안고 살도록 저주를 받은 것이다. 그러다가 엄마와 뒤얽힌 혈연의 고리를 발견하고 서서히 거기서 벗어날 수 있었다. 그런 다음에 비로소 헬가는 다른 사람 앞에서 자신을 열고, 알 수 없는 불안에 압도되지 않고 위협을 느끼지도 않은 상태로 다정하고 은밀한 접촉을 할 수 있게 된 것이다.

이혼과 죽음,
외도

송 ♥ 우

가족의 비밀은, 겉으로 헬가의 삶을 짓눌렀던 것처럼 보이는 것
과는 달리 그렇게 극적일 정도로 힘들어 보이지는 않을 때도 종
종 있다. 그리고 물론 아버지들도 억압받은 고통을 물려줄 수 있
다. 내가 늘 경험하는 것은 어린 나이에 겪은 가족의 죽음 또는
이혼으로 부모 중 한쪽과 이별해야 했던 고통은 남녀를 막론하고
애정관계와 성생활에 영향을 줄 수 있다는 것이다. 뭔가에 이끌
리듯 지속적으로 바람을 피운 사람들의 경우, 어릴 때 이혼과 죽
음을 경험한 예를 자주 보게 된다.

비록 죽음과 이혼을 사회적으로 성폭행이나 근친상간만큼 금
기시하는 것은 아니지만 이런 고통을 가정 내에서 제대로 처리하
지 못하고 슬퍼하지도 못할 때는 아이의 성장과 훗날의 성생활에
큰 부담으로 작용한다.

하리는 열세 살 때, 학교에서 집으로 돌아와 엄마가 울고 있는

것을 보았다. 엄마 옆에는 원통형으로 된 빈 약병이 있었다. "나
는 죽어버릴 거야. 죽어버릴 거야." 엄마는 울먹이며 말했다. "네
아버지가 짐을 싸서 나갔다. 다른 여자를 데리고 가버렸어." 하리
는 구급차를 부르고 그의 엄마는 병원으로 실려 갔다. 엄마가 다
시 집으로 왔을 때까지도 아버지는 여전히 돌아오지 않았고, 향
정신성 약품을 복용하는 하리의 엄마는 다른 사람으로 변해 있었
다. 이때 엄마의 입에서 나온 말 한 마디가 그의 인생을 바꿔놓았
다. "이제부터 네 아버지 얘기는 하지 마. 알아들었어?" 이때부
터 하리에게 아버지는 없고 오로지 가정을 파괴한 죄인만 있을
뿐이었다. 하리의 엄마는 다른 남성과 결혼했고 하리는 지금까지
이 남성을 '아빠'라고 불렀다.

하리는 그때까지 여성을 사귀면서 병행교제(삼각관계)밖에 몰
랐다. 어린 나이에 "아주 음란하고 은밀한 경험"을 했고, 여성을
지배하는 성향이 생기면서 매춘업소를 들락거렸다. 하지만 시간
이 지나면서 그도 결혼을 했고 가정을 일구게 되었다. "처음에는
행복했지만 다시 옛날 버릇이 되살아났어요. 본격적으로 바람을
피우면서 내 멋대로 살았죠. 그렇게 하지 않고는 배길 수가 없었
으니까요. 직장에서 전근이 되어 다른 도시에서 처음 몇 주간 혼
자 지낼 때는 아내와 멀리 떨어져 있다는 것이 기쁘더라고요."
그러다가 언젠가부터 하리의 생활은 우울해지기 시작했다. "죽
음에 대한 불안이 생겼어요. 외톨이가 될까 봐 불안했고 집으로
돌아가는 것도 불안했어요. 끔찍했죠. 약 없이는 하루도 버티지
못했죠."

하리가 아내에게 끌려오다시피 해서 나를 찾아왔을 때는 자신
의 심리상태에 문제가 있다는 생각을 하지 않았으며 아버지에 대

한 화제는 절대 꺼내려고 하지 않았다. 서서히 신뢰감이 생기면서 아버지가 집을 나간 날에 대한 말을 하기까지는 꽤나 시간이 걸렸다. 과거사를 드러내는 것은 그에게 무척 힘든 일이었다. 하리는 아버지를 잃고 죽어가는 엄마를 발견했을 때, 자신이 엄청난 불안에 휩싸였었다는 사실을 처음으로 깨달았다. 그 사건 이후로 자신이 얼마나 갇혀 지냈는지, 얼마나 외부와 차단된 생활을 했는지, 또 정신적으로 얼마나 많은 고통을 받았는지를 알게 된 것이다. 그때까지는 어느 누구에게도 자신의 고통과 불안에 대해서 말해본 적이 없었기 때문이다. 그리고 자신이 실제로는 사람의 정을 얼마나 그리워했는지도 깨달았다.

하리는 마음의 문을 열었고 이제는 그 문을 닫으려고 하지 않았다. 그는 자신의 '아빠'가 다정하고 좋은 사람이었지만 친아버지가 아니라는 사실을 떠올렸다. 그리고 자신이 먼저 아내와의 관계를 끝내고 혼자 살 수밖에 없다는 사실을 깨달았다. "나 자신을 하나하나 되찾을 필요가 있어요"라고 그는 말했다. 이런 방법으로 자신의 내면에 깃든 진실에 접근해야 했다. 트라우마를 경험한 순간 사람의 정신은 서로 다른 인격 지분으로 분열되기 때문이다. 루페르트 교수는 '생존 지분'과 '트라우마 지분', '건강한 지분'이라는 용어를 사용한다.

생존 지분은 기억의 완전한 가동중단을 통해 우리를 구출해준다. 우리가 지나치게 강력한 경험에 압도될 때, 이 경험은 불안과 모든 고통을 동결시키기 때문에 더 이상 아프게 느껴지지 않는다. 따라서 일단은 우리의 생존에 도움이 된다. 하지만 이런 구출 전략은 훗날 밀착과 활기, 직접적인 경험과 상처의 해결을 원할 때 방해가 된다. 생존 지분은 분열의 순간부터 자체의 노선을 따르기 때문이다. 생존 지분은 우리의 건강한 지속적 발전에는 관심이 없고 충격을 받은 과거의 세계를 계속 주시할 뿐이다. 나이가 들면서 건강한 애정관계를 지속하고 실제로 다정한 섹스를 하고 싶은 동안에도 생존 지분은 계속 경계를 늦추지 않고 과거의 위협적인 상황을 지금의 현실로 간주하며 과거의 경험 언저리에서 우리 존재의 핵심이 될 수 있는 모든 것을 막아낸다. 살아가는 동안 생존 지분은 접근보다는 차단에, 개방과 해방보다는 부인否認과 병적 욕구에 관심을 둔다. 생존 지분은 우리에게 통제와 도피를 강요하고 바람을 피우고 정처 없이 떠돌며 환상을 찾도록 한다. 오로지 접촉만 못하게 한다.

트라우마 지분은 상처를 달고 다닌다. 그 속에는 무력감과 절망, 불안, 고통에 대한 온갖 감정이 뭉쳐 있기 때문에 위협적인 상황에 대처하지 못하고 분열된 형태로 나타난다. 트라우마 지분은 종종 우리가 하는 일에 끼어든다. 애정관계가 생길 때, 우리는 의지가 강해지고 기분이 좋아지며 목표 지향적으로 변하는 동시에 정밀한 활동계획을 세운다. 하지만 이때 갑자기 자신감이 사라지고 불안해지면서 감정의 고삐를 당길 수 없는 상황이 올 수 있다. 초기에 형성된 트라우마 지분이 훗날 종종 예측하지 못한 상황에서 폭발하기 때문이다. 접촉과 섹스, 결합을 원하지만 그 대신 공황발작이 생기고 분노가 폭발하며 불안, 무력감, 무감각이 엄습한다. 트라우마 지분은 또 계속 과거의 세계에 살면서 무의식중에 끊임없이 고통스런 갈등에 관심을 둔다.

하지만 다행히 사람은 누구나 내면에 건강한 지분도 가지고 있다. 이 책에서는 이 부분을 다시 활성화시키는 법을 다루고 싶다. 건강한 지분이란 우리의 현재 상태, 굳센 의지, 진실과 확신에 대

148

한 바람, 건강한 애정관계를 지향하며 자신을 온전히 내맡기고 스스로 책임을 지려는 태도를 말한다. 또 자기 자신에 대한 인내와 공감도 성생활에서 직접 현실로 다가가도록 해주고, 환상의 세계 또는 성적 모험을 억제하도록 하며 고통과 쾌락의 유희(사도-마조)를 통해 과거의 트라우마를 반복해서 무의식중에 생활 속으로 끌어들이는 것을 막는 데 도움을 준다.

하리는 치료를 마치고 여러 해가 지나 다시 나를 찾아왔다. 이 번에는 새 아내를 데리고 왔다. "첫 아내가 숨겨진 내 불안의 희생자라는 사실을 그동안 분명히 깨달았어요. 아내에게 다가가는 것이 불안하면서도 동시에 아내를 잃어버릴까 봐 불안해했던 겁니다. 그 밖에 내 잠재의식이 여성과 어머니에 대한 분노로 가득 찼다는 것을 최근 몇 년 동안 알게 되었죠. 이 분노 때문에 만사가 뒤틀린 거예요. 분노 때문에 그 다음의 여성관계도 위험에 처했던 겁니다. 다시 공격적인 섹스놀이를 시작하면서 새 아내와 함께 살고 싶은 생각이 사라졌으니까요." 하지만 하리는 용기를 내어 청산되지 않은 과거의 문제를 자세히 들여다보았고 거기서 해방되어 스스로 다정하고 열정적인 애정관계를 유지하는 길을 찾았다.

여기서 다시 강조하지만 사람의 섹스는 정신의 지문과도 같다. 섹스는 우리의 자연스러운 생기와 순수한 본질을 있는 그대로 반영한다. 우리의 성적 현실은 접촉과 통제, 신뢰, 결합이라는 문제에서 우리가 놓인 위치를 아주 정확하게 보여준다. 하지만 그 현실은 동시에 무엇이 우리의 정신을 짓누르는지 그와 더불어 무엇이 우리의 섹스에 걸림돌이 되는지도 보여준다. 섹스는 육체적인 면에서만이 아니라 정서적, 정신적인 측면에서도 우리의 존재 전체에 깊고 다각적인 영향을 준다.

그러므로 나라면 내 딸에게 자신이 정서적으로 애착을 느끼고 정신적으로 일체감을 느끼는 남성과 자라고 조언해주고 싶다. 도덕적인 훈계를 늘어놓으려는 생각이 아니라 모든 성적 만남에서는 여러 가지로 두 사람 사이에 뭔가 통하는 것이 있어야 한다는 것을 알기 때문이다. 하룻밤 사랑One-Night-Stand이든 장기적인 관계든 상관없이 섹스를 할 때는 강력하고 깊이 작용하는 일체감이 있어야 한다는 것을 분명히 알아야 한다. 누구와 어떤 상황에서 그렇게 깊은 일체감을 느낄 수 있는지, 누가 그런 방식의 결합에 대한 실제 능력이 있는지 알고 상대를 결정해야 한다. 그렇지 않으면 온갖 무의식적인 것, 옆으로 치워둔 온갖 잡스러운 과거가 되살아나고 고통이 바이러스처럼 퍼져나갈 것이다.

"결혼을 세 번이나 했지만 모두 실패했어요. 당연히 아이들도 고통을 겪었죠." 요하네스는 큰 성공을 거두었고 직업적으로 아주 바쁜 남성이었다. 결혼하고 나면 얼마 지나지 않아 아내를 속였다. "나는 집에 붙어 있는 체질이 아니었고 이것을 굳이 숨기지도 않았어요." 하지만 단 한 가지만은 아내에게 말할 수 없었다. "출장을 가면 여성 없이는 혼자 지낼 수 없어요." 이런 요하네스는 수많은 여성의 주소를 가지고 있었기 때문에 어디를 가든 여성을 불러내서 만날 수 있었다. 물론 그와 결혼한 여성들은 그의 몸에 밴 이중생활을 알아채지 못했지만 그는 때가 되면 아내 곁을 떠날 수밖에 없었다. "모두 나무랄 데 없이 내조를 해준 여성들이었지만 시간이 지나면 매력이 사라지는 거예요. 내가 아내의 인생을 망치고 있다는 생각이 들었기 때문에 떠나지 않을 수 없었죠."

요하네스는 과거의 부인들에게 생활비를 넉넉하게 주었고, 공식적으로는 아내와 아이들을 알뜰하게 챙겼다. 그러다가 아들들이 우연히 아버지의 비밀을 알게 되었다. 아들 중 한 명이 요하네스의 휴대전화에 저장된 주소를 발견하고 제 형에게 알렸다. 이들은 이때부터 형사 노릇을 하며 함께 아버지를 미행했고 결정적인 '증거'를 포착했다. 그리고 아버지에게는 "루카스를 위해 한 거예요"라고 말했다. 아들 중 한 명인 루카스는 활동과다와 공격적인 성향이 있었고 학교공부를 따라가지 못하는데다 친구들과 제대로 어울리지도 못했다. 또 엄마를 괴롭히고 거짓말을 일삼으며 말을 듣지 않았기 때문에 엄마는 루카스를 억지로 의사에게 데려가곤 했다. 아버지인 요하네스는 루카스와 가까이 지내는 것을 피했고 이따금 출장에서 돌아올 때 선물을 한아름 안겨주는 방법으로 양심의 가책을 달래고는 했다.

요하네스의 아들들은 아버지의 이런 심리를 전혀 몰랐겠지만 그들의 형제인 루카스가 아버지가 잊으려고 애쓰는 과거의 고통을 그대로 실천하고 있다는 것만은 본능적으로 느꼈다. 아들들은 이후로 루카스를 제대로 돌보지 않으면 아버지의 비밀을 모두 엄마에게 알리겠다고 아버지를 위협했다. 요하네스는 아들들과 '은밀하게' 만나기 시작했다. 어느 날, 그는 아들들 앞에서 눈물을 흘렸다. "나는 어려서 엄마를 잃었다. 그런데 아무도 이 사실을 나에게 말해주지 않았어." 요하네스가 다섯 살 때, 엄마가 병이 들었다. 그에게 이 사실을 말해주는 사람은 아무도 없었다. 그는 '엄마는 잘 쉬어야 하니 모두 엄마를 편안하게 해줘야 한다'는 것만 알았다. 이렇게 1년이 지난 어느 날, 그가 학교에서 돌아왔을 때 아버지가 그를 따로 부르더니 "네 엄마는 집을 나갔어. 다시는 돌아오지 않을 거야"라고 말했다. 그때는 사람들이 막 숨진 엄마의 시신을 옮겼을 때였다.

요하네스는 엄마와 제대로 작별하지도 못했고 누군가와 함께 애도의 눈물을 흘릴 기회도 없었다. 그의 아버지는 이 죽음에 대해서 아들과 대화를 한 적이 없었으며, 얼마 안 있어 다른 여성과 결혼했다. 그 뒤 요하네스는 어느 누구보다 사랑하고 자신의 곁에 있어줄 여성을 만났지만 그때마다 그 여성을 잃을 수밖에 없는 운명이었다. 이때 그의 정신에 드리워진 상실감을 메워줄 방법은 전혀 없었다. 그는 여성과의 관계에서 동경과 상실, 불안, 침묵에서 나오는 트라우마 감정의 혼란만을 느꼈고 이런 혼란은 트라우마로 변하는 순간 분열된 의식으로 나타났다. 하지만 이제는 자신의 흔들리지 않는 정신을 굳게 유지하는 가운데 이런 태도가 무의식적으로 애정관계에도 적용된 것이다.

언젠가부터 요하네스는 계속 과거로부터 도피하는 것이 아무 의미가 없다는 것을 깨달았다. 어쨌든 과거는 관계를 맺을 때마다 그에게 달라붙었기 때문이다. 다행히 아들들 덕분에 그는 마음을 가다듬고 현재의 아내와 대화를 했고 그 아내가 남편을 나에게 데려온 것이다. 내면의 상처와 자신의 아내, 아이들, 특히 자기 자신을 있는 그대로 인정하며 직시하는 것은 쉽지 않은 일이었다. 그는 과거의 뿌리에서 자신의 정체성을 파악하지 않으면 안 되었고 접촉을 유지하며 이 자세를 섹스로 연결시키는 법을 배워야 했다.

요하네스와 하리, 헬가, 우테가 다시 활기를 찾고 자신의 뿌리를 재발견하려고 한 것은 자신의 온전한 몸과 정신으로 관계를 맺으려고 하는 용기가 있었기 때문에 가능했다. 이때 과거의 고통과 상처에 대한 불안이 되살아나고 어쩌면 공포와 궁핍을 느끼면서 반복적으로 거기서 달아나고 자신을 폐쇄하고 싶은 엄청난 욕구가 생길지도 모른다. 이럴 때는 그런 감정을 털어내려 하지 말고 단순한 과거의 반복이라고 여기며, 현재는 성인으로서 자신에게 그것을 감당할 또 다른 지원이 있고 더 이상 다른 사람의 불안과 결정에 얽매일 필요가 없다는 사실을 아는 것이 중요하다. 우리는 누구나 우리에게 힘을 주고 새로운 결정을 내리도록 도움을 주며 더 이상의 상처를 허용하는 대신 사랑을 받아들이는 건강한 인격 지분을 가지고 있다.

불안감이 생기고 도피충동이 우리를 잡아끌 때는 자신을 의식하고 끈질기게 새로운 방향을 모색할 필요가 있다. 이때 중요한 것은 건강한 인격 지분의 힘과 결합하고 그 시점에 자신이 도피하고 싶은 마음이 간절하며 불안과 방어심리에 휩싸여 있다는 것을 주제로 파트너와 허물없는 대화를 하는 것이다. 상처받은 지분이 있을 때는, 한동안 우리의 공감과 인내, 분명한 의지가 과거의 틀에서 벗어나도록 집중적으로 관심을 쏟을 필요가 있다. 새로운 길을 갈 자유를 얻기 위해서는 자신을 재발견하고 "불안에 휩싸인 습관은 무엇인가?", "이제 다정하고 친밀한 관계를 위해서는 무엇이 필요한가?"라는 물음에 분명히 대답하는 용기가 필요하다.

당신은 섹스와 애정관계라는 문제로부터 차단된 상황을 바라보고 자신에게 물어야 한다. 실제로 이 일이 나에게 속하는 것인

가? 나는 어느 때, 차단되고 외부에 조종되며 원격조종을 받는다
는 느낌이 드는가, 또 아무리 노력해도 출구를 찾지 못하고 고통
의 경감과 치유가 어려운 상황은 어디에서 오는가? 나는 어디서
내 인생을 살지 못하고 도망쳐야 되며 어떤 상황에서 갑자기 불
안이 엄습할 때마다 완전히 경직되고 나 자신을 폐쇄하는 느낌을
받는가? 어떤 상황에서 나는 순간순간 마비된 느낌을 받고 전혀
원치 않는 내 모습을 바라보는 기분이 드는가? 지금 여기서 보는
이 모습이 내 역사고 내 감각이며 봉쇄된 상황인가, 아니면 가정
안에서는 전혀 부각되지 않았지만 이상하게도 끊임없이 느낄 수
있는 역사와 상처를 내가 계속 달고 사는 것인가? 이런 경우라면
다시 물음을 던질 수 있다. 나는 지금 무의식중에 계속 전달되는
부담의 포로가 된 내 자신의 인격 지분을 다시 해방시키고 건강
한 방법으로 내 삶을 통합할 준비가 되었는가? 그래서 다시 스스
로 책임을 걸머지고 다른 사람과 건강한 접촉을 할 수 있는가?

이런 투명화의 과정에서 중요한 것은 트라우마를 겪은 부모에
게서 완전히 구체적으로, 그리고 실용적이면서도 심리적으로 벗
어나는 것이다. 우리 자신의 건강하지 못한 혈통구조에서 벗어날
만큼 성장하는 것이다. 이를 위해서는 용감하고 솔직한 대화가
필요할 때가 많다. 또 흔히 누군가를 그 자리에서 밀어내고 금기
영역을 깨부숴야 한다. 당신이 모든 방향을 바꾸고 이제부터 가
족 사이에서 정보원 노릇을 하라는 말이 아니다. 무엇보다 중요
한 것은 당신이 아무리 가깝고 신뢰하는 사람이라고 해도 또 아
무리 종속되고 당신에게 죄책감이 들게 하는 상대라고 해도 그
사람에게서 완전히 벗어나는 것이다.

물론 힘든 일이겠지만, 치유를 위한 가장 중요한 계기는 상대

가 과거의 상처와 계속 떨어져 지내고 깨끗하게 잊기를 바란다는 사실을 받아들이는 데서 나온다. 내 경험으로 말할 수 있는 것은, 어둠 속에 빛을 비추고 싶을 때, 가족의 혈연관계에서 즐거운 위로를 받을 수 있다는 기대를 하지 말라는 것이다. 비교적 오래된 가족 구성원에게서 많은 불안과 숨겨진 상처가 드러나는 경우가 가장 흔하기 때문이다. 아무도 당신과 함께 그 상처를 겪으려고 하지 않는다는 것을 받아들여야 한다. 그들은 고통과 수치, 죄책감을 인정하기보다 화를 내고 꽁무니를 빼며 당신에게 욕을 하거나 미친 사람 취급하며 모든 것을 인정하지 않고 정을 끊겠다고 위협할 가능성이 많다. 당신 자신의 마음 외에는 당신을 따라올 동반자가 없고 당신의 본능을 믿고 혼자서 헤쳐 나가는 것 외에는 달리 도리가 없는 상황이 있을 수 있다. 물론 또다시 외로움을 느끼고 다시 폐쇄된 느낌을 받겠지만 이런 상태는 오래가지 않는다. 이후에 나타나는 모든 것은, 과거 속에 숨겨진 채 무의식중에 방어기제(프로이트의 정신분석학 용어로 감정적 갈등을 해소하고 불안에서 자신을 해방시키기 위한 무의식적 정신작용 — 옮긴이)가 작동하는 가운데 당신의 인생이 과거의 불안에 맡겨지는 것보다는 낫다. 그러면 당신은 아마 가족 중에서 선구자가 되고 어쩌면 가장 먼저 자신의 건강한 힘과 자기 본래의 존재핵심으로 향하는 사람이 될지도 모른다. 어쩌면 단순히 이전 세대의 억압이 지속되지 않는 삶을 누리는 최초의 가족이 될지도 모른다. 또 아마 자유롭게 접촉하며 사랑을 위한 내면의 자리를 만들고 다시 섹스를 해방된 기분으로 즐기는 최초의 가족 구성원이 될지도 모른다.

출생과 죽음과
섹스까지도

송 ♥ 우

이 자리에서 꼭 짚고 넘어가야 할 주제가 있다. 바로 임신과 유산, 낙태가 그것이다. 이 문제는 모두 섹스에서 비롯된 것이고 나름대로는 모두 섹스에 다시 근본적인 영향을 미친다. 유산과 낙태라는 문제를 제대로 처리하지 못한 부부의 경우, 그들 자신도 모르게 부부 사이에 보이지 않는 벽이 생기는 일이 흔하다. 낙태의 경우, 한쪽만 원했거나 아니면 상대에게 알리지 않고 넘어가거나 제대로 애도할 시간을 갖지 못했을 때, 부부관계가 깨질 수도 있다. 여성들 중에서는 수년 동안 혼란스러운 불안감에 시달리면서도 처음에는 그것이 낙태와 관계가 있다는 생각을 하지 못하는 경우가 많다. 또 어떤 사람들은 한번 낙태를 하고 나서 낙태로 죽어간 아이에게 용서받을 수 없는 짓을 했다고 생각하기 때문에 다시는 임신을 원하지 않는 경우도 있다.

낙태문제에 윤리적으로 접근하자는 것이 아니다. 모든 남녀는 단순하게 낙태가 그들의 정신과 부부관계에 후유증을 남긴다는 사실을 알아야 한다는 말이다. 때로 이 후유증은 -유예된 슬픔, 빠져나갈 길이 없다는 느낌 또는 고독감 등- 한참 시간이 흐른 뒤, 전혀 의식하지 못하거나 그 경험을 별로 생각하고 싶지 않은 순간에 나타날 때도 있다. 상담실을 운영하면서 내담자가 낙태의 경험을 떠올릴 때만큼 많은 눈물을 흘리거나 억제된 슬픔을 터트리는 경우를 본 적은 없다.

내가 주재하는 여성 세미나에서 여성의 생활이나 부부관계에서 언제 거리감이나 공허감, 단절감이 생기는지를 주제로 토론하고 있을 때, 한 여성이 울기 시작했다. "그건 낙태한 뒤였어요. 저는 둘째 아이를 임신했을 때 중절수술을 받았어요. 그때는 젊은 데다 너무 힘들었거든요." 그 여성은 당시 자신이 버림받았다는 느낌을 받았다. "제 남편이 전혀 반대하지 않아서 의아했어요. 왜 아이를 순순히 포기하는 거지?" 나는 다른 사람도 낙태를 한 경험이 있는지 물었다. 여기저기서 고개를 끄떡이고 나지막이 흐느끼는 소리가 들렸다. 나는 여성들이 죽어버린 아이를 애도할 때만큼 슬픈 모습을 본 적이 드물다.

그날 모인 여성들이 깨달은 문제 중에서 가장 중요한 세 가지는 낙태는 맹장수술이 아니라는 것, 낙태는 정신적인 처리기간이 필요하고 충분한 애도를 해야 한다는 것, 애도하지 못한 낙태는 부부관계와 성생활에 오랫동안 큰 후유증을 남긴다는 것이었다. 그리고 나온 결론은, 부부가 과거의 불안을 직시하고 자책하며 함께 잃어버린 아이와 작별의 시간을 가질 때, 눈에 보이지 않는 장벽이 걷히고 완전히 새로운 애정이 생긴다는 것이었다. 아무리 시간이 지났어도 이 과정을 거칠 필요가 있다.

"우리는 다시 같이 잠을 잔답니다!" 나에게 부부문제 상담을 받고 몇 주가 지난 다음 도리스가 보낸 이메일의 첫 구절이었다. 도리스는 남편이 여러 해 전부터 발기가 안 된다는 이후로 섹스를 기피했기 때문에 심한 좌절감에 빠졌었다. 활력이 넘치는 도리스는 늘 이 때문에 괴로워했다. 도리스는 남편이 자신을 거부한다는 느낌을 받았고 그런 상태로는 더 이상 부부생활을 지속할 수 없다고 생각했다.

남편과 함께 나에게 상담을 받으며 이 문제가 불거졌을 때, 나는 본능적으로 혹시 남편이 부인을 용서하지 못한 부분이 있는지 물었다. 두 사람은 고개를 숙인 채 말이 없었다. 잠시 후 도리스가 나지막이 말했다. "낙태한 적이 있어요." 두 사람은 다시 침묵했다. 이윽고 고개를 끄떡이는 도리스 남편의 두 뺨 위로 눈물이 흘러내렸다. 그 몇 해 전에 도리스는 아이를 임신했는데, 중절수술을 받았다. 여성비행사로서의 직업을 포기하고 싶지 않았기 때문이다. "우리는 아이를 갖지 않기로 합의가 된 상태였어요. 그러다가 임신을 한 거예요. 저는 당연히 아이를 원하지 않았지만 갑자기 남편이 태도를 바꾸고 낙태에 반대했어요." 도리스의 남편은 꼼짝하지 않은 채 아내를 보지도 않고 입을 열었다. "당신은 사전에 나에게 아무 말도 없었잖아. 언제나 당신의 일이 중요했으니 내가 우리 아이를 위해 뭘 할 수 있었겠냐고." 도리스는 당시 독립심을 주는 직업과 아이를 원하는 남편 사이에서 심한 갈등을 겪고 있었다. 이 때문에 남편에게 말을 하지 않고 낙태수술을 받았고 한두 주가 지나서 이 사실을 알린 것이다. 두 사람은 그 뒤로 이 문제를 다시 건드리지 않았다. 그리고 나에게 함께 상담을 받을 때가 되어서야 비로소 전에는 끼어들 틈이 없었던 많은 감정이 드러나기 시작했다.

도리스의 남편은 따돌림을 받았다는 기분이 들었고 그동안 감추어졌던 원한을 아내에게 쏟아 부었다. 그는 무력감으로 가득 찼고 여전히 죽은 아이에 대한 슬픔에서 헤어나지 못한 상태였다. 도리스는 비로소 사전에 동의를 받지 못한 것을 자책하기 시작했다. 실제로 중요한 문제는 수술 자체가 아니라 아이의 생명이라는 것을 깨달았다. "당신 그 아이가 아들인지 딸인지 물어보기나 했어?" 남편이 물었다. 도리스는 망설이다가 조그만 소리로 부끄러운 표정을 지으며 대답했다. "딸이라고 그랬어." 남편은 그날 대화중에 처음으로 아내를 쳐다보았다. "나도 늘 딸이었을 거라는 생각을 했지."

이메일의 다음 내용은 도리스가 상담을 받고 나서 남편과 함께 '딸의 장례식'을 치렀다는 것이었다. 두 사람은 작별절차를 거쳐 낙태문제를 처리하려고 함께 의식을 치른 것이다. 이후 전에는 생각지도 못한 대화가 가능해졌고 서서히 침대에서 다정한 접촉을 하게 되었다는 것이다.

지금까지 다양한 사람들과 만난 경험을 바탕으로 내가 늘 강조하는 것은 눈에 보이지 않는 것들이 우리 모두의 내면에 오랫동안 강력한 영향을 준다는 것이다. 나는 또 침묵해온 일과 말로 표현하지 못한 일을 진지하게 받아들여야 한다는 것도 강조한다. 고통은 때로 침묵과 제대로 눈물을 흘려보지 못한 과거에서 만들어질 때가 있다. 당신이 치유를 원한다면 언젠가는 진실로 다가가 과거의 슬픔이나 불안과 마주설 용기를 내야 한다.

마를렌과 요한은 서로 사랑하는 사이였다. 두 사람은 그렇게 말했고 이들이 내 앞에 앉았을 때, 나도 그것을 알 수 있었다. 마를렌은 아들을 낳은 뒤로 전에는 자주 하던 섹스를 기피하게 되었다. 상담을 하며 섹스를 화제에 올리자 마를렌은 대번에 불안해하며 거의 공포에 질린 모습을 보였다. 그럴 때마다 요한은 어쩔 줄 몰라 쩔쩔맸다. "강요할 생각은 없습니다. 하지만 더 이상 이대로는 안 돼요. 아내는 아들이라면 벌벌 떨어요. 잠도 아들하고만 자고 아들과 함께 일어나죠. 만사가 아들 중심으로 돌아간다고요. 아이가 조금이라도 울 기미가 보이면 벌떡 일어나요. 세상에 이렇게 끔찍하게 아이를 돌보는 사람은 없을 겁니다. 이건 단순한 모성애가 아니라 병이라고요." 요한은 아들이 태어난 뒤로 완전히 무시당하는 기분이 들며 심한 좌절감을 느꼈다.

나는 마를렌이 아들을 출산하기 전에 다섯 번이나 유산했다는 사실을 아주 우연히 알게 되었다. 마를렌과 요한은 그때마다 슬퍼했지만 요한은 이내 아내를 위로하며 "그만 잊어버려. 어쩔 수 없는 일이잖아. 다음에는 잘될 거야"라고 말했다. 이런 뒤로 두 사람은 다시는 유산 이야기를 입에 올리지 않았다. 다섯 번이나 이런 일이 있었다. 대화중에 갑자기 마를렌이 분노를 터트렸다. "이 사람은 별 관심이 없어요. 그런 일이 있을 때마다 내 뱃속에서 생명이 죽었다는 것을 전혀 이해하지 못해요." 마를렌은 유산을 한 뒤면 한동안 자신의 뱃속에서 죽어간 아이가 있었다는 생각을 떨쳐버리지 못했다. "끔찍했어요. 뭔가가 자꾸 나를 끌어내리는 느낌이 들었죠. 우울증에 걸린 것 같은 느낌이 들 때가 많았어요. 요한과는 이런 말을 할 수가 없었어요. 얼마 지나지 않으면

이 사람에게는 세상이 온전하게 보였으니까요."

이어 우리가 섹스에 대해 구체적인 대화를 하려고 하자 마를렌의 얼굴은 다시 굳어졌다. 내가 어떤 기분이 드는지 묻자, 마를렌은 온몸을 떨기 시작했다. 울먹이면서 말을 했기 때문에 알아듣기가 힘들었다. "나는 불안했어요……내가……요한과 잠을 자면……내 아이가……죽는다는 것이……." 아내 옆에 앉은 남편은 쩔쩔매는 표정이었다. 잠시 후에 정신을 가다듬은 마를렌은 자신에게 무슨 일이 있었는지 남편이 납득할 수 있게 설명을 할 수 있었다. 오랫동안 마를렌의 내면에서는 무의식적으로 연상되는 뭔가가 숙명처럼 달라붙었다. 즉 남편과 섹스를 할 때마다 그 전에 죽은 아이의 생각이 나는 것이다. 섹스와 죽은 아이는 마를렌의 의식 속에서 불길한 동맹관계처럼 비쳤다.

마를렌이 조심스럽게 이런 감정에 다가갈 때면 고통과 분노, 무력감이 치솟아 올라 자신과 남편이 유산을 막지 못했다는 자책감이 들었다. 죽은 아이들에 대한 슬픔과 더불어 지금의 아들에 대한 불안감이 솟구쳤다. 이런 느낌이 들 때마다 이제부터 섹스에는 신중해져야 한다는 생각이 또렷이 들었다. 마음속에서 생명과 죽음, 섹스와 떠나간 아이를 둘러싸고 극심한 혼란이 일었기 때문이다. 이제 마를렌은 아들을 자신에게서 조금 더 풀어주고 스스로 생존할 힘이 있다고 믿는 것이 중요하다는 것을 이해했다. 그리고 동시에 온갖 내면의 혼란과 뒤얽힌 불안감, 과거의 상처가 있다고 해도 다시 남편과 가까이 지내야 한다는 것을 알아차렸다.

요한은 아내를 격려하고 정상궤도로 돌려놓으려는 자신의 시도가 왜 역효과를 냈는지 이해했고, 자기 자신의 고통을 보여주고 아내와 함께 그 고통을 공유하는 법을 배웠어야 한다는 사실을 깨닫게 되었다. 그는 이제 완전히 새로운 방법으로 아내에게 다가가야 하고 마치 아무 일도 없었다는 듯, 과거의 섹스를 되찾으려는 희망을 버릴 때라는 것을 알았다. 요한은 여성이 임신과 출산, 그와 연관된 아이의 죽음이나 상실에 대한 불안이라는 문제에서 종종 남성보다 더 직접적으로 자신의 몸을 경험하고 심각한 충격을 받음으로써 복잡하게 뒤얽힌 채 심신을 짓누르는 감정이 생긴다는 사실을 이해해야 했다.

임신과 출산은 여성을 자신의 몸과 무의식적인 심리적 성향으로 깊이 끌어들인다. 이 성향은 우리가 상상하는 것 이상으로 강하다. 아이를 낳은 여성은 때로 임신 후에 다른 사람이 되며, 과거의 자아가 자신의 현재의 힘과 상처받을 가능성에 대해 미리 알고 있었다는 느낌을 받을 때가 있다. 임신과 출산 기간에 많은 여성은 완전히 새로운 감지장치를 개발하며, 자신이 유난히 상처받기 쉽고 동시에 더 직관적이라는 것을 경험한다. 이런 상태에서 여성의 성적 특징과 신체적, 정서적 인지능력도 변한다. 그리고 이런 상태는 다시금 남성에게 무시 못할 방해요인으로 작용한다. 이런 것을 신체적으로 현실감 있게 경험하지 못하는 남성이 여성을 제대로 이해할 수 없기 때문이다. 이후 남성은 외부상황을 냉혹하게 경험하는 일이 많아지며 파트너 관계의 변화는 남성에게 성장과 이해를 강요한다.

이 자리에서 나는 파트너 관계의 깊이를 알고 당신을 휘감고 있는 성적 특징에 다가가기 위해 당신 자신의 상처와 불안을 직시하라고 격려하고 싶다. 그러기 위해 중요한 것은, 섹스에는 신뢰가 필요하다는 것을 이해하는 것이다. 오로지 순수한 신뢰감이 있을 때만이 당신은 자신을 온전히 비울 수 있다. 굳어버린 상처, 해결하지 못한 죄책감, 단단히 자리 잡은 불안감은 당신의 신뢰와 해방을 방해한다. 그러므로 임신과 출산과 관련해 당신은 언제나 진지하게 물어야 한다. "나는 모든 것을 처리했는가? 임신 이후로 우리 두 사람 사이에 무슨 일이 있는가? 혹시 내가 과거의 경험에서 불안과 슬픔을 가져온 것은 아닌가? 혹시 내가 용서하지 못한 것은 없는가?"

설령 임신과 유산 또는 낙태가 오래전의 일이라고 해도 무조건 당신의 파트너와 대화를 하라. 임신과 출산 기간에 겪은 트라우마의 체험을 함께 처리하고 궁극적으로 잊어버리기 위해 의식을 치르는 방법도 생각해볼 수 있다. 당신의 파트너가 과거의 원한 또는 버림받았다는 느낌에서 궁극적으로 벗어날 공간을 마련하라. 유산 또는 낙태의 경우에는 함께 작별의 과정을 거칠 기회를 가질 필요가 있다.

아주 바람직한 것은 죽은 아이 또는 죽은 아이들에게 가족 내의 자리를 마련해주는 것이다. 아마 당신은 지금까지 아이가 두 명밖에 없다는 생각을 했을 것이다. 하지만 새로운 자리를 마련하고 낙태로 죽어간 아이를 받아들여 아이들이 늘어났다는 생각을 해볼 수 있다. 때로는 살아남은 아이들에게 '올바른' 자리를 제공하고 그들 이전 또는 이후에 형제가 있었다는 것을 설명해주는 것이 도움이 될 때가 있다. 낙태에 대해 침묵하는 것은 살아남은 아이들에게 무의식적인 정체성의 혼란을 안겨주는 경우가 드물지 않다. 반대로 진실을 말해주면 아이들은 대부분 정체성이 더 분명해지고 새로운 자신감을 얻는다.

결국 중요한 것은 섹스를 죽음에서 해방시키는 것이다. 다시 의식적으로 파트너에게 다가가 이제 과거는 잠잠해졌으며 두 사람이 자유롭고 거리낄 것 없이 섹스와 끈끈한 애정을 누려도 된다는 것을 분명하게 보여주는 것이다.

위장된 오르가슴과
신체적인 거짓말

♂ ♥ ♀

섹스와 불안은 상관관계가 있다. 특히 오랫동안 외면해왔던 불안일 경우에는 그것을 인정할 때보다 섹스와 훨씬 더 긴밀한 관계를 맺는다. 섹스는 우리를 육체의 영역으로 이끈다. 육체의 영역에 있다는 것은 생각 속에서가 아니라 실제로 직접 느낀다는 말이다. 그러므로 다른 사람과 몸과 마음이 하나가 된다는 것은 때로 위험할 때도 있다. 우리가 누군가와 몸과 마음으로 접촉할 때 우리는 상대에게 자신의 적나라한 상태를 보여주는 것이기 때문에 상처를 받을 가능성도 아주 크다. 이 가능성은 늘 상실과 거절, 무관심에 대한 것 등 각종 불안을 수반한다. 이런 불안과 불확실성은 섹스를 할 때 직접 그 모습을 드러낸다. 그리고 우리가 지금까지 알지 못했던 것, 전혀 이해하지도 못하고 받아들이지도 않았던 것일 때 심하다.

우리가 정말로 애정관계를 맺고 싶을 때는 서로 불안해서는 안 되며 ―아는 것이든 모르는 것이든― 그렇지 않을 때는 우리 내면의 모든 기능이 폐쇄된다. 불안은 감각을 마비시키고 몸에 갑옷을 두르기 때문에 섹스에는 독이나 마찬가지다. 따라서 우리의 내면 어딘가로 밀어낸 채 외면하거나 물려받은 불안에 대처하는 법을 배우는 것만이 아니라 애정관계에서 새로운 불안을 만들어 내지 않는 것도 중요하다. 새로운 불안은 다시 섹스를 차단하기 때문이다. 파트너 관계에서는 불안이 일상적으로 생긴다. 이런 불안은 별로 대수롭잖아 보일 때도 있지만, 자신의 뜻대로 되지 않거나 상대에게 받아들여지지 않는다는 느낌을 받을 때, 원치 않는 일을 해야 하고 마음에 있는 것을 말하지 못하거나 분명하게 거절할 용기가 없고 용감하게 시인할 수 없다는 느낌을 받을 때, 대부분 잠재의식에 쌓인다.

애정관계에서 불안은, 자신의 진실을 배척하거나 표현하지 못할 때, 현실을 부인하고 불편한 사실을 밀어내며 소통이 단절된다는 느낌을 받을 때, 침묵함으로써 발생한다. 불안이 다가오는데 그것을 표현하지 못할 때, 불안은 우리 마음속으로 가라앉고 내면에 보이지 않는 벽을 쌓는다. 그러면 신체상의 거짓말로 나타나는 경우가 드물지 않다.

한번은 다음과 같은 일을 처음 경험한 적이 있다. 코리나는 남편에게 오르가슴에 오른 것처럼 위장했다. 사실 코리나는 섹스할 마음이 없었다. 그 며칠 전부터 기분이 좋지 않았었다. 그런데도 남편은 매일 밤 아내와 자고 싶어 했고 코리나는 불화를 일으키며 스트레스를 받고 싶지 않았다. 그래서 아무 느낌도 없고 몸이 섹스를 할 준비가 전혀 안 되었는데도 단순하게 남편과 관계를 한 것이다. 남편은 빨리 흥분해서 절정감을 맛보려고 했기 때문에 코리나는 빨리 섹스를 끝내려는 생각에 오르가슴에 오른 체했다. 사실 남편에게는 자신의 실제 감정과 불만을 드러내고 아무 쾌감도 없다는 사실을 알리고 싶지 않았다. 간단하게 위장한다는 것이 일종의 신체적인 거짓말로 표현된 것이다.

그 며칠간 두 사람은 사이가 좋아졌다. 그리고 코리나는 다시 섹스를 하며 재미를 느꼈다. 하지만 코리나가 심한 불안감을 느끼는 시기가 찾아왔다. 남편의 퇴근시간이 점점 늦어지더니 안 들어오는 날이 많아진 것이다. 코리나는 남편의 휴대전화를 조사하면서 다른 여성이 생긴 것은 아닌지 의심을 하게 되었다. 그러면서 자신이 섹스를 할 때 압박을 받고 있으며 느낌이 좋은 것처럼 위장한다는 것을 깨달았다. 코리나는 이제 자신의 몸이 제대로 긴장을 풀지 못하거나 남편의 속도를 제대로 따라가지 못할 때면 오르가슴을 위장하는 일이 점점 늘어났다.

겉으로 볼 때는 침대에서 뜨겁게 달아오르는 것 같았지만 실제 코리나의 잠재의식에서는 불안감이 커졌다. 그녀의 몸은 갈수록 닫혔고 부부관계는 지속적으로 사이가 벌어졌다. 코리나는 부부생활이 심각한 위기에 빠진 뒤에 가서야 그때 섹스를 하며 위장하거나 침대에서 두 사람 사이의 벽을 쌓는 행위를 하는 대신, 용기를 내어 그 상태를 중단시키고 남편에게 자신의 불안을 털어놓으며 두 사람 사이에 거리감이 생겼다는 말을 했어야 한다는 것을 깨달았다.

불안은 예를 들어 우리가 섹스를 가지고 거래를 할 때도 생긴다. 유감스럽게도 섹스와 돈이 불안스러운 동맹관계를 맺는 부부는 많다. 내 상담실에는 남편이 돈을 벌고 자신은 경제적으로 예속되어 있다고 생각하기 때문에 규칙적으로 남편과 잠자리를 같이하는 여성이 끊임없이 찾아온다. "때로는 휴가를 가면 스트레스가 사라지고 여유가 생겨 섹스가 재미있어져요. 하지만 정상생활에서 하는 섹스는 맥이 빠진 느낌이에요." 이렇게 말하는 여성은 남편이 원하기 때문에 마지못해 한다. "내 남편은 섹스를 못하면 병이 생겨요. 거의 매일 밤 관계를 가지려고 하죠. 어떨 때는 새벽 두 시나 세 시에도 깨운다고요. 게다가 남편이 달아오를 때까지 뭔가 음란한 얘기를 해줘야 할 때도 있어요." 이 여성은 힘없이 말했다. "지난 몇 년 동안 남편에게 떠나겠다는 말도 몇 차례 해봤지만 남편은 내가 이 나이에 할 일이 없을 것이고 아무 대책이 없다는 계산을 하고 별로 놀라지도 않더라고요."

이 자리에서 내가 상담을 하며 경험한 것 한 가지를 소개하고 넘어가야겠다. 오랫동안 부부들과 상담을 해오면서도 처음 겪는 일이었다. 어떤 남성이 여성과 살고 있었는데, 실제로 여성은 남성에게 경제적으로 예속되어 있기 때문에 혼자 살아갈 걱정이나 사회적으로 낙오될 것이 불안해 동침을 하는 사람이었다. 남성은 육체적으로는 늘 곁에 있을지 몰라도 실제로는 여성과 애정으로 연결된 사이가 아니었다.

불안해질 때 여성은 남성이 자신을 이용하고 있을 가능성을 염두에 둬야 한다. 내 경험상 이렇게 묵시적인 거래를 하는 남성들은 섹스를 할 때 여성을 버릴 것이라는 압박감을 주거나 아니면 적어도 바람을 피울 것이라는 암시를 준다. 여성은 자신이 남성과 자연스럽게 동침하는 것이 남성이 좋아서인지 아니면 여성 자신의 불안 때문인지 남성이 잠재의식으로 안다는 것을 분명히 깨달아야 한다.

168

남성의 몸도 여성의 몸과 마찬가지로 섬세한 언어를 표현하는 기능이 있다. 이 언어는 솔직한 것이며 남성은 흥분제에 의존해서 목표에 도달하는 대신 자신의 몸에 귀를 기울일 용기가 있어야 한다.

토마스에게는 매일 이를 닦는 것처럼 비아그라가 생활의 일부가 되었다. 새 여성이 생겼는데 섹스를 할 때 신체적으로 방해를 받고 싶지 않았기 때문이다. 이미 첫 결혼생활을 할 때부터 간혹 발기가 되지 않을 때가 있었는데 몇 년 전부터 직장에서 심한 스트레스를 받을 때면 침대에서 갑자기 뜻대로 되지 않았다. 이때 비아그라가 토마스를 살렸다. 첫 결혼에서 섹스실험을 거치며 자신에게 위장반응을 보인 여성과 헤어진 뒤에 그는 전혀 다른 생활을 기대했다. 새로 만난 파트너는 토마스보다 젊었고 요구하는 것이 많은 까다로운 여성이었다. 이 여성은 멋진 섹스를 원했고 자신의 목적을 분명히 드러내는 사람이었다. 서로 다툴 때면 눈물로 남성을 위협했다. 토마스는 여성의 행동이 옳지 않다는 느낌을 받았다. 일시적으로 관계가 단절된 기간에 토마스가 나를 찾아왔다. 파트너가 더 이상 토마스에게 애정을 못 느낀다고 선언했기 때문이다.

섹스에 대한 대화를 하고 있을 때, 토마스가 갑자기 뭔가 깨달았다는 반응을 보였다. 그는 "비아그라를 안 먹으면 아무것도 안 돼요. 하지만 적어도 진실은 드러나죠"라고 말하면서 분명히 알았다는 표정을 지었다. "사실 나는 이제 그 여성과 같이 잘 생각이 없어요. 함께 있으면 마음이 편하지도 않고 실제로 나를 좋아하지도 않는다는 느낌이 드니까요. 첫 아내에게서도 똑같은 느낌을 받았어요. 오래전부터 행복하다는 생각이 들지 않았죠. 그런 상태에서 섹스가 될 리가 있겠어요?" 토마스는 진실을 알고 해방감을 맛보는 표정이었다. 나는 그에게 비아그라를 안 먹으면 어떻게 되는지 살피며 이제부터는 상처받기 쉬운 자신에게 더 주목해보라고 말했다. 그는 앞으로는 여성들과 선을 분명히 그을 것이며 자신에게 필요한 것이 무엇인지, 자신에게 재미있는 것이 무엇인지 생각해보겠다고 다짐했다.

불안이 단순히 부정적인 것만은 아니다. 불안은 우리가 무조건 귀를 기울여야 하는 것에 대한 신호일 수도 있다. 이런 의미에서 우리의 직관을 믿을 수 없을 때, 우리 자신에게 지속적으로 마음의 경보를 울리는 불안도 있다. 멜라니는 고통스러운 체험을 할 수밖에 없었다. "최근 몇 년 동안 남편과 잘 때, 섹스를 하고 나면 완전히 위축되고 몸에 독이 퍼진 것 같은 느낌을 받을 때가 많았어요. 하지만 용기가 나지 않아 이런 느낌을 남편에게는 말하지 못했죠. 남편은 내게서 쾌감을 맛보고 싶어 했고, 나는 내 몸이 어떻게 된 건지 확실하게는 몰랐거든요." 어느 날 멜라니는 웬 여성으로부터 전화를 받았다. 이 여성은 자신이 3년 전부터 멜라니의 남편과 연인 사이였는데 이 남성이 자신뿐만 아니라 그의 여비서와도 관계를 맺었다는 사실을 폭로하는 것이었다. "충격을 받았지만 어찌 보면 있을 수 있는 일이라고 생각했죠. 토마스는 섹스를 할 때 내 남편이라는 느낌이 들지 않았으니까요. 다만 그와 잠자리를 같이하지 않으면 그를 놓칠 것 같아 불안했을 뿐이에요." 섹스를 할 때는 언제나 직관을 따라야지, 자신의 머리나 상대가 위로해주는 말을 믿으면 안 된다.

섹스 중에는 자신의 정신을 대가로 내주는 것이 있다. 이런 섹스는 그런 마음을 표현하지 못할 때, 그것을 의식에서 내보내 자신의 몸으로 밀어넣을 때, 불안을 조성하고 결국 병으로 이어질 수 있다. 언젠가 나를 찾아온 여성은 천식과 온갖 알레르기, 피부 발진, 고질적인 방광염, 우울증에 시달리는데도 남편의 설득에 못 이겨 끊임없이 스윙어클럽을 드나들고 낯선 파트너들과 함께 하는 섹스휴가를 따라다녔다. 부모를 여읜 이 여성은 자신이 떠나면 남편이 아이들을 빼앗을 것이 불안했다. "아이들 때문에 남아서 남편이 시키는 대로 한 거죠."

섹스를 할 때 지속적으로 나타나는 불안이 병이 될 수 있듯이, 섹스를 할 때의 신뢰는 즉시 몸을 낫게 할 수도 있다. 게르티는 오래전부터 남편과 잠자리를 같이하지 않았다. 하복부에 대수술을 받은 뒤로 섹스를 하면 고통스러웠기 때문이다. 게르티와 그녀의 남편은 거리를 두고 사는 것에 익숙해졌다. 남편은 직업상 아주 바빴고, 침실을 따로 썼으며, 오래전부터 애인이 있었다. "솔직히 말하면 남편은 내가 22년 전에 아들을 낳았을 때부터 애인이 있었어요. 나와 하는 섹스에는 전혀 관심이 없었죠."

게르티가 나를 찾아온 이유는 자신에게 생긴 기적 같은 일을 이해할 수 없었기 때문이다. 게르티는 얼마 전에 섹스를 하며 쾌감을 맛보았다. 전과 달리 전혀 아프지 않았다. 애인과 섹스를 했기 때문이다. 긴 세월 동안 남편과 가까이 지내려고 노력하고 뭔가 변화를 꾀해보려고 했지만 남편은 감각적인 문제에 대해 아무 말이 없었다. 그리고 섹스나 자신의 애인에 대한 어떤 대화도 기피했다. 이런 생활을 거의 30년이나 계속해온 끝에 게르티는 과감하게 이 틀을 깨부쉈다. 스페인어 강좌를 듣는 교실에서 자신을 좋아하는 남성이 생긴 것이다. "어찌 된 영문인지 모르겠어요. 그 남성이 나를 쫓아다녔죠. 아주 이해심이 깊고 다정한 남성이라 나도 긴장이 풀렸어요. 그리고 내 몸의 기능이 회복된 거예요. 기적 같은 일이죠."

게르티는 그 오랜 세월 남편과 있을 때면 불안에서 벗어나지 못했다. 나와 대화를 하며 게르티는 더 이상 그렇게 공허한 부부관계에 얽매일 필요가 없으며 계속 불안한 상태에서 아무 대화도 없는 동거형태를 유지할 것이 아니라 자기 자신의 몸에 귀를 기울이고 활기를 되찾을 필요가 있다는 사실을 깨달았다. 게르티는 실제로 조그만 아파트를 따로 얻어서 애인과 계속 만나면서 그 기적을 즐겼다. 하지만 이 기간에 자신의 남편에게서 온전히 벗어나지도 못했다.

나는 그 기적을 단순히 즐기는 데서 그칠 것이 아니라 불쾌한 일이 일어나든 말든 상관없이 남편에게도 그 기적에 대한 말을 해줘야 한다고 설득했다. 단순히 다른 남성에게 도피하는 것은 장기적으로 볼 때 도움이 되지 못하기 때문에 이제 2단계 조치로 그런 생활을 공식적으로 드러내고 일상생활로 끌어들여야 한다고 설명한 것이다.

다른 사람과 그런 '기적'을 경험할 수는 있겠지만 결국 중요한 것은 공개적인 상황에서 다정한 관계와 다시 상처받을 가능성을 시험하며 용기를 가지고 일상적으로 많은 훈련을 거치는 것이다. 게르티의 경우에는 자신에게 필요한 것이 뭔지, 무엇이 자신에게 좋은 느낌과 행복감을 주는지, 그리고 자신의 심신을 닫아버리게 만드는 것은 무엇인지 지속적으로 확인할 필요가 있다는 뜻이다. 이런 과정은 하룻밤 새에 결실을 보는 것이 아니므로 꾸준히 인내를 가지고 시험할 필요가 있다. 나는 게르티에게 가족들도 그녀의 진실을 알도록 해야 한다고 제안했다. 이제는 게르티가 자신의 몸이 보내는 신호를 진지하게 받아들여 비록 그런 만남이 갈등과 스트레스를 유발한다고 해도 자신의 삶에 변화가 필요하다는 것을 인정하고 자신과 자신의 욕구를 고백하는 법을 배우는 것이 중요하다고 본 것이다.

게르티는 애인과 만나면서 자신의 몸에 무엇이 필요한지를 발견했지만 끝내 남편과의 관계를 단절할 수는 없었다. 이제 다시 남편과 결합해도 과거의 종속적인 관계로 돌아가는 대신 분명한 선을 긋고, 남편과 있을 때 자신의 마음이 얼마나 멀어졌는지 솔직하게 보여주는 것은 게르티에게 아주 어려운 과제의 하나였다.

드디어 게르티는 남편이 부부가 함께 관계를 개선하고 불편한 진실을 직시해야 하는 문제가 불거질 때마다 도피했다는 사실을 깨닫고는 분노를 터트렸다. 하지만 그런 태도는 게르티 자신도 다를 것이 없었다. 그녀의 남편은 어려운 문제를 보면 그저 달아났고 자신의 상처와 맞닥뜨리지 않아도 되는 다른 곳에서 자신의 성적 욕구를 발산한 것이다. 그리고 게르티는 자신의 몸에서 보내는 조난신호를 알면서도 그것을 스스로 해결할 행동을 보여주지 못했다. 두 사람 중 누구에게도 책임이 없다. 두 사람 다 상황을 개선하는 법을 몰랐기 때문이다. 하지만 이제는 새 남성과 경험한 기적이 있다. 이 경험은 게르티의 문제에 대한 해결방안이라기보다 하나의 가능성을 제시했을 뿐이다. 이 경험은 게르티와 새 남성이 서로 깊이 교감하고 공동의 일상을 만들어나가는 토대가 될 수 있다. 또는 게르티가 남편과 더 투명하고 분명한 관계를 맺으며 두 사람이 새로운 경험을 향해 다가가는 계기가 될 수도 있다. 그러기 위해서는 게르티가 다시 자신의 몸을 느끼고 개방하는 데 필요한 행동규범을 정할 필요가 있다. 하지만 동시에 자신의 남편에게 접근하고 남편과의 육체관계를 허용하는 용기도 있어야 한다. 이들 두 사람은 이 책 2부를 자세히 읽고 소울섹스의 도움을 받아 과거의 불안과 상처 사이에서 어떻게 이런 경험을 할 수 있을지 시험해볼 수 있을 것이다. 또 게르티가 새 남성과 이런 과정을 밟는 것도 중요하다고 할 수 있다. 다시 말해 두 사람이 언제가 경험할 상처를 대비해야 한다는 말이다. 때가 되면 이 새로운 관계에서도 과거처럼 다시는 고통을 맛보지 않기 위해 자신을 위축시키고 닫아버리는 과정이 반복될 수 있기 때문이다. 그러면 그 기적이라는 것도 빛이 바랠 것이다.

지금까지 언급한 것처럼 섹스가 제대로 되지 않을 때는 곧바로 그것이 자신이나 자신의 몸과 맞지 않는다는 느낌이 생긴다. 자신의 몸을 신뢰하고 몸의 신호에 귀를 기울이도록 만들어줄 사람은 자신 외에 아무도 없다. 왜 갑자기 불안해지고 왜 쾌감이 사라지는지 또 왜 갑자기 조루가 되고 흥분이 되지 않는지 전혀 알지 못하기 때문에 그런 불쾌한 느낌이나 기능장애를 빨리 떨쳐버리고 뭔가 다른 것으로 덮어버릴 유혹을 받는다. 그러므로 아무도 이런 사실을 알 수가 없다.

바로 이것이 우리가 불안이나 불확실한 상황에 빠지는 과정이다. 우리는 이런 현상을 겉으로 드러내지 않기 때문에 그것은 점점 더 잠재의식에 쌓이면서 큰 영향을 주고 파트너와는 갈수록 멀어지는 것이다. 파트너 앞에서 오르가슴에 오른 것처럼 위장하면 생각과는 반대로 신뢰가 무너진다. 어떤 남성이 조루현상을 보인다면 이것은 그가 엄청난 긴장과 압박감을 받는다는 뜻이다. 육체적인 사랑을 위해서 또 순수한 애정을 위해서 절대적으로 중요한 것은 서로 상대에게 안정감을 심어주는 것이다. 이것은 막 연애를 시작했을 때나 낯선 사람과 섹스를 할 때의 느낌과는 다른 것이다. 이때는 두 사람 다 빨리 흥분이 되고 불안은 생기지 않는 구조이기 때문이다. 이런 상황에서는 금세 달아오르고 열광하다가 마침내 폭발하는 피상적인 감정의 폭풍만 있을 뿐이다. 하지만 이런 열기는 절대 깊은 감정을 건드리지 못한다. 하지만 신뢰가 쌓일 때는 폭풍 같은 흥분이 사라진다. 그리고 감정의 밑바닥 깊은 곳으로부터 우리의 폐쇄된 의식과 불안감, 압박감, 과거의 트라우마와 분열의식이 수면으로 떠오른다.

이렇게 불안한 감정이 수면으로 떠오를 때는 갑자기 질투가 생기고 시간이 가면서 질투심이 병적으로 변할 수 있다. 그러면 상대를 통제하게 되고, 끈질기게 상대를 붙잡고 늘어지면서 신뢰를 못하고 혼자 내쳐질까 봐 두려워하게 된다. 불안은 신체적인 증상으로도 나타나면서 신경증에 걸리거나 경직된 태도를 보이기도 하고 몸을 떨거나 땀을 흘린다든가 아니면 가슴이 쿵쾅쿵쾅 뛴다. 불안이 심해지면 거기에 맞서 싸우며 자신을 방어하려는 사람도 있고 아예 심리적인 블라인드를 치고 외면하는 사람도 있다. 사람은 누구나 방어기제가 있기 때문에 감당하기 힘든 일이 발생할 때는 그에 대해 아무런 느낌을 받지 않을 수도 있다.

몸에 대한 불안이 표현될 때는 이내 성적 기능장애가 생긴다. 우리가 뭔가를 다시 느껴보려 하거나 몸의 기능을 원활하게 만들려고 압박을 한다면 무의식적으로 불안을 키우는 결과가 된다. 우리가 불안의 신호를 이해하지 못한 상태에서 의식적으로 불안을 느끼지 않으려고 하거나 그것을 겉으로 드러내려고 하지 않을 때 불안은 몸 안으로 스며들고 모든 것이 위축되는 결과를 낳는다. 오랫동안 쌓인 불안이 계속 누적되면 알게 모르게 몸속에서 긴장으로 나타난다. 무감각은 지나친 긴장(불안)의 표시다. 여성이 오르가슴을 못 느낀다면 그것은 긴장에 휩싸였기 때문이고 이것을 어떻게 떨쳐버릴지 모르기 때문이다. 남성이 조루현상을 보인다면 이것은 내면의 긴장과 관계가 있다. 남성이 발기가 되지 않는다면 이것은 대개 초긴장상태에 빠졌기 때문이다.

섹스를 할 때 나타나는 여러 가지 신체적인 제약에 대해서 의사들이 의학적인 설명을 해줄 수는 있겠지만 이 모든 현상이 깊은 곳에 숨어 있는 불안감의 표현이라는 것은 분명하다. 자신의 불안에 대해 즉시 파트너와 대화를 할 수 있는 사람은 극소수이며 대개는 부끄러워하거나 움츠러든다. 이렇게 위축되는 것을 본인이 의식하지 못하는 경우도 종종 있다. 그리고 많은 부부는 성생활에 방해를 받는 가운데 이런저런 방법으로 과거에 맛본 흥분을 되살리려고 애를 쓰기도 하고 인위적인 처방을 받기도 한다. 그러면서 이들은 똑같이 온갖 방법을 동원해 잠재의식에 들어 있는 불안과 불확실성, 그리고 그에 따른 수치감을 은폐하고 파트너와 떨어져 지내려고 한다.

이런 태도는 극단적인 불안을 유발할 뿐만 아니라 애정관계에서 종말의 시작이기도 하다. 전에는 함께 있을 때 안정감을 맛보고 싶어 하던 바로 그 상대 앞에서 이제는 자신을 폐쇄할 수밖에 없는 상황에 놓이게 되고 수치감까지 느끼게 된다.

그러면서 '그때가 좋았어!'라며 과거를 동경하기 시작한다. 동경에 이어 의문이 생긴다. '어쩌면 이 모든 것이 맞지 않는 것인지도 모르지.' '아마 우리가 전혀 어울리지 않는 것인지도 몰라.' 이 모든 과정이 우리 내면에서 조용히 진행되는 까닭은 우리가 그런 물음과 의혹을 인정하고 싶지 않고 또 상대에게 터놓고 그런 의혹을 말할 용기가 없기 때문이다.

우리가 이런 사실을 알리지 않고, 상대도 뭔가 두 사람 사이에 문제가 있고 정서적으로 거리가 생겼다는 것을 충분히 느끼지 못할 때, 섹스는 언제나 역효과를 낸다. 이것을 표현하지 않고 내면에서 이루어지지 않는 뭔가를 계속 추구하기 때문이다. 내면에서 뭔가 열리지 않는데도 그냥 무시하고 상대가 접촉을 요구하고 파고들며 애무를 계속하는 것을 허용하기 때문이다. 이러면 우리는 계속 불안을 느끼고 섹스를 기피하려고 하거나 섹스를 완전히 잊고 살려고 하며 아니면 외도로 도피하게 된다.

사귄 지 얼마 되지 않은 사람을 상대할 때는 다시 해방감을 맛볼 수 있다. 과거의 온갖 부담은 사라지고 섹스의 쾌감이 다시 솟구치며 자유를 만끽할 수 있을 것이다. 하지만 어느 날인가는 미처 처리하지 못한 과거의 역사가 다시 꿈틀대게 마련이다. 그러면 더 이상 다정한 관계를 유지하지 못하고……상대가 나를 받아들이고 이해한다는 느낌도 사라지며……다시 내면의 문이 닫혀버린다. 갑자기 몸이 말을 안 듣는 현상이 찾아오고……일상의 번잡과 집착에 쫓기게 되며……상실에 대한 불안이 생긴다. 더 이상 감각이 없어 강력한 흥분제를 찾게 되고……다시 자신을 부정하면서……침묵하고……어딘가로 도피하게 된다.

어느 파트너를 만나든 일정한 때가 되면 자신의 불안과 방어본능 밖에는 남지 않게 되고 몸은 다시 휴식을 찾기 위해 마음을 비우게 된다. 불안에서 벗어나기 위해 어디서 불안이 생기는지 정확하게 알 필요는 없다. 다만 불안이 다시 커지고 우리를 감각과 차단하기 시작하는 것을 느낄 준비만 하면 된다.

실제로 불안을 느낄 때, 우리는 머릿속의 불쾌한 느낌 때문에 쩔쩔매며 거기서 도피하거나 상대와 접촉할 때 쾌감과 힘을 상실하게 된다는 생각에 자신을 탓하기 십상이다. 이럴 때면 "나는 섹스가 안 돼!"라고 자책하는 사람도 있고 "혹시 내가 불감증인가?"라고 자신을 의심하는 사람도 있다. 그보다는 겁을 먹은 아이가 사랑스러운 엄마 품에 있을 때처럼 단순하게 불안한 상태에 머무는 것이 중요하다. 이런 태도를 반복하다 보면 불안은 서서히 가라앉을 것이다.

더 이상 어딘가로 숨지 않고 망설이지도 않으며 일관되게 신뢰를 유지한 상태에서 다시 진실을 드러내고 말하기 시작한다면 고통이나 궁핍, 죄책감과 수치감 등 과거의 온갖 증상이 수면 위로 떠오를 것이다. 이렇게 마비상태가 풀릴 때는 깜짝 놀라거나 다시 한 번 불안이 생길 수도 있다. 감정을 정리한다는 것이 우리 자신이나 애정관계에 불쾌감을 줄 수도 있지만 치유효과가 있다는 것을 알아야 한다.

가장 중요한 것은 일상적으로 받을 수 있는 상처를 없애는 것이 아니라 그것을 표현하는 법을 배우는 것이다. 우리가 서로 신뢰할 때 파트너 간에 애정이 생기는 법이다. 낭만적인 애정을 말하는 것이 아니라 함께 벗고 지내는 사이의 진실한 관계를 말하는 것이다.

무감각해지고 몸이 더 이상 말을 안 들을 때 자신의 파트너와 함께 대처한다면, 또 어떤 보조수단에 의존하지 않고 - 남성이 비아그라를 복용하거나 여성이 오르가슴을 가장하면서 마음속으로는 감정을 흘려보내는 식으로 - 두 사람이 일체가 되어 불안으로 몸이 말을 안 듣거나 상처를 받는 상황을 직시한다면, 과거의 상처는 모습을 드러내고 치유될 것이며 우리는 그 어느 때보다 서로 가까운 관계를 유지할 것이다.

느 낌 을 받 아 들 이 지 않 는 사 람 은
섹스에
중독된다

송 ♥ 우

내면 깊숙이 가라앉은 불안은 섹스중독으로 변할 수도 있다. 슈
테판은 집에서 쫓겨나기 전에 아내가 준 내 사무실 전화번호를
보고 나를 찾아왔다. 슈테판은 성공한 사람이었다. 기업의 임원
으로 근무하며 세계 곳곳을 돌아다니는 매력적인 남성이었다. 여
러 해 전에 결혼했지만 최근까지도 가는 곳마다 뜨거운 정사를
벌였다. 끝없이 섹스압박을 받는 와중에도 그는 여성들과 만나는
중간 중간 불가피하게 자위를 해야 했고, 집에 있을 때는 수시로
아내에게 섹스를 요구했다.

그의 아내는 남편이 바람피우는 것을 알고 있었기 때문에 두
사람은 늘 다퉜고 아내가 헤어지겠다고 위협하면 슈테판은 다시
는 다른 여성을 만나지 않겠다는 약속을 했다. 하지만 약속은 그
때뿐이고 얼마 지나지 않아 버릇이 되살아났다. 비행기 안이건
술집이건 가리지 않고 여성에게 접근했으며 회의를 끝내고 나면
자신과 잠을 잘 여성을 찾아 나섰다. 아무리 여성이 많아도 성에

차지 않는 것처럼 보였다. 섹스에 관한 한 그는 지칠 줄을 몰랐다. 마침내 그의 아내가 침실에 들이기를 거부하고 집 안의 모든 열쇠를 바꾼 뒤에야 슈테판은 절망적인 심정에서 애정관계에 새로운 방향을 찾기 위해 나에게 온 것이다. 자신이 섹스중독에 걸렸다는 사실을 안 그는 치료를 받기 시작했고, 그와 병행해서 나에게 상담을 받았다.

섹스중독은 알코올중독이나 마약중독과 똑같이 심각한 병이다. 나를 찾아오는 여성들 중에서는 수년 또는 수십 년 전부터 남편이 바람을 피우며 끊임없이 포르노를 보고 자위를 하지 않고는 못 배긴다고 말하는 사람이 많다. 섹스중독에 걸린 사람에게는 어떤 말도 통하지 않으며 해결방법은 오직 파트너가 단호한 태도로 절대 안 된다는 말을 하고 당사자가 치료를 받으며 섹스중독의 배후에 어떤 원인이 있는지 알도록 도와주는 수밖에 없다.

언제나 자신의 불안과 불확실성을 기피하기 위해 섹스를 이용하려고 할 때 섹스는 중독이 된다. 중독현상의 이면에는 늘 불안이 도사리고 있다.

슈테판은 섹스를 하지 않으면 견딜 수 없었다. "내가 미친 것 같은 기분이 들어요. 온몸이 내 의지대로 말을 듣지 않아요. 혼자 있다는 생각만 하면 너무 끔찍해요." 슈테판은 치료기간에 어릴 때 수없이 겪었던 고통스러운 경험과 다시 마주쳤다. 그가 학교에 들어가기 전부터 그의 아버지는 슈테판이 자신의 마음에 들지 않는 행동을 하면 집 안으로 들어오지 못하게 문을 잠갔다. 그때마다 슈테판은 끔찍한 불안을 혼자서 감당해야 했다.

집에서 쫓겨난 뒤, 그는 2주간 수도원에 들어가서 혼자 생활하는 가운데 자신이 평생 안정된 가정에서 보호받는 생활을 동경해

왔으며, 따뜻한 접촉과 애정에 대한 자신의 욕구가 끝없는 섹스 요구로 변했다는 것을 깨달았다. 슈테판은 몸속에 쌓인 긴장을 늘 새로운 성적 만남으로 해소했고 이것은 적어도 그 순간만큼은 해방감을 느끼게 해주었다.

남성들 중에는 다음과 같이 자기 합리화를 늘어놓는 사람이 많다. "나에게 필요한 것은 자유지 이런 감정의 혼란이 아니야…… 나는 그렇게 갑갑한 사람이 아니야…… 일부일처제 같은 것은 내 체질에 안 맞는다고…… 성적인 면에서는 완전 자유주의자야……." 또는 "나는 고정된 파트너는 필요 없어. 계속 교체해야 해"라고 말하기도 한다. 자신이 만나는 여성들 앞에서 개방적인 관계를 옹호하는 사람도 많다. "나에게 필요한 것은 간단해…… 개방적인 관계로 만나든가 아니면 헤어지는 거야…… 결혼이라는 제도는 시대에 뒤처진 거라고…… 나는 독신생활을 하면서 새로운 경험을 해야 해……." 이렇게 자유선언을 하는 심리는 중독에서 나오는 경우가 많다.

나를 찾아오는 남성들 중에는 접촉에 대한 큰 불안과 내면에 여러 가지 정신적 상처를 품고 있는 사람들이 종종 있다. 남성들은 여성에게 어떻게 자신의 진실을 보여줄지, 어떻게 순수한 애정을 유지할지 모르는 경우가 많다. 섹스중독의 핵심에는 늘 더 많은 애정과 접촉에 대한 동경이 숨어 있다. 중독현상에서 벗어나 그 뒤에 도사리고 있는 욕구불만과 긴장, 혼자 지내는 것에 대한 불안을 있는 그대로 받아들이는 법을 배운다면 언젠가는 솔직하게 "나는 가까이 있고 싶어"라고 말할 수 있을 것이다. 그런 다음 단계적으로 그런 마음과 연관된 진실, 그리고 상처받기 쉬운 자신의 약점에 관심을 돌리는 것이 중요하다.

섹스중독에 관한 한, 여성은 적어도 다른 중독을 접하거나 파트너에게 폭행을 당했을 때와 똑같이 아주 분명한 태도를 보일 필요가 있다. 이런 경우에 자신을 속이는 짓을 해서는 안 된다. 중독에 걸린 사람은 자신의 행위를 통제할 수 없는 법이다. 오히려 중독이 그 사람을 통제한다. 이때 혼란스러운 분열현상으로 이어지는 경우도 종종 있다. 중독된 사람은 은밀하게 행동하고, 자신의 예속상태를 드러내지 않으려 한다. 이런 증상이 노출되거나 화제에 오르면 이들은 애써 성급하게 변화를 약속하고 나아질 것이라고 장담한다. 이때 자신에게 그 시점에서 철저하게 변화를 가져올 힘과 통제력이 없다는 사실은 감춘다.

당신의 파트너가 섹스중독에 걸렸을 때, 개선의 여지를 갖고 끝없이 토론을 벌이는 것은 아무 소용이 없다. 일관되게 단호한 태도만 필요할 뿐이다. 무엇보다 당신에게 무엇이 좋은지, 당신이 원하는 것이 무엇인지 스스로 물어보라. 이때 파트너의 약속이 아니라 당신의 신체감각이 판단기준이 되어야 한다. 당신은 정말 밤 2시에 음란한 대화를 하고 싶은가? 개방적인 파트너 관계를 원하는가? 아이들을 재운 다음에 정말 핑크빛으로 반짝이는 속옷을 걸치고 싶은가? 중독자의 파트너는 한계를 긋는 용기가 없을 때가 종종 있다. 상대를 놓칠 것을 두려워하기 때문이다. 또 실제로는 원치 않는 것에 동의하기도 한다.

나는 지금까지 "그럼요. 개방적인 관계도 문제될 것 없어요. 얼마든지 다른 여성을 만날 수도 있는 거죠. 상관없어요. 대단한 일도 아니잖아요?"라고 말하는 여성은 한 명도 보지 못했다. 비록 일시적으로는 따라해 보려는 여성도 있고 상처를 받지 않으려고 다른 남성들에게 관심을 갖는다고 해도 언젠가 때가 되면 대부분 괴로워한다.

섹스중독에 걸린 남성과 살면서 거기서 빠져나올 수 없다고 생각하는 여성은 치료형태의 긴급구조가 필요하다. 치료를 받는 과정에서 자신을 이용대상으로 삼지 않고 당연히 진심으로 좋아하는 남성을 구해야 한다는 것을 일깨워줘야 한다. 당신의 파트너가 섹스중독에 걸렸다면 가장 중요한 일은 당신이 만족하는 남성과 사는 법을 배우는 것이다. 자신에게 당장 중지하라고 말할 권리가 있다는 것을 배우는 것이다.

남녀를 막론하고 유난히 상대를 유혹하는 성향이 있거나 가는 곳마다 이성에게 치근대고 여기저기 돌아다니며 시시덕거리는 사람은 극심한 불안을 안고 사는 경우가 종종 있다. 이런 사람은 공세적인 태도를 취하며 자신의 불안이나 절망을 섹스와 맞바꾸는 유형이다. '유혹Verführen'이란 말은 그릇된 방향으로 이끈다는 의미로서 거기에는 '이끌다führen'라는 의미가 들어 있다. 따라서 유혹하는 사람은 자신에게 엄청난 남성적 또는 여성적 힘이 있고 유난히 에로틱한 능력이 있는 것처럼 행동한다. 하지만 적극적인 유혹에는 무엇보다 지나치게 가까워지는 것을 막고 본인이 침해당한 경험을 반복하지 않으려는 심리가 깔려 있을 때가 많다. 성폭행을 경험한 여성은 완전히 섹스를 잊고 살거나 아니면 소녀처럼 순진한 태도로 상대를 유혹하며 무의식중에 스스로 겪은 일을 반복하는 경우가 흔하다.

우리 스스로 경계를 짓지 못하는 일이 아주 분명하게 드러나는 경우도 많다. 최근에 나는 자신의 삶에 담긴 진정한 의미를 처음으로 깨달은 여성을 만났는데, 이 사람은 처음부터 전혀 마음에 들지 않았어도 성적 접촉을 해왔다는 것이다. "첫 키스를 할 때 흥분이 되기는 했지만 별로 달콤하다는 생각은 들지 않았어요. 스킨십을 해도 거칠었고 때로는 친밀감이 느껴지지 않았죠. 그런데도 모든 애무를 허용한 거예요. 사실 젊었기 때문에 별로 마음에 들지 않아도 성적인 접촉을 한 거죠. 매번 내키지 않으면서도 계속 어울린 것은 더 나은 방법을 찾을 수 없었기 때문이에요." 이 여성은 부부관계와 성생활에 불만을 느끼면서도 남편에게 그런 말을 하는 것이 겁이 나서 나를 찾아온 것이다.

섹스를 하면서 아무 느낌이 없지만 거기서 빠져나갈 길을 찾지 못하는 여성들이 끊임없이 나에게 온다. "내가 왜 계속 그런 짓을 하는지 모르겠어요. 섹스를 한 다음이면 늘 느낌이 좋지 않은데도 말이에요. 그런 나 자신이 싫어요……." 내가 종종 듣는 말이다. 사람은 자신이 원치 않는 일을 할 때, 잠재의식에서는 하고 싶지 않다는 반응을 보인다. 그러면서 불안과 열등감, 수치, 죄책감이 형성된다.

만일 당신이 늘 원격조종을 받는 기분 속에서 유혹에 빠지거나 섹스를 하는데도 좋지 않은 느낌을 받는다고 생각한다면 자책하거나 자신에게 책임을 묻는 태도는 도움이 되지 않는다. 그래봤자 계속 자신만 약해질 뿐이다. 이럴 때는 그 시점에서 자신을 좀 더 정확하게 아는 것이 중요하다. 스스로에게 물어보라. 내가 이렇게 해서 기대하는 것은 무엇인가? 이 짓을 계속할 때 어떤 장점이 보장되는가? 이번에 이렇게 하지 않는다면 또는 하지 않는다고 생각만 하면 어떤 감정이 생기는가?

자신에게 솔직해질 때, 대부분 거절당할 것에 대한 불안, 혼자 지낼 것에 대한 불안, 그리고 열등감과 수치심이 내키지 않는 행동을 지속하는 원인이라는 것을 알게 된다. 자긍심이 없고 자신에 대한 사랑과 열정이 적을수록, 자신의 삶을 혼자 꾸려나갈 수 있다는 믿음이 적을수록, 혼자 지내는 생활과 상대에게 거절당할 것에 대한 불안이 클수록, 또 자신의 몸과 존재에 대한 수치심이 클수록 자신이 좋아하지 않는 것을 쉽게 허용하게 마련이다.

건강하지 못한 섹스의 악순환에서 빠져나오려면 끊임없이 자신에게 용기를 불어넣고 자기 자신의 본능을 따르는 것이 아주 중요하다. 온 세상 사람이 좋다고 해도 당신에게 좋은 느낌을 주지 않는다면 그것은 당신에게 맞지 않는 것이다. 더 이상 말이 필요 없다. 스스로를 평가절하하거나 분명한 선을 그을 용기가 없을 때, 당신은 쉽게 상처받을 수 있다. 이런 일이 자주 일어날수록 그만큼 더 당신은 자긍심을 잃을 것이며 섹스를 하면서도 계속 불안한 접촉을 하게 되고 자신에게 결점이 있고 뭔가 부족하다는 생각에 스스로를 부끄러워할 것이다. 그러면 갈수록 자신과 접촉할 끈을 잃을 것이고 자신을 방어할 내면의 문을 활짝 열어 상대가 온통 휘젓고 다니게 만들 것이다.

치료사인 크리시 트로베Krish Trobe는 섹스와 애정에 대한 자신의 저서에서 다음과 같이 말하고 있다.

"수치는 자기 자신과 격리되어 있다는 느낌에서 나온다. 수치는 자신의 생존에 필요한 힘, 그리고 자신만의 고유한 특징과 접촉하지 못한다는 느낌이다. 이때 사람은 자신이 누군가라는 인식에서 나오는 안정감을 맛보지 못한다."

불안은 이처럼 격리된 느낌으로 이어진다. 여성의 경우, 불안은 종종 자신의 몸과 격리되었을 때 느끼는 감정이기도 하다. 나는 많은 여성이 실제로 자신의 몸에 안주하지 못한다는 것을 알고 있다. 여성들은 끊임없이 불신의 눈으로 자신의 몸을 주목하고 통제하고 있기는 하지만 실제로 그 몸을 느껴보며 그 속에 거주하지는 못한다. 대신 끊임없이 상대가 생각하는 자신의 몸에 고착되어 있고 늘 상대에게 보여주고 받아들여지기 위해 더 많은 경쟁력과 완벽한 상태를 갖춰야 한다고 생각한다.

우리가 우리 자신의 몸을 느끼지 못한다면, 뭔가가 우리에게 맞는지 안 맞는지를 직접 평가할 수 없게 된다. 그러면 우리에게 필요한 것을 느끼고 말하며 거기서 자신의 한계를 이끌어내는 것이 힘들어진다. 이런 상태로 섹스를 하면 행복감을 잃을 뿐만 아니라 자신의 본능마저 잃고 뭔가에 쫓기며 욕구불만에 휩싸이게 되고 애정과는 거리가 먼 유희에 몸을 맡기거나 적당히 타협하게 된다. 그리고 끝내 자신을 충족시키지 못하는 가운데 기술적으로 타협하는 섹스에 길들여진다.

섹스는 또 무기가 될 수도 있다. 레베카는 자제력을 잃은 상태에서 나를 찾아왔다. 레베카는 자신의 남편이 오래전부터 규칙적으로 매춘업소를 드나들었다는 것을 알아냈다. "그때는 우리가 성적으로 잘 맞을 때였어요"라고 말하며 레베카는 이해할 수 없다는 듯 고개를 가로저었다. 왜 레베카의 남편은 창녀들을 찾았을까? 이것을 레베카는 도무지 이해할 수 없었다. 대화를 하다 보니 그들 부부의 섹스는 서로 주도권을 차지하려고 싸울 때 아주 강력한 무기로 사용되었다는 사실이 드러났다. 레베카는 남편을 상대로 게임을 벌이는 데 자신의 몸을 이용한 것이다. 평소에 남편에게 접근하기가 쉽지 않을 때는 레베카 쪽에서 남편을 유혹하는 일이 많았다. 주도권 다툼에서 남편을 제압하기 위해 남편이 원하는 것에 관심을 기울일 때도 많았다. 그러면 자주 "남편에게 허락을 했고" 자신에게 시간 여유가 있고 남편과 가까워지고 싶을 때면 그가 하고 싶은 대로 하도록 했다. 때로는 남편에 대한 자신의 우월감을 맛보기 위해 남편이 원하는 것을 거절함으로써 상대의 욕구를 부추긴 적도 많았다. 파티가 있을 때는 부부가 따로따로 참석하고 여기저기서 시시덕거리며 남편이 보는 앞에서 상대가 느끼는 고통의 한계를 시험하기도 했다.

언젠가 레베카는 여럿이 모인 자리에서 남편과의 섹스를 솔직하고 자세하게 설명하면서 자신이 뭔가 "갑자기 깨달았다"고 말하기도 했다. "남편이 하도 귀찮게 파고들어서 침대에서 빠져나온 적이 있어요. 그때의 고통으로 마침내 정신을 차렸어요. 갑자기 남편이 환상의 세계에서 나를 내 몸으로 돌려보낸 거예요. 바로 그때 내 몸은 우리가 방금 한 모든 짓을 원치 않았다는 것을 깨달았어요. 그 순간 통곡을 하고 싶은 심정이었죠. 하지만 그런 느낌은 잠시뿐, 다시 나 자신을 잃고 뭔가에 쫓기듯 예전으로 돌아갔어요."

레베카는 자신의 부부관계에서 남편을 진심으로 신뢰할 만큼 순수하게 끌리는 애정은 거의 없다는 것을 알았다. 물론 두 사람이 살면서 서로 통하는 것도 많았고 성생활에서도 좋을 때가 있었지만 서로 순수한 일체감을 맛보는 동반자라는 경험을 한 적은 드물었다. 무엇보다 레베카는 처음부터 남편을 잃는 것에 대한 불안이 있었다는 것을 알게 되었다. 두 사람이 사귀던 당시에도 남편은 다른 여성과의 관계를 한동안 계속하다가 결국 레베카를 선택한 것이었다. 이때부터 마음 한구석의 불안이 레베카를 괴롭혔다. "솔직히 말하면 그가 진정으로 나를 선택했다는 느낌을 받지 못했다는 것을 인정할 수밖에 없어요." 남편이 떠나거나 다른 여성에게 가지나 않을까 하고 불안할 때면 레베카는 남편을 사로잡으면서 만족감을 맛보았다. 하지만 마음은 부부관계에서 전혀 안정감을 찾지 못했고 실제로 자신이 사랑받는다는 느낌도 없었다. 그 뒤 레베카의 남편도 상담실의 모임에 참석했다. 남편이라고 해서 더 잘 지낸 것은 아니었다. 그는 따뜻한 정에 목말라 있었다. 그는 "아내는 아무리 노력해도 채워줄 수 없을 만큼 요구하는 것이 많았고 언제나 불평이 끊이지 않았어요. 사실 우리의 부부생활은 너무 힘들었죠"라고 자신의 심정을 간단하게 표현했다. "시간이 가면서 섹스가 늘어났지만 섹스를 하고 난 다음이면 불안할 때가 종종 있었어요." 그는 레베카에게 그동안 창녀들과만 만난 것이 아니라 "마음 편하게 말이 통하고 자신을 보듬어준" 예전의 여자친구와도 몇 차례 만났다고 실토했다.

내가 남성이나 여성에게 똑같이 해주고 싶은 말은 상대에게 무릎을 꿇으라는 것이다. 굴욕감을 감수하고 상처받을 것을 각오하라. 당신이 얼마나 상대의 품에 안기고 싶은지, 얼마나 상대의 사랑을 갈망하는지를 고백하라. 당신이 정말 육체적으로 느끼고 실제로 체험할 수 있는 사랑을 원한다고 고백하라. 우리 인간은 섹스를 하면서 언제나 일체감을 열망하게 마련이다. 우리는 사랑하는 상대와 한 몸이 되기를 원하고 자신을 감싼 보호막과 갑옷에서 벗어나기를 원하며 벌거벗은 상태로 한없는 사랑을 경험하고 싶어 한다. 이때는 자신이 상처받을 가능성을 두려워하지 않는다. 아무 부담 없이 속마음을 보여주는 것만큼 자신을 구원해줄 수 있는 것은 없다.

우리는 누구나 개개인의 삶의 이력 속에 상대와 거리를 두고 자신을 보호할 충분한 이유를 지니고 있다. 옛날 우리의 부모들은 서로 싸우거나 갈라서는 일이 있었고 이후에는 우리 자신이 거절을 당하거나 속거나 버림을 받기도 했다. 이제 성인이 된 우리에게는 서로 통하지 않아 마음을 닫고 지내거나 감정이 얼어붙기도 하고 실제로 곁에서 문제를 해결해주지도 못하는 파트너가 있다.

우리는 누구나 다소간 정서적으로 닫혀 있다. 누구나 일상에서 감정세계의 상당 부분을 통제받고 있다. 누구나 주변세계에 잘 준비되고 사회적으로 통하는 방어시스템을 내보이고 있으며, 그 배후에 정신적으로나 정서적으로 자신의 약한 부분을 감추고 있다. 자신을 내맡기고 속마음을 털어놓으며 깊은 애정으로 서로 통하는 것이 대부분의 사람들에게 핵심 능력이 아니라는 것을 깨닫기 위해 특별한 치료를 받을 필요는 없다. 사람들은 대개 머릿속에 있는 것을 선호한다. 몸속에 있는 것보다 더 확실하기 때문이다. 하지만 머리로는 사랑을 느낄 수 없으며 오로지 우리의 몸속에서만 사랑을 체험할 수 있는 법이다. 하지만 우리가 불안하고 정서적으로 닫혀 있다면, 마음을 열 자신감이 없다면, 우리의 몸은 마비되고 공허감을 느낀다. 사람의 마음은 열린 상태를 좋아하게 되어 있다. 우리 인간의 마음속 가장 깊은 곳에 자리 잡고 있는 본질은 사랑이며 사랑은 흐르고 결합되기를 좋아한다.

우리의 몸은 성적 본능을 펼치는 공간이자 운동장이다. 하지만 성적 본능에 사용하는 연료는 마음에서 나온다. 우리의 가슴은 우리의 내면에서 우리 주변의 세계뿐만 아니라 우리 자신을 초월하는 정신과 결합된 부분이다. 가슴에서는 실제로 정신적인 차원의 결합이 이루어진다. 하지만 이 결합은 숭고하다거나 신성한 것과는 아무 관계가 없다. 우리의 가슴은 단순히 우리를 타인과 결합하게 해주고 우리 자신의 깊은 은신처에서 나오도록 만들어 주는 장소일 뿐이다.

가슴이 열릴 때, 사랑은 흐르기 시작한다. 사랑이 몸에 흐를 때, 가슴에는 생동감이 넘치고 실제로 이것을 느낄 수 있다. 이런 일은 인위적인 노력이나 적극적인 행동이 없어도 일어나게 마련이다. 이렇게 살아 있는 사랑을 느끼려면 자신의 몸에 깊이 뿌리를 내리기만 하면 된다. 더 이상은 필요 없다. 사랑은 우리가 가슴으로 사랑할 때, 가슴에 불안이 자리 잡지 못하도록 할 때, 흐를 것이다.

제2부

새로운 섹스

여성이
섹스를
즐기고
애정을
되찾는 법

남성은 여성을 이해한다

♂ ♥ ♀

파트너에게 새로운 방향을 제시하려고 할 때는 먼저 그가 어떤 사람인지 자세히 알아내는 것이 최선이다. 섹스라는 주제로 깊이 들어갈수록 나는 우리 여성들이 우리 자신의 몸과 감각, 감수성의 측면에서 얼마나 잘못 생각하고 엉뚱한 방향으로 나가는지 알게 되었다. 우리 여성들은 어머니 세대보다 섹스에 대해서 더 해방되고 더 자유로운 생각을 하는 것으로 보이지만 이것이 자신 및 자신의 몸과 접촉을 더 잘한다는 의미는 절대 아니다. 가속화된 세상에 사는 우리는 잘못된 방향을 가리키는 이정표를 따를 때가 많다. 그 결과 우리는 여성성에 대해 아는 것이 별로 없다. 태곳적부터 존재했던 엄청난 여성성의 신비를 모른다는 말이다.

이 여성성에는 흥미진진하게 배울 것이 끝없이 들어 있고 발견되기를 기다리는 값진 것이 무척이나 많다. 성적인 측면에서 당신의 모든 것이 정상이라는 것을 납득하기 위해서는 먼저 우리 여성들이 오래전부터 본질적으로 남성과 남성적인 환상에 각인된 현실과 남성적 미디어 세계에서 살아간다는 사실을 분명하게 알고 있어야 한다. 여성의 오르가슴은 20세기가 되어서야 공식적으로 발견된 것이고, 오래전부터 남성은 이것을 달가워하지 않았다. 오르가슴이 여성에게 내면의 독립을 줄 수 있다고 생각했기 때문이다. 서구의 현대 여성이 성적 본능의 충족과 상대의 존중, 신뢰가 깊은 접촉에 대한 욕구를 느낀 것은 인류역사에서 우주비행만큼이나 역사가 짧다. 여성은 또 자신의 몸과 성적 본능을 방해받지 않고 발견하는 문제에서도 우주비행사가 무중력상태를 아는 것만큼이나 경험이 적다.

오늘날 비록 종속상태와 적응을 강요받은 황무지 같은 환경에서 해방되어 남성들과 똑같이 자주적인 섹스의 소비자가 된 여성들이 있는 것은 사실이지만 일정한 시기가 되면 대부분 남성의 미로에 빠져 헤매고 남성과 똑같이 탐욕적으로 새로운 만족거리를 찾아 방황을 하게 된다. 내 경험으로 볼 때, "더 낯설고 더 독립적이며 더 자극적"이라는 구호는 섹스에서 여성적인 길을 찾는데 아무 도움이 못 된다. 이런 구호는 몇 차례 짜릿한 흥분을 안겨줄 수는 있어도 여성에게 필요한 섹스의 깊이를 보여주지도 못하고 여기에 이르는 방법을 알려주지도 못한다.

인습적인 부부의 틀에 얽매이고 잠재의식에서는 섹스에 좌절감을 맛보며 자신의 몸이 구조와 기능에서 본연의 역할을 못한다고 자책하며 괴로워할 때, 여성이 섹스와 자기 자신의 내면에서 만족감을 얻지 못하는 것은 당연하다. 우리에게 도움이 되는 것은 오로지 여성의 몸이 얼마나 소통에 민감한지, 얼마나 섬세한 조율이 필요하고 얼마나 지혜로우며 온전히 내맡기는 능력이 강한지, 또 여성이 실제로 원하는 것이 무엇인지 발견하기 위해 자기 자신의 몸에 대한 탐험여행을 시작하는 것뿐이다.

여성의 몸이 더 이상 섹스에 쾌감을 느끼지 못한다면 이것은 구조상의 결함 때문이 아니라 몸에 필요한 뭔가가 결여되어 있기 때문이다. 그것은 바로 사랑과 신뢰다. 여성의 몸은 일정한 조건 하에서만, 즉 사랑하고 사랑을 받을 때만 열리게 되어 있다. 여성의 몸이 닫힌다면 그것은 우리 여성이 잠재의식 속에 도사린 불안과 수치, 방어심리, 원한, 체념 또는 불신을 몸에서 표현하기 때문이다. 이런 요인 때문에 여성의 몸은 폐쇄되고 병이 든다.

인체는 언제나 사람의 감정을 그대로 드러내며 우리 인간의 섹스도 언제나 전반적인 애정관계를 그대로 드러낸다. 미국의 유명한 부부문제 치료사인 존 가트먼John Gottman은 신혼부부 130쌍을 대상으로 광범위한 연구를 진행했다. 여기서 가트먼은 실제로 신뢰를 쌓지 못한 부부는 모두 결혼한 지 6년 안에 이혼했다는 것을 보여주었다. 가트먼의 종합적인 연구 결과에 따르면 배우자 선택에서 가장 중요한 기준은 신뢰이며, 또 결혼을 하지 않는 가장 중요한 이유도 신뢰 부족인 것으로 나타났다.

부부는 신뢰에 심각한 의문이 들 때 헤어진다. "당신은 정말 나를 위하는 거야? 당신은 성적으로 지조를 지키는 거야? 당신의 감정을 나와 공유할 수 있어? 내가 슬플 때 나를 위로해줄 수 있어? 내가 느끼는 기분에 화를 내지 않을 수 있어? 당신의 어머니나 친구들보다 나를 먼저 생각할 수 있어?" 이런 물음에 한결같이 '그렇다'는 대답을 하지 못할 때 헤어진다. 가트먼은 배우자의 부정不貞은 천천히 은연중에 진행되는 과정이며 부부 중 한 사람이 거리를 두는 식으로 나타나게 된다고 말한다. 상대를 신뢰할 수 없다는 감정이 생기기 때문이다.

당신은 처음부터 신뢰하지 못한 남성과 오랫동안 피상적인 섹스를 했을 가능성이 있다. 그렇다면 아마 함께 낳은 아이를 주말 내내 혼자 돌보며 혼자 기저귀를 갈아주고 혼자 이유식의 온도를 맞췄을 것이다. 당신은 혼인계약서에 서명을 하게 하고 그 뒤로 자신의 계좌에서 생활비를 자동 이체하는 남성과 거래상의 섹스를 했을 가능성이 있다. 또 늘 당신을 속이는 남성과 자극적인 섹스를 하며 불안을 느꼈을 가능성이 있다. 당신은 순수한 관계를 맺는 대신 줄다리기 게임에서 늘 지기 때문에 남성을 바꿔가며 드라마 같은 섹스에서 지나친 자극을 받았을 가능성이 있다. 하지만 당신이 온전한 마음으로 자신을 내맡길 수 있는 상대는 오로지 당신이 진실로 신뢰하는 남성뿐이다. 감정을 열고 자신의 몸과 마음, 느낌을 다스릴 줄 아는 남성뿐이다.

남성들 중에서는 감정생활이 분열되어 몸보다 머릿속의 삶에 의존하는 사람이 많다. 이런 남성은 감정의 토대가 비좁거나 마비되어 있으며 안정된 평균치 이상의 감정을 자발적으로 표현할 능력이 없다. 이들은 불확실하고 허약한 자질을 보이지 않게 가리고 그 자리를 성공담으로 메운다. 자신의 약점을 과감하게 드러내지 못하고 그것과 거리를 두는 것이다. 이런 남성은 상대에게 받아들여지고 가까이 지내고 싶은 욕구를 보여줄 자신이 없어서 외부에서 허전함을 달랜다.

한 남성이 정말 당당하게 신뢰를 받는 섹스파트너가 되려면 먼저 자신의 감정에 접근할 줄 알아야 한다. 외모가 어떤지, 페니스는 얼마나 큰지, 얼마나 그럴듯한 경력을 쌓고 멋진 계획이 있는지, 이 모든 것은 전혀 중요하지 않다. 이런 것들은 자신의 여성에게 만족과 신뢰를 안겨주는 데 부수적인 역할밖에 하지 못한다. 여성이 자신의 남성을 믿지 못하고 감정을 지배하는 남성의 능력을 믿지 못할 때, 여성은 무의식중에 스스로 통제권을 장악하고 어머니 역할을 하거나 남성을 가르치려 하며 심지어 남성을 경멸하기까지 한다. 이때 여성은 자신의 몸과 마음을 온전히 열지 못한다.

여성은 대부분, 남성이 예를 들어 음주를 통제하지 못할 때, 또는 언제나 적당히 제동장치를 풀어야만 긴장에서 벗어나고 여유를 찾으며 즐거워하고 열정을 보일 때, 불안해진다. 여성은 남성이 스트레스를 받거나 사람들과 어울리며 규칙적으로 술에 취할 때 또는 마약으로 자신을 은폐할 때, 그리고 혼자서는 배기지 못하고 끊임없이 나가서 이성에게 치근대며 직장에서나 친구들 사이에서 한계를 구분하지 못할 때 경직되고 신경이 예민해진다.

여성은 이런 남성에게 온전히 자신을 맡길 수 없고 정서적인 안정을 찾을 수 없다는 것을 본능적으로 느낀다. 성적 본능은 몸에서 일어나는 현상이지만 그 질적 수준을 결정하는 것은 오로지 상대에 대한 감정과 태도뿐이다. 남녀 모두에게 똑같이 적용되는 법칙은 몸이 자동차라면 감정은 그 차를 모는 운전자라는 것이다. 의식적이든 무의식적이든 섹스를 하면서 남성이 여성을 자유로운 상태에 맡긴다는 신뢰를 받지 못할 때, 여성은 자신의 자연스러운 여성성과 관능, 내면에 깃든 엑스터시의 능력을 억제하게 되고 마음을 닫게 마련이다. 이때는 자신을 외부와 차단하는 갑옷을 몸에 두르게 되고 쾌감과 몰입의 표현에 방해를 받는다. 말라붙어서 흐르지 않는 호수처럼 변하는 것이다.

심리치료사인 배리 롱은 이에 대한 예로 멋진 비유를 한 적이 있다. 그는 다음과 같이 말한다. "여성이 호수라면 남성은 강이다. 강은 호수로 흘러든다. 강물이 없다면 모든 호수는 말라붙는다. 일단 강이 말라붙고 오염된 뒤에는 어떤 불평을 해도 소용없고 그대로 체념하는 것도 도움이 안 된다. 뒤늦게 완벽한 사랑에 대한 꿈을 꿔봤자 소용이 없다. 이때 여성은 강에 대해 흥분해봤자 유익이 없고 희생자의 역할에서 벗어나 인생이라는 노를 젓기 위해 호수를 관리할 걱정을 하는 것밖에는 달리 도리가 없다. 강은 비를 먹고 자라며 비는 호수가 증발해서 생기는 것이기 때문이다."

남성이 궁극적으로 여성을 이해하도록 만들기 위해서는 여성이 자기 자신을 이해할 필요가 있다. 만일 당신이 여성으로서 섹스에 변화를 주고 싶다면 앞에서 말한 대로, 당신 자신을 더 잘 알고 당신의 몸을 다시 신뢰하는 것이 중요하다. 당신이 자기 자신에게 충분한 주의를 기울이지 않는다면 남성이 어떻게 여성성을 주목하고 그 나름대로 여성성을 지원하겠는가? 당신이 자신을 열고 내맡기는 데 자신의 몸에 무엇이 필요한지 모를 때, 당신의 남성이 그것을 어떻게 알겠는가?

"우리 남성들은 여성의 심금을 울리는 법에 관한 아주 간단한 설명서조차 없는데도 마치 그것을 울리는 법을 정확하게 아는 것처럼 행동한다…… 여성성은 그 자체로 아름다움과 감수성 또는 창의력을 의미하는 것이 아니다. 여성성은 상투적인 표현으로는 알 수 없는 것으로서 어떤 '완전성'과 관계가 있다고 할 수 있다. 하지만 여성이라고 해서 그 완전성을 알고 있을까?"

이 말을 한 남성은 과감하게 여성의 '완전성'이라는 극단적인 표현을 사용했다. 크리스티안 자이델Christian Seidel은 2년 동안 여성 옷을 입고 가발과 모조 가슴을 착용한 상태에서 크리스티아네라는 새 이름으로 여성 생활을 했다. 그리고《내 안의 여성 -한 남성의 과감한 실험Die Frau in mir - Ein Mann wagt ein Experiment》이라는 저서에서 이때의 경험을 묘사했다. 자이델은 이 책에서 여성으로 지내며 겪은 일상적인 경험을 소개하고 있다.

"남성들은 때로 나에게 퇴화한 존재라는 인상을 주었다. 감정이입 능력이라곤 없는 독불장군 같았다. 남성들은 외로운 존재라는 공통점이 있었다. 나에게 남성다움이란 집단적으로 분발을 다짐하는 현상처럼 보였고 모든 것을 올바로 처리하려고 열심히 노력하지만 쉽게 위축되는 모습으로 비쳤다. 마치 중요한 정신의 비타민으로서 남성에게 조금만 있어도 좋을 여성성이 결여된 모습 같았다."

자이델은 여성성이 남성에게는 금기사항이라고 말한다.

"남성의 롤모델은 일종의 뺄셈으로 정의할 수 있다. '인간다움 - 여성다움 = 남성다움'이라는 공식이 남성의 정체성인 것처럼 보인다……여성들과 지내며 나는 인간들 속에 있다는 느낌을 받았다. 나에게는 여성들의 공동생활이 더 성숙한 것처럼 보였다. 나는 갑자기 나 자신을 털어놓고 슬픔과 기쁨을 공유하며 감성적인 교류를 할 수 있었다……나는 여성 역할을 하며 더 해방되고 완전한 인간이 된 기분이었다. 마치 내 인생이라는 케이크에서 장식용 파이를 떼어 낸 것 같은 기분이었다. 이것이 내가 남성으로서 늘 기피하려고 했던 여성성이라는 것일까?"

여성이 남성에게 여성성을 보여줄 필요가 있다는 것은 분명하다. 그리고 여성성의 가치를 아는 남성이 필요하다. 나는 부부 상담을 하며 때로 환멸감을 느끼는 여성들을 만난다. 오랜 세월 말 없이 체념하는 가운데 위축된 사람들이다. 이런 여성들은 자신의 남편에게서는 얻을 수 없는 따뜻한 정을 갈망한다. 아주 다정하게 파트너 관계를 유지하며 사는 어떤 여성은 최근에 나에게 "솔직히 말하면 남성과 함께 산다는 것은 피곤한 일이에요. 남성성이라는 것을 참을 수 없을 때가 많아요"라고 말했다.

이 여성은 자신이 말하고 싶은 것을 정확하게 표현하지는 못했지만 두 사람 사이에 당연하면서도 일상적으로 섬세하게 조율할 수 있는 뭔가가 부족한 것 같다는 말이었다. 이 여성은 자신의 파트너가 감성적인 활력을 더 갖추기를 바랐다. 남성이 직접적인 감정을 생략하고 잠재되어 있던 행동방식을 보일 때는 어쩔 수 없이 거리감을 느낀다는 것이었다. 또 어떤 여성은 나에게 다음과 같이 말했다. "내가 원하든 원치 않든, 그가 숨으려고 할수록 나는 그 사람이 더 자세히 보여요. 나에게는 보이고 그 사람은 인정하려 들지 않는 것에 대해 말하려고 할 때마다 싸움이 일어나죠."

내 말은 여성으로서 큰 소리로 한탄을 늘어놓으라는 것이 아니라 왜 섹스가 안 되는지를 알고 우선순위를 새로 정하는 것이 중요하다는 뜻이다. 남성성 자체는 부정적인 것이 아니다. 여성이

나 남성이나 뭔가 변화를 꾀하거나 분명한 한계를 정하려고 할 때, 위험을 방지하려고 하거나 새로운 것을 도입하기 위해 과감한 결정을 할 때는 남성적인 힘이 필요하다. 하지만 섹스에서는 남성성과 여성성의 균형을 맞출 필요가 있다. 자신을 해방하고 가슴을 열며 신중하게 틀에서 벗어나는 것을 연습할 수 있는 능력으로서 자기개방, 헌신, 자기인지, 공감이 고루 필요한 법이다.

남성성과 여성성을 애정관계에 고루 갖추고 이 상태가 침실까지 이어지게 하려면 여성은 섹스를 할 때 자신의 몸에서 나오는 신호에 귀를 기울이고 자신에게 있는 남성적인 힘을 활용해 이 신호를 존중하는 분위기를 조성할 필요가 있다. 자신의 파트너에게 거리낌 없이 말하는 여성이 되어야 한다. "그렇게 해줘…… 아니 그게 아니고…… 조금 더 천천히…… 좀 더 살살 이제는 깊숙이…… 아무 느낌도 없어…… 꼭 개에게 명령하는 것 같잖아…… 이제 그만 좀 해!" 자신의 파트너와 마주 앉아 솔직하게 말하는 여성이 되어야 한다. "당신에게 고백할 게 있는데, 우리가 하는 섹스는 아무 느낌이 없어. 내 몸을 다루는 당신의 방법은 내 몸이 원하는 것과는 반대야." 물론 이런 말을 하려면 용기가 필요하다. 많은 여성들은 파트너에게 스트레스를 주거나 자신의 매력이 사라질 것을 두려워하고 남성이 자신을 떠나 원하는 대로 해주는 다른 여성에게 가지나 않을까 불안해하기 때문이다. 이런 이유로 내면에서 나오는 신호를 무시하는 일이 흔하고 아무 말도 못한 채 자신의 몸이 무감각해지고 경직되다가 결국 섹스에 좌절하는 것이다. 유명한 성 교육자인 다이애나 리처드슨^{Diana Richardson}은 다음과 같이 말한다.

"나는 사람들이 섹스에 대해 생각하고 말하는 모든 것이 내가 아는 것과 정반대라는 것을 직접 확인했다. 이렇게 섹스에 대해 전반적으로 잘못된 생각을 하기 때문에 여성들은 보통 자신의 성생활이 행복과는 거리가 멀며 다양한 이유에서 지극히 불만족스러운 것으로 여기고 있다."

이 말은 내 고객들의 경험과 일치한다. 나는 많은 여성들이 "내 섹스에는 뭔가 부족하다"라고 하는 말을 자주 듣는다. 하지만 뭔가 부족한 이 결핍감을 계기로 만족을 찾기 위한 탐험여행을 시작하는 사람은 아주 드물다. 대부분 오랜 세월 키워온 혼란스러운 불쾌감을 안고 살며 그 느낌이 어떤지 구체적으로 말하지도 못한다. 이에 비해 몸은 분명한 신호를 보낸다. 몸이 닫히기 시작하고 긴장이 표면화되며 여기저기가 마비되고 더 이상 전과 같은 반응을 보이지 않는 것이다.

이 모든 현상은 신체결함이 아니라 신호일 뿐이다. 개가 꼬리를 내릴 때는 몸에 이상이 있어서가 아니라 그 순간의 기분이나 과거에 경험한 좋지 못한 느낌을 표현하는 것일 뿐이다. 꼬리를 흔드는 것도 똑같이 감정의 표현이다. 몸이 닫히고 경직되거나 무감각해지는 것은 우리 내면의 정서와 그동안 쌓인 상처를 반영하는 것이다. 이것은 기분이 좋거나 긴장이 풀릴 때, 기꺼이 접촉을 받아들일 때도 똑같이 적용된다. 이때는 몸에서 느끼는 쾌감과 신뢰를 반영하는 것이다.

이런 상관관계를 이해할 때, 대부분의 여성들이 안고 사는 많은 문제가 해결된다. 무엇보다 다이애나 리처드슨이나 나뿐 아니라 나머지 여성도 사람들이 흔히 생각하고 말하는 것을 반대로 받아들일 때 다시 활력을 느낄 수 있을 것이다. 남성이 진지하게 자신을 내보이고 여성 곁에 있을 때, 여성의 몸은 아주 섬세한 자극을 느끼며 미세한 움직임에도 큰 반응을 보이는 법이다. 훌륭한 섹스의 공식을 한마디로 말하자면 남성이 깨어 있을수록 여성은 더 달콤한 쾌감을 느낀다는 것이다.

내가 모든 여성에게 해줄 수 있는 조언은 섹스와 남성을 그림과 환상의 세계에서 구출하고 여성 자신의 몸으로 돌려보내라는 것이다. 사람은 자신의 몸에 고개를 숙일 줄 알아야 한다. 여성의 몸은 내부적으로는 새로운 생명을, 외부적으로는 남성을 받아들이도록 만들어졌다. 여성의 몸은 아이를 잉태하고 그 안에서 기를 수 있으며 아이와 함께 몸이 불어났다가 마침내 아이를 세상에 내보내는 능력이 있다. 이것은 성숙과 번영, 완벽한 헌신과 자기개방에 대한 여성의 원초적인 방식으로서 남성의 인위적으로 만들어내고 달성하는 방식과는 다른 것이다.

여성은 문을 열듯이 자신의 몸을 열 수는 없다. 여성의 몸은 사랑을 통해서만 열린다. 여성은 파트너를 신뢰하고 그가 사랑을 다룰 수 있다는 것을 알 때만 상대를 받아들인다. 많은 사람에게는 케케묵은 소리로 들릴지 모르지만 이것은 사실이다. 여성의 몸은 남성이 자신의 남성적인 힘 속에 머무는 법을 배울 때, 그리고 이를 바탕으로 여성이 자연스럽게 여성적인 힘과 가슴으로 자신을 맡기는 법을 배울 때만 헌신적으로 열린다. 우리 여성들이 막 사랑에 빠졌을 때는 이렇게 완벽한 개방이 일어날 수 있지만 이 개방도 최소한의 수준에 머물 때가 많다. 이때 여성은 어쩌면 힘들이지 않고 완전한 해방의 기쁨을 차지하려는 것인지도 모른다. 수년 또는 수십 년 동안 계속해서 남성에게 자신을 개방한다는 것은 여성으로서 엄청나게 힘든 과제에 속한다.

　당신은 솔직히 자신의 일상적인 애정관계를 어떻다고 평가하는가? 진실로 당신의 파트너를 신뢰할 수 있는가? 당신의 파트너는 감정적인 문제에서 자기 자신의 주인 노릇을 하는 사람인가? 그 사람은 당신의 눈으로 볼 때, 무조건 헌신할 수 있는 남성인가? 당신의 파트너가 하는 행동이나 말과 생각에 긴장감을 느끼지는 않는가? 당신 내면에서 일어나는 일을 그 남성이 안다는 느낌이 있는가? 마음속으로 그 남성을 따르고 싶고 일상적으로 중요한 결정을 그의 손에 맡길 수 있다는 느낌이 있는가? 그에게 당신의 아기를 믿고 맡길 수 있는가? 당신이 병들었을 때, 그가 당신을 직접 돌볼 수 있을 것 같은가? 그가 당신을 춤추는 자리에 데리고 갈 수 있는가? 그가 당신의 진심을 아는가?

　이 모든 것은 어쩌면 당신이 지금까지 섹스와 아무 상관이 없는 것이라고 생각했을 수 있지만 사실은 애정관계에서 기본적으로 중요한 것들이다. 남성이 여성에게 한 남자로 존재하기 위해 모두 우러러보는 단체의 장일 필요는 없다. 마라톤 선수일 필요도 없고 아이큐가 200이거나 백과사전처럼 박학다식한 사람일 필요도 없다. 여성이 한 남자의 여자로 존재할 수 있게 하려면, 남성은 자기 자신을 잘 알고 자신의 능력뿐 아니라 약점을 정서적으로 솔직하게 드러낼 수 있는 사람이어야 한다. 남성이 자신의 불안과 수치, 약점, 상처를 겁내지 않는다면 여성의 감정에 겁을 낼 필요는 없다. 그리고 이렇게 할 때만 여성은 남성에게 자신의 기쁨과 엑스터시, 야성미, 그리고 동시에 이에 따르는 불안과 수치, 두려워하는 것을 그대로 보여줄 수 있다. 남성이 그 자신의

마음과 정신을 공유할 준비가 되어 있을 때만 여성은 온몸으로
남성에게 헌신할 수 있다.

남성이 만족을
얻는 법

♂ ♥ ♀

어떻게 하면 남성이 여성의 섬세한 쾌감을 불러일으킬 수 있을
까? 어떻게 하면 여성의 몸을 깨어나게 만들고 여성의 마음을 얻
을 수 있을까? 여러 해 전에 데이비드 데이다David Deida가 쓴 책들
을 접하게 되었다. 데이다는 젊고 야성적인 성 교육자다. 그가 쓴
글은 너무 구체적이고 급진적이어서 처음에는 가슴이 벌렁거릴
정도였다. 나는 그의 저서를 구석으로 치우고 한동안 외면했다.
그 책들이 지나치게 정염을 불러일으키는 가연성 물질처럼 보였
기 때문이다.

　내 취향으로 볼 때, 요즘도 데이비드 데이다는 여전히 도발적
이지만 그는 내게 필요한 것을 갖고 있고, 차후에 필요한 것이 있
을지도 모른다는 생각이 든다. 배리 롱과 똑같이 데이다도 정서
적이고 정신적인 차원의 성 연구에 몰두한다. 두 사람 모두 여성
성의 특출한 힘과 신비에 초점을 맞추고 있으며 여성성을 남성이
관심을 쏟고 연구해야 할 대상으로 보는 가운데 여성성이 충족될

때 남성도 진정한 만족을 얻는다고 주장한다.

나는 여기서 데이다의 저서인 《깨우친 섹스*The Enlightened Sex Manual*》 중에서 그가 여성의 성적 특징에 대해 최초의 '깨달음의 경험'을 했다고 하는 부분을 독자들에게 소개하고 싶다.

"여드름투성이의 10대 시절 나는 여성을 보면 갈피를 잡을 수 없었다. 나는 여성들이 하는 짓을 보며 왜 그런 행동을 하는지 몰랐다. (……) 여성을 보면 당황해서 어쩔 줄 몰랐다. 자위가 훨씬 더 간단했다. 그 무렵 나는 밤이면 혼자 침대에 누워 자위를 하면서 정확하게 내가 원하는 느낌을 주는 여성을 생각했다. (……)

가족이 잠든 어느 날 밤, 나는 남몰래 애용하는 포르노 사진첩을 꺼내들고 침대에 누워 자위를 시작했다. 하지만 사진에 나오는 여성들에 대한 생각 대신 갑자기 내 몸의 순환을 통해 에너지가 흐른다는 느낌이 강하게 들었다. 전혀 예상치 못한 것이었다. (……) 자위를 하는 동안 내 온몸을 통해 분출하는 에너지가 느껴졌다. 눈을 감으면 에너지가 마치 빛줄기처럼 흐르는 내 몸 안의 순환이 너무도 아름다워 보였다.

나는 내 페니스의 자극이 이 에너지의 흐름을 강화시킨다는 것을 마음의 눈으로 보고 몸으로 느낄 수 있었다. (……) 사진첩으로 시선을 돌리자 위스콘신 출신의 내 여자친구 생각이 났다. 금발의 당돌한 여성이었다. 나는 점점 속도를 높이며 강하게 비비다가 사정을 했다. 마치 누군가 방안의 빛을 어둡게 한 기분이 들었다. 마음속의 빛도 흐려졌다. 호흡이 차츰 가라앉았다. 침대에 누워 있는데도 몸속의 에너지가 사라지자 몸이 축 늘어지는 것 같았다. 나는 어리둥절한 기분이 들었다. 그때까지 내 오르가슴은 늘 좋은 느낌이었다. 아주 좋았었다. 성적인 압박감을 해소할 수 있었고 오르가슴에 오른 뒤에는 해방감을 맛보았다. 하지만 이제는 그 해방감이라는 것이 실제로는 에너지의 소모라는 것이 분명해졌다. (……)

그 뒤로 새 여자친구가 생겼다. 그전에는 미처 몰랐지만 우리가 처음으로 성교를 할 때, 나는 여성의 몸에서 에너지가 흐르는 것을 느낄 수 있었다. 마치 엑스레이로 들여다보는 기분이었다. 여성의 몸에서 일어나는 순환을 느낌으로 알 수 있었다. 여성의 에너지가 언제 힘차게 흐르고 언제 차단되는지 느낄 수 있었다. 그리고 여자친구를 안을 때, 내 동작과 호흡방식을 바꿔가며 그녀의 에너지가 더 잘 흐르도록 했다. 나는 사람의 감정이 폐쇄되면 에너지가 말라붙고 사랑스럽게 자신을 개방할 때 에너지가 흐르도록 자극할 수 있다는 것을 느낌으로 알았다.

성교가 끝나자 여자친구가 뒤로 조금 물러났다. 나는 그녀의 눈이 촉촉이 젖어 있는 것을 알 수 있었다. 우리는 서로 눈을 마주보며 상대의 감정을 느꼈다. 놀랍도록 연약하면서도 개방적인 감정을.

전에는 혼란스럽게 여겨졌던 것이 이제는 너무도 또렷해서 그때까지 몰랐다는 것을 믿을 수 없을 정도였다. 내 여자친구들은 언제나 몸속 에너지의 흐름과 육체적인 사랑의 흐름에 지나치게 민감하게 반응하는 체질이었다. 그들이 에너지의 측면에서 보는 동안 마치 나는 눈이 멀었던 것이나 다름없었다. (……) 첫 성교를 하고 며칠 지난 어느 날 밤 나는 새 여자친구와 내 방에 같이 서 있었다. 그녀는 조금 떨어져서 눈을 내리깔고 있었다. 평소처럼 전혀 어울리지 않는 서툰 장난을 하거나 어리석은 질문을 하는 대신 나는 천천히 상대에게 다가갔다. 그리고 조금씩 여성의 에너지를 느꼈다. 한순간 그 에너지의 흐름이 막히고 멈췄다. 나는 상대의 호흡에 적응하면서 차츰 똑같은 리듬으로 숨을 쉬었고 그 리듬이 그녀의 가슴속까지 이어지는 기분을 느꼈다. 그리고 그녀의 느낌을 그대로 따라 느꼈다. 그녀의 가장 깊은 곳에 있는 욕구 – 전에는 늘 수수께끼 같았던 – 가 이제는 나 자신의 욕구처럼 친숙했다. 그녀가 완전히 긴장을 푸는 동안 나는 계속 천천히 다가갔다.

나는 끊임없이 변하는 상대의 기분을 조금씩 가슴속까지 감지해 들어가며 호흡을 맞췄고 그녀의 에너지를 느끼는 가운데 포옹하고 키스를 했다. 그녀의 정수를 한 방울도 흘리지 않으려는 태도였다. 나는 온몸으로 사랑한다는 것이 뭔지 알았다. 그녀의 가슴 구석구석을 느낄 수 있었고 그녀의 발가락과 귀까지도 느낌이 전달되었다. 또 그녀의 온몸을 통해 기어 다니고 미끄러지며 다시 몸을 덥혀주는 흐름이 계속 변하는 것을 느꼈다. 곧 이어 우리는 사랑을 나누었다.

내가 위로 올라가자 그녀는 얼굴을 찌푸리며 고개를 돌렸다. 무엇을 해야 좋을지 생각하는 대신 나는 그녀의 몸속을 느껴보려고 했다. 그리고 그녀의 에너지에 호흡을 맞췄다. 가슴을 활짝 열고 내 사랑이 그녀의 몸 깊이 가라앉도록 하면서 상대의 모든 것을 느끼려고 했다. 상대는 믿을 수 없을 만큼 민감했고 모든 꿈틀거림과 내 의도의 미세한 변화 하나하나마다 완전한 정신집중을 요구했다. 한순간 내 자신의 감각을 잃어버렸을 때, 그녀의 가슴은 마치 내가 다치게라도 한 것처럼 움츠러들었고 나는 그 가슴속 신뢰를 조심스럽게 회복하기 위해 사랑으로 감싸면서 그 에너지의 흐름을 되살려야 했다. 내가 한순간이라도 시선을 돌리거나 갑자기 호흡을 멈추면 상대 에너지의 흐름도 약해지면서 멈췄다. 전에는 내가 여성의 가슴을 손가락으로 만지든 손바닥으로 만지든 상관이 없다고 생각했고 입으로 숨을 쉬든 코로 숨을 쉬든, 또는 여성 위에 온몸의 무게를 싣든 아니면 팔꿈

치로 내 무게를 받치든 이런 것은 하찮은 것으로 여겨지만 그렇게 사소해 보이던 것들이 이제는 여성의 에너지가 어떻게 흐르고 가슴을 얼마나 여는가에 직접적으로 큰 영향을 준다는 것을 알게 되었다.

물론 그전의 여자친구에게 경험한 것이 있어 이미 그런 문제에 준비가 되어 있었기 때문에 별로 놀랄 일은 아니었다. 여성이 원하는 것은 -에너지의 측면에서 필요로 하는 것- 순간순간 변했다. 목에 부드럽게 키스하는 것만으로도 가슴을 열 때가 많았다. 그러다가도 다음 순간에는 힘차게 밀착하며 온몸을 맡기거나 아니면 완전히 몸을 닫았다. 모든 것은 내가 매순간 여성의 새로운 에너지의 흐름과 가슴의 개방을 인식하는가 못하는가에 달렸다. 전에는 전혀 알지 못하던 것이었다. 나는 어떻게 사랑 속에서 나를 개방하는지, 어떻게 하면 사랑하는 상대와 일체감을 맛보는지 몰랐었다.

나는 이제 내 자신의 감각을 잃지도 않았고 사정을 하기 위해 굳이 애를 쓰지도 않았기 때문에 내 여자친구와 나 자신을 조화시키는 동작과 호흡을 할 수 있게 되었다. 사람의 에너지는 신뢰가 넘치는 조화 속에서 서로 연결된다. 내 여자친구는 현재의 내 존재가 자신의 몸 구석구석을 파고드는 것을 느낄 수 있었다. 또 사랑이 넘치는 의도와 지속성, 충만감을 느낄 수 있었다. 내 여자친구는 계속 자신의 가슴을 열며 내가 상상하는 것 이상의 사랑이 있음을 나에게 가르쳤다. 완전히 믿고 맡기는 그녀의 몸은 활짝 열린 자신의 가슴으로 들어오라는 손짓이었다. 내 마음에는 경외감과 순종심이 흘러넘쳤다."

나는 당신이 데이다와 비슷한 경험을 시작할 수 있을지, 또 그런 경험이 당신이 마음속으로 열망하는 것을 채워줄지 어떨지 알지 못한다. 다만 데이비드 데이다가 내가 오랫동안 배워온 많은

212

것을 이 책에서 확인해주었다는 말은 할 수 있다. 섹스로 남녀가 결합한다는 것은 상상할 수 없을 만큼 섬세한 과정이다. 미묘한 감정의 흐름 하나하나가 영향을 미친다. 이때 여성의 몸은 미세한 동작 하나하나에 반응을 보인다. 섹스에서 기적을 일으키는 것은 힘이 아니라 에너지다. 여기서 중요한 것은 흐름을 형성하고 서로 상대에게 영향을 주는 미세한 전자파 같은 에너지다. 이런 관점이 처음에는 보통 사람들에게 어려운 과제처럼 들릴지도 모르겠다. 인간이 육체적인 존재일 뿐만 아니라 에너지의 존재라는 것을 모른다면 실제로 소울섹스의 환희를 깊이 체험할 수는 없을 것이다.

아마 당신은 극미한 접촉만으로도 등골이 오싹해질 때의 느낌을 알 것이다. 키스할 때의 숨결 한 번만으로 지극히 짧은 순간 온몸에 행복의 전율이 흐르는 경우는 많다. 또 이와 반대로 밤새 격렬하게 섹스를 한 밤이면 탈진 상태의 공허감이나 방광염밖에 남지 않는 경우도 있다.

데이다의 묘사는 단순한 마찰과 머릿속 그림의 도움을 받아 압박감을 몰아내고 오르가슴에 에너지를 쏟아내는 것이 얼마나 힘을 갉아먹고 사람을 탈진시키는 것인지 보여준다. 동시에 섬세한 에너지의 흐름을 몸속으로 들여보내고 내면적으로 그 흐름을 탈 때 얼마나 쾌감을 고조시키고 엑스터시를 느끼게 해주는지, 에너지가 흐르게 하는 데 열린 가슴이 얼마나 결정적인 역할을 하는지도 보여준다.

방금 인용했듯이 여성의 몸에 들어 있는 신비에 대한 '신성한 경험'으로 데이다가 감격하고 압도당한 대목을 읽었을 때 당신은 어떤 생각이 드는가?

실제로 남녀 사이에 이루어지는 모든 만남에는 섬세한 조율이 필요하다. 애무의 동작 하나하나마다, 그리고 본격적인 섹스에서는 더욱 몸과 몸 사이에 의식적으로 파악할 수 없는 소통이 끊임없이 일어난다. 현재의 순간에 집중할 때, 우리는 이 소통을 선명하게 느낄 수 있다. 이 소통을 알면 모든 호흡의 깊이와 접촉을 하는 도중 서로 집중하는 태도, 파트너에 대한 사랑에 가득 찬 모든 생각이 뭔가 우리 자신과 하나가 되고 우리 몸 안의 섬세한 변화를 일으키며 에너지를 확대한다는 것을 점점 더 분명하게 경험할 수 있다. 우리는 또 다른 생각에 빠지고 잠재의식에 쌓인 한을 느낄 때마다, 모든 부정적인 느낌과 공격적 태도, 서둘러 절정감을 맛보려는 모든 압박과 탐욕, 환상세계에 한눈을 파는 모든 태도가 우리 몸을 경직되게 만들고 폐쇄시키며 가슴과 가슴의 결합을 약화시키고 에너지의 흐름을 방해한다는 것도 알 수 있다.

우리 여성들에게 깊은 만족감을 느끼게 해주는 성적 교류는 남성이 자신의 접촉방식과 동작으로 우리 몸속의 섬세한 에너지를 흐르게 하고 마치 세련된 댄서처럼 그 에너지를 리드할 수 있을 때 가능하다. 그리고 우리 자신과 원활한 접촉이 이루어질 때, 섹스는 우리에게 이 섬세한 흐름을 온전히 인식하게 만들고 몸을 맡기며 남성에게 자신을 활짝 열 수 있게 해준다.

나는 지금도 소울섹스를 통해 처음으로 놀라운 경험을 한 순간을 기억한다. 이 일이 있기 전 몇 주 동안은 좌절의 연속이었다. 내가 읽고 나서 매혹당한 이 새로운 가능성에 대해서 남편이 진지하게 논의하고 적극적으로 시험하기보다 '멍청한 짓'을 한다고 여기는 느낌을 받았기 때문이다. 이런 식으로 우리 부부는 신경

질적인 논쟁을 하다가 계속 길이 막혔다. 그 전날도 우리는 심하게 다투었다. 서로 입을 다물고 체념상태로 등을 돌리고 있을 때, 나는 부부문제는 혼자서 해결할 수 있는 것이 아니라는 생각이 퍼뜩 들었다. 그날 밤 우리는 침대로 올라가 두 사람 모두 다치기 쉬운 감정 속에서 조심스럽게 나란히 누웠다.

나는 다시 한 번 내 행운을 시험해볼 생각에 말없이 남편을 향해 돌아누워 내 현존재의 모습을 확인해보기로 했다. 남편도 무뚝뚝한 태도는 아니었다. 우리는 마주 누운 채 서로 약간의 반감이 남아 있는 상태에서 말없이 눈을 마주쳤다. 잠시 후 숨결이 평온해진 뒤 우리의 호흡은 실제로 같은 리듬을 타기 시작했다. 나는 압박감에서 벗어났고 남편도 마찬가지였다. 알 수 없는 안정감이 퍼져나갔다. 우리는 상대를 의식하며 사랑으로 충만한 채 서로 몸을 밀착하기 시작했고 나는 온몸이 속으로부터 녹기 시작하는 것을 느꼈다. 그러면서 뭔가 인위적으로는 할 수 없는, 신뢰감 속에서만 이루어질 수밖에 없는 현상이 일어났다. 우리의 몸이 본연의 리듬과 신체 특유의 평화와 힘이 넘치는 자연스러운 흐름을 찾은 것이다.

그때까지 내 몸이 안으로부터 파도를 타고 움직인다는 것을 또 마음이 열리고 본래의 생명으로 채워진다는 것을 의식적으로 느낀 적은 없었다. 내 안에서 행복감이 흘러넘친다는 것을 느끼는 가운데 사랑이 내 몸에서 분출했다. 우리 두 사람 중 누구도 겉으로 드러나는 특정한 행위를 하지도 않았는데도 내 안에서 퍼져 나온 이 사랑은 남편을 향해 다가갔다. 모든 생각이 멈춘 가운데 나는 몸속의 흐름을 타고 곳곳에서 뛰는 맥박소리와 함께 부드럽고 따뜻한 파도와 강렬한 생명의 감각을 느끼고 해방감을 맛볼 수 있었다.

이 뒤에 남편은 내가 그동안 말하던 것을 그날 밤 처음으로 생생하게 경험했다고 말했다. 그리고 요즘 남편은 내가 꿋꿋하게 자신에게 내 내면의 흐름을 경험하게 해주어서 고맙다는 말을 종종 한다. 그리고 나서 나는 이날 밤 우리가 경험한 것을 자세하게 묘사할 수 있었다. 한마디로 표현하자면 인습적인 섹스에서 번개가 치는 것을 기대한다면 소울섹스에서는 해가 떠오르며 모든 것을 두루 비치는 느낌이라고 할 수 있다.

성의 에너지라는 세계로 들어갈 때, 우리 여성들은 뭔가를 함께 이루어내는 존재가 아니라 자신의 내부에서 뭔가가 일어나는 존재라고 할 수 있다. 문제는 번개가 치는 것이 아니라 우리가 내면의 빛을 발견하는 것이다. 이때 우리를 감싸는 것은 여성적인 힘과 능력이다. 반대로 남성들에게는 이런 식의 인지방식이 처음에는 훨씬 힘들다. 남성들에게는 인위적인 노력과 머릿속의 환상에서 벗어나 자신의 몸에 지휘권을 넘긴다는 것이 아주 힘든 과제일 때가 종종 있다. 단순히 모든 것을 멈추고 현재에 집중한다는 것은 남성들에게 실패하기 쉽고 지속할 수도 없으며 제동을 걸거나 취소할 수밖에 없는 일로 느껴지기 때문이다. 그러므로 여성에게는 자신의 남성과 이 새로운 길을 가고자 할 때, 인내와 열린 마음이 필요하다. 보통 우리 여성들에게는 안으로 향하고 몸속의 섬세한 감각을 느끼는 일이 훨씬 간단할 때가 많다. 이런 감수성은 여성의 원초적인 능력에 해당한다. 또 이 감수성은 우리 여성들이 성적 경험의 질적 수준과 깊이에 적극적인 영향을 미치는 수단인 동시에 남성들에게는 기대하기 힘든 것이기도 하다.

우리 여성들이 진지하게 자신을 개방하고 마음속으로 긍정의 말을 한다면 우리는 남성들에게 우리 몸 안에 수용되었다는 느낌과 더불어 해방감을 맛보게 해주는 분위기를 만들게 된다. 우리의 잠재의식이 정서적으로 닫히고 단지 피상적으로만 자신의 몸을 대할 때, 또는 열정과 오르가슴을 가장할 때, 남성은 우리와 진정한 접촉을 하지 못한다. 아마 남성은 이때의 느낌을 정확하게 표현하지 못하면서도 벽에 부닥쳤거나 앞이 보이지 않는 짙은 안개 속에 들어갔다는 느낌을 받을 것이다. 여성의 잠재의식이 닫힐 때, 남성은 압박을 받고 여성의 내면에 도달하는 것이 힘들어진다. 그럴수록 더 탐욕스러워지고 욕구불만을 더 느낄 것이다. 여성과 접촉할 수 없고 아무것도 줄 수 없는데다 여성과 함께 체험할 힘과 깊이가 모자라기 때문이다.

섹스의 에너지 세계는 눈에 거의 보이지 않을지라도 남성의 몸에 미치는 영향은 엄청 크다. 또 여성이 완전히 긴장을 풀고 자신을 개방할 수 있을 때, 남성도 힘들이지 않고 관능적인 기쁨을 강렬하게 맛보게 된다. 남성은 대부분 여성의 감수성과 헌신에 굶주려 있기 때문에 온몸이 정서적인 영양결핍 상태에서 한층 더 탐욕적인 반응을 보일 수밖에 없다. 하지만 남성들은 사랑받고 싶은 마음과 강렬한 느낌에 대한 굶주림을 아주 쉽게 육체적인 충동과 혼동하기도 한다. 왜 그럴까? 남성은 자신의 감정과 차단된 상태에서 무의식중에 감정을 몸속으로 밀어붙이기 때문이다.

언젠가 세미나를 하고 있을 때, 맨 뒷줄에 있던 운동선수처럼 생긴 50대 남성이 자리에서 일어나 쩌렁쩌렁한 목소리로 쏘아붙였다. "빌어먹을, 도저히 들어줄 수가 없군. 나는 그냥 하지 않으면 안 될 때가 많단 말이오. 그런데 마누라가 기회를 줘야 말이지." 그 남성이 이렇게 고함을 치듯 말하고 다시 자리에 앉자 실내에는 어떤 중압감과 동시에 묘한 해방감 같은 분위기가 감돌았다.

남성의 발언이 있기 전, 여성들은 가벼운 화제로 토론을 하고 있었다. 섹스를 할 때 속도는 늦추고 조금 더 현재 순간에 집중했으면 좋겠다는 말들을 하는 중이었다. 가슴의 결합이라는 말도 나왔다. 남편과 잘 때, 쾌감을 모르고 지낸 지 오래라며 서로 같은 경험을 주고받는 여성들도 있었다. 이 말이 나오자 마치 자발적으로 동의표결을 하는 듯, 다른 여성들이 일제히 고개를 끄떡였다.

어떤 여성은 "밤에 소파에 앉아 있을 때면 남편이 고갯짓으로 침실을 가리키며 아주 진지하게 '내 것이 탱탱 부어올랐어'라고 말하는 것을 이제는 견딜 수 없어요"라고 말했다. 그러자 여성 참석자들은 갑자기 흥분과 분노로 술렁거렸다. 바로 이 순간 외모와 체구가 쉬만스키 형사(독일 ARD 방송의 수사극 〈범행현장Tatort〉의 주인공 ─ 옮긴이)처럼 생긴 그 남성이 일어나 "빌어먹을 도저히 들어줄 수가 없군. 나는 그냥 하지 않으면 안 될 때가 많단 말이오……"라고 고함을 친 것이다.

이제 남성들은 원군을 보고 힘을 낸 듯 얼굴에 활기를 되찾았고, YMCA 강당에 모여 승리를 위한 출정식을 치르듯 의기양양하던 여성들은 갑자기 기가 꺾인 것 같은 표정을 했다. 순간 남녀 참석자들 사이에 상투적인 전선이 형성되었다. 여성들은 섹스에 넌덜머리가 난다는 반응을 보였고 남성들은 그 어느 때보다 단호하고 노골적인 태도를 드러냈다. 하지만 장내의 소란은 곧 가라앉았고 대치된 전선도 풀렸으며 남녀 모두 갑자기 뭔가 연약한 모습으로 돌아갔다. 진부한 대립을 지속해봤자 나아질 것은 없었다. 사실 남성들이 호색한인 것도 아니고 여성을 불쌍한 희생자로 볼 수 있는 것도 아니기 때문이다.

참석자 모두가 의견을 주고받는 가운데 오래지 않아 남녀 모두에게 중요한 것은 똑같이 결합과 수용의 감정이라는 사실이 분명해졌다. 그러면서 크게 오해하고 있는 부분도 있다는 것을 알게 되었다.

예를 들어 남성이 마치 성적 압박을 느끼는 것처럼 행동하며 "나는 해야 해. 안 하면 돌아버릴 것 같아"라고 말할 때, 여성은 남성이 자신을 이용하기만 한다는 생각을 한다는 말이다. 이때 여성은 자신의 몸이 남성의 정액이 정체될 때 뒤치다꺼리를 하는 도구로 이용될 뿐 인간으로서 대접을 받지 못한다는 느낌을 받는다. 하지만 실제로는 정액의 정체가 아니라 감정의 정체가 문제라는 것을 알아야 한다. 자신의 감정세계와 직접 부딪치는 일이 별로 없는 상황에서 남성들은 여성이 실제 몸으로 포용하고 안으로 받아들일 때만 자신이 사랑받는다는 것을 경험한다. 여성이 남성과 함께 잠을 잘 준비가 되어 있을 때야 비로소 남성은 "내가 수용되고 결합된다"는 느낌을 갖는다는 말이다. 섹스는 감정의 결합 중 가장 심오한 형식으로 많은 남성들에게는 정서적인 결합을 느끼게 해주는 유일한 가능성이라고 할 수 있다.

남성들이 섹스를 탐하고 끈질기게 요구하는 배경에는 오로지 따뜻한 접촉과 수용에 대한 욕구가 자리하고 있을 때가 종종 있다. 물론 당신은 여성으로서, 남편이 자신의 감정을 공유하는 법

은 모른 채 '탱탱 불었다'는 생각만 할 때, 당연히 응해줄 필요가
없다. 하지만 신경을 곤두세우고 역겨워하며 체념하는 태도로 물
러나는 것은 상황을 한층 악화시킬 뿐이다. 대신 당신의 파트너
에게 도전하고 섹스충동 배후에 숨겨진 그의 정서적 궁핍을 발견
하며 그에 따른 허약한 측면을 너그럽게 보는 것이 중요하다.

가장 좋은 방법은 당신이 다시 자신의 감정을 분명히 보여주고
남성의 섹스공격이 당신을 어떻게 만드는지를 놓고 대화를 하는
것이다. 이럴 경우 대부분 흥분한 나머지 양쪽의 힘이 크게 충돌
하게 된다. 남성은 점점 더 욕정을 드러내고 여성은 그럴수록 뒤
로 물러나기 때문이다. 당신이 불안으로 자기 자신을 폐쇄하고
경직될 때 또는 거부하는 태도를 보이거나 무감각해질 때, 이것
은 뭔가 일이 잘 안 될 때 지나친 행동경향을 보이는 남성들에게
는 무의식중에 더 많은 요구를 하게 만드는 요인이 된다. 다시 말
해 우리 여성들이 자신을 개방하고 해방감을 맛보기 위해 본래
필요로 했던 것과 정반대의 결과를 낳는다는 말이다.

당신이 여성으로서 정서적으로 자신을 더 개방하고 육체적인
감수성을 더 키운다면 남성의 압박감은 놀랍게 풀릴 것이다. 당
신의 감수성이 확대되면 남성에게 수용되었다는 감정을 제공할
것이다. 정서적으로 온화한 분위기를 형성하고 이를 통해 우리
자신뿐 아니라 남성의 성적 만족에 분명한 영향을 주는 이런 힘
은 우리 여성들이 타고난 것이다. 다만 수천 년의 역사가 흐르는
과정에서 그에 대한 지식이 사라졌을 뿐이다. 다이애나 리처드슨
은 "남성이 손님이라면 여성은 주인이다"라고 말한다. 우리 여성
들의 지도력이 어디에 있는지를 다시 한 번 분명하게 보여주는
아름다운 비유다. 이 여주인은 남성이 들어갈 공간을 정해준다.

여성이 긴장에서 벗어날 때 남성에게도 어떤 안정감이 생기는 법이다. 당신이 해방감을 맛보려면 안정감이 필요하다. 당신에게 무엇이 필요한지 분명해질수록 또 당신 자신을 알고 자신의 한계를 파악하는 능력이 뛰어날수록 당신은 더 큰 안정감을 찾을 것이다. 당신은 자기 자신에게 정말 편안한 느낌을 받을 때만 따뜻하고 여유로운 주인이 될 수 있다. 이것이 당신이 일상에서 시작해야 하는 과정이다. 다시 현재에 집중하는 연습을 할 것이며 당신에게 무엇이 좋고 무엇이 좋지 않은지 알아야 한다. 이 밖에도 당신의 파트너에게 당신의 욕구와 한계를 접하게 만들도록 자기 훈련을 해야 한다.

당신이 자신의 몸에 닻을 내리고 당신의 파트너와 그의 행위, 외부에서 일어나는 일에 관심을 줄이고 자신의 내면에 더 치중한다면 섹스를 할 때 해방감을 느낄 것이다. 당신의 파트너에 대한 관심을 끊고 상대의 요구를 외면하라는 말이 아니다. 내 말은 당신 자신의 내적인 감수성을 지키며 모든 감각을 동원해 깨어 있으라는 뜻이다. 당신의 파트너를 인식하되 닻은 당신 자신의 내면에 내려야 한다는 말이다.

차츰 안정감을 찾고 자기 자신과 결합하는 길을 발견할 때, 가슴이 더 활짝 열리고 감수성이 더 깊어진다는 것을 알게 될 것이다. 자신의 몸을 둘러싸고 있던 과민성의 껍데기는 서서히 사라질 것이다. 이때는 여러 가지 장점이 있다. 해방감을 느끼고 안정될수록 당신의 여성적인 힘과 감수성이 다시 전면에 나타날 것이다. 당신이 안정되고 감수성이 깊어질수록 당신의 파트너도 더 안정되고 자신의 껍질을 벗을 것이며 압박감을 토대로 목표를 정하는 감정이 줄어들 것이다.

당신이 상대와 함께 소울섹스를 시도하게 된다면 −어떻게 하는 것인지는 뒤에서 다시 자세하게 설명하겠지만− 당신은 상대와 감격을 맛보며 계속 반복하고 싶어질 것이다. 일단 이 단계에 오르면 그저 즐기기만 하면 된다. 하지만 경계심 때문에 당신의 감성이 무감각해지고 당신의 남성이 서두르려고 한다면 소울섹스에는 이르지 못한다. 당신 자신의 몸에 닻을 내리고 호흡에 깊이를 주며 온전한 의식 속에서 "나는 지금 내 몸 안에서 해방되고 완전히 내 몸을 의식하고 있다"라고 말할 수 있어야 한다. 이런 과정은 또 남성과 함께 이루어내는 측면도 있다. 이와 달리 자신의 내면을 닫고 깊은 관심이 없이 피상적인 상태에 머문다면 당신 자신의 마음에도 들지 않을뿐더러 남성의 잠재의식에서는 자신이 더 노력해야 되고 더 힘을 들여야 된다는 느낌을 받을 것이다.

우리 여성들에게 중요한 것은 주인으로서 우리의 성생활과 남성의 해방감에 우리가 큰 영향력을 지니고 있다는 것을 마음에 새기는 것이다. 하지만 처음에는 심호흡으로 해방감을 느끼고 여유롭게 안정감을 확산시키는 일이 간단치 않다는 것도 알아야 한다. 그리고 모든 남성이 데이비드 데이다처럼 갑자기 엑스레이로 들여다보듯이 여성의 미세한 움직임을 포착하는 식의 깨달음의 체험을 하는 것은 아니다.

내 경험상 인습적인 섹스에서 새로운 섹스로 넘어가는 과도기에는 여성이 새로운 방향설정을 하고 익숙한 성생활에 변화를 주려고 하면서도 거기에 충분히 익숙하지 않을 경우 남성이 방향을 잘못 잡고 불안해하는 일이 많다고 할 수 있다. 새로운 것을 원하지만 무엇을 어떻게 해야 하는지 제대로 알지 못할 때, 남성은 자신이 본래 느끼려고 하던 뭔가를 포기해야 하는 입장이 되고 만다. 그때까지 대부분의 애정관계에서 이루어지는 성생활은 무엇보다 남성이 익숙한 영역을 벗어나지 않았기 때문이다.

당신이 여성으로서 이제 그 영역을 서서히 떠나 당신 자신의 세계를 찾으려고 할 때, 당신의 남성은 큰 행복을 맛볼 수도 있지만 지나치게 초조해질 수도 있다. 이때는 남성과 대화를 하면서 당신 자신의 가슴을 개방하는 것이 중요하다. 이 과정은 남성들이 대부분 미처 밟아보지 못한 길이다. 이 길에서 남성들은 어쩌면, 우리 자신이 전에 그랬던 것처럼 불안해하고 잘못되었다는 느낌을 받을 수도 있다.

여기서 당신에게 요구되는 것은 당신의 몸 안에서 여성성과 남성성을 결합하는 것이다. 남성이 불안해하고 어느 방향이 옳은 길인지 모를 때 당신 자신을 열고 함께 느껴야 하며, 남성이 제 고집만 피우거나 도피하려고 할 때 당신이 가고자 하는 방향이 옳다고 확신해야 한다. 당신이 긴장을 풀고 안정감을 느낄수록 파트너도 더 평화롭게 해방감을 맛본다는 것을 알게 될 것이다. 자신의 몸속에 닻을 내리고, 현재의 여성성 속에서 남성을 불러들이는 여성과 섹스를 할 때 남성이 계속해서 무의식적으로 자신이 원하는 것을 요구하고 공격적인 태도를 보이며 자신의 목표만 고집하기는 어려운 법이다.

왜 오르가슴에 집착하면
피곤해질까?

송 ♥ 우

섹스에서 오르가슴을 맛보는 것은 최고의 느낌으로 간주된다. 하지만 오르가슴에 고착된 태도는 인체에 공허한 경험을 안겨줄 때가 적지 않으며, 우리의 몸은 우리로부터 내쳐지고 어떤 독촉을 받는다는 느낌을 받게 된다. 이런 연관성을 이해하고 좀 더 새로워진 섹스에 다가가려면 완전히 새로운 관점에서 오르가슴을 다시 생각해보고 자기 자신의 몸을 좀 더 자세히 알고 파악하는 법을 배우는 것이 큰 도움이 된다.

우리에게는 우리 자신의 몸이 가장 소중한 친구다. 우리의 몸은 끊임없이 자체의 상태를 표현한다. 몸이 고통스럽다면 이것은 몸이 우리에게 뭔가를 암시하는 것이다. 몸이 닫혀 있다면 이것은 몸이 뭔가 지나친 부담을 느끼거나 상태가 좋지 않기 때문이다. 몸이 긴장을 풀고 열려 있으며 활기가 있을 때는 몸이 친숙한 환경에서 올바로 대접받는다고 느끼기 때문이다. 우리의 몸은 나름대로 고유한 경험세계가 있다. 몸은 생각과 환상이 아니라 현실의 감각적인 경험을 먹고 산다고 느낀다. 몸은 접촉과 운동을 좋아하며 알맞은 접촉과 운동을 통해 건강해지고 원활한 흐름을 탄다.

사람의 몸에 들어 있는 성적 본능은 아주 당연한 현상이다. 몸은 섹스로 충족되는 엑스터시의 생명력을 좋아한다. 섹스는 몸에 건강하고 소중한 양식 같은 것이다. 진정한 의미에서 우리가 자신의 몸과 접촉하고 몸을 떠나 환상세계로 들어가지 않는다는 전제에서, 섹스는 몸을 부양하고 몸의 긴장을 풀어주며 몸에 생기를 불어넣는다. 또 하나의 전제는 우리가 몸을 압박하거나 독촉하지 않고 몸이 스스로 열릴 공간을 마련해주어야 한다는 것이다. 그러므로 몸에 지휘권을 넘겨주고 몸의 지혜를 믿어야 한다.

전통적인 형태의 섹스에서 우리는 자신의 몸을 얼간이 취급하고 생각할 수 있는 온갖 인위적인 방법으로 몸을 다루며 뭔가 짤막한 분출의 기쁨을 맛보려고 한다. 몸을 지켜보며 자연스러운 에너지가 흐르게 하는 대신 가능하면 신속하고 긴장된 상태로 그 에너지가 밖으로 방출되게 애를 쓴다. 이 과정은 남성들의 경우 사정의 형태로 진행되면서 정액이 밖으로 쏟아진다. 여성도 목표에 집착해 점점 긴장을 높이는 가운데 대부분 클리토리스 오르가슴의 형태로 짤막한 순간의 폭발을 겨냥하면서 장단을 맞춘다.

사정은 본래 생산에만 필요한 것이다. 다시 말해 번식에 기여하는 생물학적인 섹스에 필요한 것이다. 번식은 대부분 우리의 성생활에서 상대적으로 짧은 시기에만 해당되는 기능이다. 섹스는 배란기 이전과 이후에는 새 생명을 만들어내는 과제와 관계가 없으며, 우리 자신의 생명력을 높이고 다른 사람과 사랑을 나누는 과제만 있을 뿐이다. 앞에서 말한 대로, 우리 인간은 육체적인 사랑을 할 때 비로소 사랑의 생활을 실천하는 것이다. 이것이 섹스의 진정한 본질이다. 이렇게 깊은 섹스의 질적 특징을 이해할 때, 섹스는 진실로 우리를 다른 사람과 사랑으로 결합해주고 내면의 활기와 건강을 되찾게 해준다. 이런 연후에 우리는 자신의 에너지를 밖으로 방출하는 대신 우리 안에 보존하고 여기서 자신과 파트너 사이에 그 에너지가 순환되게 하는 법을 배우는 것이 얼마나 큰 도움이 되고 중요한지 알게 될 것이다. 이 같은 섹스의 치유력은 동방의 많은 문화에서는 수천 년 전부터 익히 알려진 것이다. 인체를 보호하고 치유하는 섹스의 기능과, 동양에서는 아주 오랜 옛날부터 행해온 회춘효과를 인정한 것이다.

이렇게 우리에게 활기를 주고 사랑에 기여하는 섹스를 하려면 우리 자신의 생각 전체를 뒤집어야 한다. 비밀은 몸속의 에너지를 남김없이 다 쓰는 대신 몸속에 보존하는 데 있고(방법은 뒤에서 자세하게 설명) 또 흥분하는 대신 해방감을 맛보는 데도 있다. 그러려면 목표에 집착하는 대신 늘 몸을 의식하고 깨어 있어야 한다. 인위적인 행위와 의도 대신 몸에 관심을 더 집중하고 더 민감해져야 한다. 오르가슴이라는 목표에 초점을 맞추는 대신 몸속에서 진행되는 현재의 순간에 관심을 기울여야 한다.

소울섹스와 관련해서 볼 때, 실제로 우리의 몸에 가장 중요한 것은 아무 의도 없이 긴장에서 벗어난 자신의 현재 순간이다. 포옹하고 키스하고 애무를 할 때, 아무런 의도도 없이 완전히 깨어 있는 상태로 몸속의 활동에 관심을 돌린다면 이내 모든 미세한 변화와 움직임, 모든 섬세한 흐름이나 맥박, 호흡을 의식하게 되고 우리의 몸은 계속 해방감을 느끼면서 더욱 활기가 넘칠 것이다.

만일 당신이 부부생활을 하며 인위적인 행위에서 자연스러운 흐름에 맡기는 방식으로 바꾸려고 한다면 처음에는 전의 방식보다 더 실망스러울지도 모른다. 사람들은 대개 이런 식으로 아무런 의도도 없는 상태에서 자기 자신이나 자신의 몸과 집중적으로 접촉하는 방식에 별로 익숙하지 않기 때문이다. 그러니 이런 식으로 상대와 사랑의 결합을 한다는 것이 어렵다는 것은 더 말할 나위도 없다. 압박감을 몰아내고 속도를 늦추며 외부의 일에 관심을 거두고 의식적으로 내면으로 향한다는 것이 많은 사람이 볼 때는 아마 완전히 낯선 것일지도 모른다. 하지만 얼마 지나지 않아 당신 부부는 어떻게 해야 몸의 기능이 가장 원활하게 돌아가는지 느끼게 될 것이다. 내 경험으로 볼 때, 이렇게 되려면 일정한 시행착오의 시간을 거쳐야 한다.

하지만 힘든 것은 일시적일 뿐이다. 자신의 몸에 더 자주 관심을 돌리고 몸을 더 의식할수록 당신의 몸은 더욱 긴장에서 벗어나 행복하고 소중한 감각을 느끼게 해줄 것이다. 단순히 아무것도 하지 않고 현재의 순간에 더 깊은 관심을 쏟는 방법을 배울수록 당신의 몸은 치유의 길을 보여줄 것이다. 과거의 불안과 습관에서 벗어나고 충족되지 못한 열망과 머릿속의 상상에서 자유로워질수록 당신의 몸은 엑스터시와 만족을 얻는 길을 열 것이다. 하지만 일단 당신 스스로 요령을 터득한다고 해도 그 다음의 장애물이 기다린다는 것을 염두에 둬야 한다. 섹스는 당연히 당신 혼자 하는 것이 아니라 당신의 파트너와 깊이 결합하는 것이기 때문이다. 상대에게 일어나는 모든 일을 느끼는 동안 자신을 온전히 열고 자신의 내면에 머문다는 것은 또다시 어려움을 줄 것이다.

이런 주제와 관련된 글을 몇 편 읽고 나서 나는 갈수록 일상생활에서는 물론 섹스를 할 때도 나 자신을 주목하고 섬세하게 인지하는 법을 훈련했다. 그리고 차츰 남편에게도 속도를 늦추고 조금 더 정확하게 느껴보도록 설득했다. 이런 변화를 통해 시간이 가면서 남편과 잘 때면 내 몸에는 아주 멋지고 만족스러운 현상이 나타났다. 진정으로 내 자신의 몸을 주목하고 내가 인지한 것을 아주 침착하게 몸속에 간직하자 갑자기 골반 깊숙한 곳에서 아주 섬세하면서도 겉으로는 거의 드러나지 않는 파동이 솟구치기 시작했다. 그것이 무엇인지는 몰랐지만 놀랍도록 고요한 부드러움과 엑스터시의 감각으로서 말로는 형용할 수 없는 것이었다. 이 파동은 내가 어떤 근육활동으로 만들어낸 것이 아니라 오히려 파동이 나를 만들어낸 것처럼 보였다. 내 골반 중심의 깊은 곳에서 저절로 형성된 환희에 찬 나선형의 섬세한 물줄기가 꿈틀대면서 배 위쪽으로 행복한 흐름을 타고 올라오는 기분이었다. 전에는 전혀 느껴보지 못한 경험이었다.

하지만 거의 언제나 이 파도를 저지하는 것이 있었다. 가령 남편이 조금이라도 능동적인 동작을 보일 때면 이내 파도는 흠칫 놀라는 듯 즉시 멈췄다. 남편이 서서히 흥분을 고조시키며 어떤 목표를 두고 움직이는 것을 느끼는 순간 내 안의 파도는 갑자기 뒤로 물러나 완전히 모습을 감췄다. 이때는 골반에서 짜증날 정도로 서글픈 기분이 솟구쳤다. 마치 한 존재로서의 내가 아니라 내 안의 여성성이 생명력을 느낄 공간을 주지 않는 것을 비탄하는 기분이었다.

이럴 때면 나는 대개 남편과 갑자기 단절된 느낌을 받았다. 내 안의 생생하고 달콤한 감각이 시시각각 질식상태로 빠져드는 것 같았다. 그러면 어떤 행위를 하든 모든 것을 악화시킬 뿐이었다. 모든 능동적인 움직임은 섬세한 환희의 물줄기가 다가오지 못하도록 위협하는 일종의 저지사격 같은 작용을 했다. 모든 인위적 노력은 잠재의식의 경직을 불렀다. 마치 내 골반의 조직이 움츠러들어 딱딱하게 굳어버리려고 하는 것 같았다. 내 몸 안에서 전쟁이 일어난 기분이었다. 긴장과 긴장이완, 경직상태와 해방, 단순한 전후동작과 나선형의 파도 사이에 일어나는 전쟁 같았다.

처음에는 이 보이지 않는 파도와 내면의 충돌을 어떻게 설명해야 할지 전혀 알 수 없어 좌절감을 맛보았다. 이런 주제와 관련해 읽은 글이 있기는 했지만 내 안에서 일어난 일을 뭐라고 정확히 표현할 수가 없었다. 대신 섹스를 할 때면 어떻게든 그런 좌절감을 헤쳐 나가려고만 했다. 결국 과거처럼 섹스를 하든가 아니면 내면의 갈등을 감수하는 식이었다. 내가 현재의 순간에 충실하면서 천천히 시도하려고 하면 언젠가는 늘 내면으로 향하는 길에서 남편을 잃거나 남편이 오르가슴을 향해 가는 길에서 나의 내면을 놓쳤다. 그러면 나의 과감한 시도와 나 자신을 열고 온전히 내맡기려는 노력은 모두 행복감보다는 오히려 불쾌감으로 이어졌다. 섹스를 하고 나면 마치 몸속의 조직이 하나하나 경직되는 기분과 더불어 비애가 느껴졌다. 그러다가 나는 우리의 '정상적'인 섹스로는 진정으로 내 내면과 접촉하지 못한다는 것과 그 방식이 내 몸의 섬세한 신호를 빠트리고 넘어간다는 것을 알았다. 그것은 더 이상 내 몸과 조화되지 못하는 느낌이었다. 그러므로 나로서는 갈등의 상태에서 중단하라고 말하고 남편에게 내 내면의 경험을 설명하면서 그를 이 세계로 불러들이는 것밖에는 달리 선택의 여지가 없었다. 처음에는 이렇게 하면 거의 언제나 남편과 다퉈

야 했다. 그러면 나는 마음속으로 '아, 이런 게 다 무슨 소용이
야……이 사람은 무슨 말인지 못 알아들을 거야……'라는 생각
이 들었다. 또 내 남편은 스스로 퇴짜를 맞았다는 느낌을 받고
'어쨌든 이 사람을 만족시켜줄 수는 없어. 나 자신도 만족을 얻
을 수 없고'라고 생각하며 뒤로 물러났다.

그러다가 늘 우리 두 사람의 몸이 서로 단절되는 힘든 시기에
새로운 일이 일어났다. 이 무렵 내가 맛보기 시작한 섬세한 파도
는 아주 뛰어난 엑스터시의 느낌을 주었는데, 인습적인 오르가슴
과는 완전히 다른 역동성이 담겨 있는 것이었다. 당시 남편과 나
는 분명히 몸을 더 인지하고 인위적인 노력을 더 줄이는 단계로
들어서기는 했지만 여전히 몸은 미세한 압박과 불가피한 타협을
지속하고 있을 때였다. 목표에 집착하는 의도와 해방감을 안겨주
는 파도는 점점 더 상호배타적인 관계를 형성하고 있었고, 우리
두 사람은 이 사실 앞에 무릎을 꿇을 수밖에 없었다.

당시 우리 부부가 갈수록 분명하게 경험한 것이 하나 있었는
데, 이것은 소울섹스와 사람들 대부분이 행하는 섹스의 중요한
차이 중의 하나였다. 소울섹스는 해방감으로 가는 길을 열어주고
어떤 인위적인 것도 하지 않는 방법으로 엑스터시를 맛보게 해준
다. 인습적인 섹스는 흥분과 긴장을 불러일으키며 온갖 행위로
오르가슴에 목표를 둔다. 다이애나 리처드슨은 이런 측면에서
'정상頂上 오르가슴'과 '계곡 오르가슴'(탄트라에서 말하는 방법으로,
흔히 절정감을 가리키는 정상 오르가슴과 달리 사정에 의존하지 않고 파도를
타듯 지속적으로 느끼는 오르가슴을 뜻한다—옮긴이)이라는 말을 한다.
정상 오르가슴에서 사람들은 대부분 노력과 성과를 통해 무조

건 목표에 도달하려고 한다. 정상에 도달해 오르가슴을 맛보려고 하기 때문에 긴박한 상태를 지속하게 된다. 또 절정에 오를 때까지 계속 흥분을 고조시키려고 한다. 자신이 원하는 것을 얻기 위해 수없는 마찰과 움직임 속에서 때로는 몸이 뜨거워지고 탐욕스러워진다. 남성들은 점점 더 빨라지고 갈수록 적극적으로 노력하는 경향을 드러내며 상황에 따라서는 자극을 강렬하게 하기 위해 더 거친 운동을 한다. 여성들은 무엇보다 아직 몸이 달아오르지도 않고 열리지도 않은 상황에서 마치 기습을 받아 유린당한다는 느낌을 쉽게 받을 수 있다. 여성들 중에서는 지나친 자극으로 오히려 몸이 경직되고 무의식중에 몸이 닫히는 사람이 많다. 압박과 마찰이 심해지면서 여성은 자신을 개방하지 못하는 상태가 되는 것이다.

계곡 오르가슴은 전혀 다르다. 이것은 우리가 흔히 아는 고전적인 분출형 오르가슴과는 전혀 다른 경험을 안겨준다. 계곡 오르가슴은 더 확장되고 더 침착한 것으로서 상대를 더 섬세하게 느끼고 수용하기 때문에 밋밋하고 지루한 느낌 대신 머리가 맑고 생생한 활기를 느끼게 해준다. 계곡 오르가슴은 과녁을 겨냥하는 사격이나 북을 치는 타격의 성질이 아니라 어떤 파도 같은 것으로서 여운이 이어지는 바이올린 현의 울림 같은 것이다. 우리 자신의 내면에서 점점 더 깊은 해방감을 맛보게 해주는 동시에 계속 깨어 있는 상태에서 감수성을 키워주며 고전적인 의미의 오르가슴이 갑자기 일어나는 것이 아니라 내면을 열고 현재 상태의 몸에 머무를 때 길게 느낄 수 있는 엑스터시의 경험을 안겨준다.

아마 복잡하고 낯설게 들릴지도 모르겠지만 이것은 우리의 몸으로 볼 때는 아주 유기적이면서도 자연스러운 현상이다. 당신이 점점 더 자신의 몸속에서 해방감을 느끼고 몸의 현재 순간에 주목하는 법을 배운다면 계곡 오르가슴은 당신을 이렇게 내면에서 이루어지는 자연스러운 경험으로 안내할 것이다. 하나하나의 움직임을 생각하지 않고 그 움직임의 과정을 의식하지 않은 상태에서 당신의 몸이 리듬과 선율의 울림을 탄 상태로 전환된다면 마치 긴장을 풀고 춤을 출 때처럼 어딘가로 실려 간다는 느낌을 받을 것이다. 계곡 오르가슴에서는 바로 이런 느낌을 받으며 우리 몸속의 에너지가 확장된 상태에서 인위적인 행위를 하지 않아도 몸이 저절로 움직이게 된다. 우리 자신의 몸은 이때 우리가 하는 모든 행위를 신뢰하게 된다.

내 개인적인 경험에 비춰볼 때, 여성의 몸은 이런 변화에서, 즉 여성이 남성과 똑같이 자신의 몸을 신뢰하는 변화 속에서 자연스러운 지휘자 역할을 한다. 파도는 내가 결정하는 것도 아니고 내 목표나 상상도 아니며 나 스스로 모든 의도를 배제할 때 자연스럽게 위로 올라온다. 다른 무엇이 아니다. 파도가 나를 이끄는 것이지 내가 파도를 일으키는 것이 아니다. 내가 평온할수록, 그리고 현재에 충실한 상태에서 나의 내면으로 더 깊이 침잠할수록 파도에는 더 많은 에너지가 실린다.

말하자면 파도는 우리 부부의 안내자 노릇을 했다. 우리 부부는 이 파도를 통해서 점점 더 긴장과 복잡 미묘한 압박에서 벗어나 함께 해방감을 누리는 법을 배웠다.

남편에게서도 전혀 다른 형태의 만족감이 서서히 나타났다. 남편 또한 깊으면서도 황홀한 해방감을 맛보는 일이 늘어났다. 이것은 인위적인 노력과 목표에 도달하려는 욕구와는 아무 관계가 없었고, 남편이 오로지 평온하고 침착한 상태로 함께 흐름을 타려고 할 때 나타나는 현상이었다. 다이애나 리처드슨은 이런 현상을 아주 멋진 비유로 설명했다.

"우리 여성은 본디 주인이며 신성한 존재는 우리의 손님이다. 하지만 그 신성함이 우리 안으로 들어오려면 먼저 들어올 공간을 마련해야 한다."

실제로 소울섹스에서는 -남녀를 막론하고- 편한 마음으로 상대가 들어올 공간을 마련할 때 엑스터시가 발생한다. 그리고 우리가 서로 자신의 몸에 온 관심을 집중하고 동시에 인위적인 행위에서 벗어날 때, 우리의 몸은 실제로 상호소통을 시작한다. 우리가 압박을 제거하고 긴장상태에서 절정감에 목표를 맞추는 모든 행위를 중단할 때 페니스와 질은 안에서 서로 밀착한 가운데 해방감을 느끼고 섬세하면서도 소중한 자극의 반응을 보이기 시작한다.

어이가 없다고 생각할지 모르지만, 페니스와 질이 서로 결합할 때, 우리가 오성과 탐욕을 서로의 만남에 개입시키지 않는다면 파트너 두 사람은 서로 아주 자연스러운 방법으로 섬세한 성애의 교류 속에서 소통을 시작하게 된다. 이런 소통을 허용할 때, 두 사람은 실제로 완벽한 팀을 이루게 된다. 그러면 당신과 파트너는 서로 상대를 채워줄 뿐만 아니라 서로 정력적인 반응을 보일 수 있으며 과거의 긴장에서 해방되어 서로 상대의 아픔을 치유하는 능력을 갖게 된다. 이것뿐이 아니다.

섹스를 할 때 당신이 더 깨어 있는 의식을 갖추고 있다면 오르가슴에 굶주려 그것에 집착하는 것이 에너지를 극심하게 소모시키고 사람을 탈진하게 만든다는 것을 알게 될 것이다. 이런 행위는 현재의 순간에 발생하는 현상을 인지하는 데 방해가 될 뿐이다. 하지만 소울섹스에서는 바로 그 현재의 순간이 중요하다. 끝없이 이어지는 현재의 순간만 중요할 뿐이다. 그러므로 매순간이 온전히 충족되는 경험을 해야 한다. 마치 값비싼 요리를 먹을 때, 한 입 한 입 혀에서 살살 녹는 맛을 음미하며 실컷 요리를 맛보듯이 즐기라는 말이다.

여성의 몸은 태생적으로 남성보다 달아오르는 데 훨씬 긴 시간이 필요하다. 남성은 불과 몇 분이면 사정할 수 있지만 여성은 제대로 준비가 되어 몸을 열려면 길 때는 45분이 필요한 경우도 있다. 그렇다고 여성들이 섹스에 문제가 있다거나 구조적인 장애가 있다는 말이 아니다. 여성의 몸은 누구나 태어날 때부터 구조적으로 엑스터시와 오르가슴을 힘들이지 않고 자연스럽게 경험할 수 있게 되어 있다. 만일 당신이 오랫동안 만족을 모르는 생활을 했고 자신의 신체기능이나 파트너 관계를 의심한다면 이 사실을 명심해야 한다. 당신은 모든 것이 정상이다. 다만 여성의 몸과 여성의 성적 특징에 대한 실체적인 지식이 없을 뿐이다.

여성들 중에서는 오래전부터 또 현재도 여전히 오르가슴을 경험하는 데 애로를 겪고 있는 사람이 많다. 많은 여성이 질 건조증과 경직, 삽입 시의 통증 및 섹스가 끝난 뒤에 고통을 호소하며 자기회의에 빠져 있다. 이때 여성의 몸은 단지 뭔가 결핍되었다는 것을 알려주기 위해 신호를 보내는 것에 지나지 않는다. 가령 기습을 받았거나 뭔가와 차단되었다는 느낌을 받은 것이다. 이런 상황에서 여성들이 유익한 도움을 받는 경우는 드물다. 다시 자신의 몸과 접촉할 수 있는 지혜와 지식을 알려주는 사람이 아무도 없기 때문이다. 기껏해야 부인과 의사를 찾아가 기능장애라고 추정하는 진단을 받거나 호르몬 투여 처방을 받을 뿐이다.

당신의 몸은 당신 자신과의 소통이 필요하다. 당신의 몸에 필요한 것은 당신이 몸의 신호를 이해하는 법을 배우고 몸의 속도와 리듬을 따르는 것이며 이런 사실을 당신의 파트너에게 털어놓고 의논하는 것이다. 여성이 실제로 열려 있거나 달아오르지 않아 준비가 안 된 상태에서 남성이 끊임없이 삽입하려고 한다면, 여성의 잠재의식에는 계속 긴장이 쌓이고 은연중에 섹스에 대한 쾌감이 사라진다. 이것은 여성의 신체기능에 이상이 있어서가 아니라 남성이 여성의 몸을 다루는 법을 모르는 데서 빚어지는 현상이다. 여성들 중에서는 섹스가 빨리 끝나면 좋다고 말하는 사람이 많다. 끝난 뒤에 고통을 견디지 않아도 되는 상태를 원하기 때문이다.

남성이 여성에게 무조건 오르가슴을 맛보게 해주려는 생각에 유난히 힘을 들일 때, 여성의 몸에서는 만족감보다 고통과 반발심만 생기는 일이 적지 않다. 물론 남성은 좋은 뜻에서 성공의 압박감을 받고 이러는 것이지만 여성은 자신이 마치 물건처럼 가공 처리된다는 느낌을 받을 때가 많다. 이런 상황에서 여성의 몸은 차단되고 시간이 가면서 감수성을 상실한다.

인위적인 노력과 압박감은 거의 언제나 인지능력의 감소와 무의식의 증가만 가져올 뿐이다. 이때 여성의 몸속에 있는 섬세한 감각은 건드려지지 않고 방해받거나 지나친 자극을 받는다. 그리고 내면이 개방되지 않은 상태에서 자극이 지나치면 언젠가는 마비현상이 나타난다. 과잉자극으로 여성의 섬세한 감수성은 약화되고 인지능력이 둔화되는 가운데 몸은 더 많은 자극을 필요로 하게 된다. 이런 식으로 우리 여성은 악순환의 틀에서 벗어나지 못한다. 즉 오르가슴에 도달하려는 의지가 강할수록 오르가슴은 더욱 멀어지는 것이다. 요즘 나는 진정한 의미에서 오르가슴에는 결코 도달하지 못한다는 말을 하고 싶다. 인습적인 섹스에서는 오르가슴에 도달했다는 느낌을 받을 수도 있다. 하지만 이때의 오르가슴이란 그동안 누적된 긴장의 짤막한 폭발 같은 것으로서 조그만 틈새에 지나지 않는 것이다. 말하자면 구름 사이로 하늘을 보는 짧은 순간에 지나지 않는다는 말이다. 하지만 하늘은 늘 제자리에 있는 법이다. 우리를 하늘과 차단시키는 모든 것은 우리가 살아가는 대부분의 시간에 우리를 뒤덮고 있는 긴장과 생각의 구름에 지나지 않는다.

여기서 한 걸음 더 들어가 보자. 사실 오르가슴은 우리 인간의 몸 안에 자연스럽게 들어 있는 존재의 상태로서 우리는 내면의 해방감을 맛볼 때 이 상태를 경험한다. 이 내면의 해방감은 대개 남성보다는 여성에게 친숙한 것이다. 언뜻 보면 남성이 더 빨리 흥분하기 때문에 섹스에서의 만족감을 더 쉽게 느끼는 것으로 생각할지도 모른다. 하지만 남성들이 섹스를 할 때 일종의 고단기어를 사용해 사정에 이르는 것은 사실상 제한된 분출의 경험에 지나지 않는다. 마찬가지로 커다란 깨달음이란 것도 −남성들의 경우− 사정이 일종의 미니 오르가슴이란 것을 깨닫는 것에 불과한 것일 수 있다.

진정한 오르가슴이란 포괄적인 경험이며 수초 동안 하체의 작은 부위에서 느끼는 것이 아니라 온몸으로 오랫동안 확장되는 경험이다. 이때 남성은 여성과 마찬가지로 섹스를 할 때 자신의 몸에 담긴 진정한 가능성과 에너지의 역동성에 대한 지식이 매우 부족하다.

이런 상태에서 남성과 여성은 결국 한 배를 탈 수밖에 없다. 즉 여성은 몰입상태로 자신을 내맡기는 것이 힘든 반면에 남성은 너무도 쉽게 충동에 휩쓸리는 것이다. 인습적인 섹스를 할 때, 우리 여성들이 몸이 달아오른 다음 오르가슴에 이르는 데 문제가 있는 반면 남성들은 사정을 억제한 상태에서 해방감을 맛보는 데 어려움을 겪는다. 하지만 여성이 모든 압박과 적극적인 자극이 없는 상태에서 내면적으로 평온하고 달콤한 쾌감이 번져가고 저절로 확장되며 위로 솟구치듯이, 남성도 사정을 하지 않은 상태에서 확장된 오르가슴을 맛볼 수 있는 법이다.

남성들이 이렇게 확장된 엑스터시의 경험을 원한다면 목표에 집착하는 태도를 버리고 속도를 늦출 필요가 있다. 지속적으로 압박하고 외부적인 자극을 추구하는 대신 서서히 탐구하는 자세로 자신의 몸에 대한 탐험여행을 떠나는 태도가 중요하다. 속도나 빈도, 크기는 아무래도 상관없다. 결국 남성에게도 똑같이 적용되는 원칙은, 성적 경험의 깊이에 필요한 것은 사실상 능력의 확대가 아니라 현재의 순간에 대한 관심의 확대라는 것이다. 섹스는 당신이 당신의 파트너와 더불어 어떤 의도나 목표를 배제하는 법을 배울수록 힘들일 필요 없이 수월하게 이루어지는 법이다.

남녀를 막론하고 내 경험으로 말할 수 있는 것은, 섹스라는 문제에서는 기꺼이 학생 같은 태도를 취하는 것이 중요하다는 것이다. 비록 당신이 지금까지 노련한 경험자로 자처했다고 해도 다시 한 번 초보자로 돌아가 가벼운 호기심을 갖는 것이 중요하다. 사람은 누구나 자신의 몸과 올바른 섹스 방법에 대해서 놀랄 정도로 아는 것이 적다. 당신이 부부생활을 하며 새로운 섹스를 찾고자 한다면 이렇게 학생 같은 호기심을 가질 때, 그쪽으로 향하는 문이 쉽게 열리고 주도권 다툼을 벌이거나 불필요하게 상처를 받는 일을 막을 수 있을 것이다.

당신에게 가장 훌륭한 교사이자 지혜로운 지도자는 언제나 당신과 함께 있는 당신의 몸이다. 아마 섹스를 하는 도중에 불확실한 느낌에 빠져 무엇을 해야 할지, 무슨 말을 할지, 무엇을 느끼고 무엇을 하면 안 되는지 몰라 갑갑할 때가 많을 것이다. 바로 이때 가장 중요한 것은 동작을 멈추고 몇 차례 호흡을 가다듬은 다음 그 어떤 의도도 배제한 상태에서 당신의 몸을 느껴보는 것이다. 당신의 파트너에 대한 관심이나 당신 자신의 생각을 중지하고 단순하게 내면의 움직임에 조용히 신경을 집중하면 어디선가 올라오는 자극이 느껴질 것이다. 몸은 이것을 안다. 몸은 훈련을 거쳐서 자연스럽게 타고난 몸 자체의 지식을 공유하도록 만들어준다. 아마 당신은 어딘가에서 긍정의 물줄기가 흐르는 것을 인지하거나 아니면 갑자기 문이 닫히듯이 신체의 어느 부위가 폐쇄되는 느낌을 받을 것이다. 어쩌면 그런 느낌이 지속되지 않을 수도 있고 갑자기 예기치 않게 문이 열리는 느낌을 받을 수도 있다.

뭔가 자극이 있을 때, 그쪽으로 향하며 그 자극을 분석하려는 의도를 배제하고 그냥 느끼려고 한다면, 대개 그 자극이 어떻게 지속될 수 있는지 알게 될 것이다. 어쩌면 자세와 호흡을 조금 바꾸거나 일정한 장소에서 조금 벗어날 필요도 있을 것이다. 또는 그 순간에 멈추라는 말을 하거나 파트너에게 피드백을 주고 이런 저런 행위를 해달라거나 허용해 달라는 부탁을 할 필요도 있을 것이다. 몸의 신호를 따르기만 하면 된다. 몸은 당신을 편히 쉴 수 있는 집으로 데려다줄 것이다.

당신이 몸을 따르는 법을 배우고 어떤 자발성을 허용할수록 당신의 동작은 더욱 활기가 넘치고 더욱 선명한 느낌을 줄 것이다. 이때 몸은 갑자기 부드러운 흐름을 타기 시작하고 작고 미세한 움직임 또는 진동으로 흔들린다. 당신의 내면에서 받아들인 파도가 갑자기 솟구치는 느낌이 온다. 그러면 당신은 '여기가 편하게 쉴 수 있는 집이로구나. 모든 것이 좋아'라는 생각이 절로 들 것이다.

왜 섹스를 하고 나면
몸이 무거울까?

송 ♥ 우

"오르가슴은 몸이 진동하고 고동치면서 물질로 느껴지지 않는 상태다. 이 느낌은 몸속 깊은 곳에서 솟아나오는 즉시 몸을 빠져 나간다. 이때 우리는 몸의 한계성을 잃어버리고 에너지와 일치가 된 상태로 들어간다. 오르가슴을 너무도 매혹적이고 맛보고 싶은 느낌으로 만들어주는 것은 바로 에너지다."

다이애나 리처드슨이 한 이 말에 동의하지 않을 수 없다. 내 경험에 비춰보더라도 정말 소울섹스의 비밀을 알고 싶을 때는 에너지의 세계에 빠져들 수밖에 없다. 소울섹스에서 주목할 것은 불과 몇 초 되지 않는 오르가슴에서 그런 일체감의 세계와 접할 뿐 아니라 그 이후로도 계속 매순간 자신의 몸이 그 세계를 위해 열린다는 것이다.

몸에서 나오는 섬세한 언어는 사실상 에너지에 해당하는 파도와 진동, 흐름으로 이루어진 것이다. 물론 일상 속에서는 거의 알 수 없다. 또 길거리나 광고 속에서 수시로 접하는 젊고 싱싱한 엉덩이나 번쩍이는 오일을 바른 식스팩(복근), 통통하고 처지지 않은 가슴을 볼 때도 이 에너지를 알 수는 없다. 가령 당신이 섹스의 여신으로 자처하며 남편에게 "당신 내 질 속의 파도를 느낄 수 있어? 당신 페니스의 에너지가 느껴져?"라고 묻는다고 해도 단번에 그 에너지를 구체적으로 표현할 수는 없을 것이다.

내가 인체와 섹스에 대해서 배운 많은 것들을 내 몸 안에서 느낄 때만큼 선명한 경험도 없다. 하지만 그런 것에 이름을 붙이고 설명하라고 하면 간단치가 않다. 새로운 섹스에 관한 한, 한동안 눈에 보이는 증거 없이 맛볼 수밖에 없다. 가령 당신이 몸속에서 뭔가 느낀다고 해도 그것을 당신의 남편에게 알아듣기 쉽게 설명할 수는 없을 것이다. 미세한 움직임 하나만으로도 당신의 온몸을 전율에 빠트리기도 하고 몸 안에서 들리는 목소리의 미묘한 변화만으로도 당신에게 충격을 주어 꽁꽁 얼어붙게 만든다는 것을 알게 될 것이다. 새로운 섹스를 할 때면 관념상 몸이 없거나 적어도 현실적으로 존재하지 않는 것 같은 느낌을 받게 된다. 하지만 이런 느낌을 엑스레이로 보듯이 확실한 사실로 입증할 수는 없다.

예컨대 많은 여성은 뚜렷한 물증이 없어도 남편에게 애인이 있다는 것을 본능적으로 알 때가 있다. 당신은 남편 앞에서 "나는 다 알아!"라고 말하지만 남편은 "쓸데없는 소리! 당신 혼자 멋대로 상상한 거야"라고 대답한다. 그러면 아무런 증거도 없는데 어떻게 할 것인가? 남편의 주장을 반박할 확실한 근거가 없다는 말이다. 그런데도 당신은 자신의 직감이 맞다는 것을 안다. 분명한 근거가 없는 상태로 시간이 지나고 언젠가 때가 되면 남편이 바람을 피웠다는 확실한 증거가 나온다. 그때 가서 당신은 뭔가 변화를 찾거나 적어도 당당하게 추궁할 힘이 생긴다. 당신은 "여기 당신이 그 여자에게 보낸 이메일이 있어, 그 여자가 당신에게 보낸 문자가 있어, 여기 당신들 둘이 찍은 사진이 있어, 그 여자가 나에게 전화했어······"라는 말들을 할 수가 있을 것이다.

당신이 한동안 자신의 몸에서 새로운 경험을 하고 특별한 느낌을 본능적으로 알고 있는 것도 이와 아주 비슷하다. 다만 당신의 파트너는 침실에서 이 변화를 적용하려고 할 때면 의혹의 눈길을 보내며 선뜻 나서지 않을 것이다. 분명히 알아야 할 것은 소울섹스의 힘에 대해서 아무리 말로 설명해봤자 소용이 없고, 당신의 파트너가 직접 경험해야만 그 세계를 인정하고 느낌을 고백한다는 것이다. 또 이 책을 읽듯이 글로만 대하며 섹스를 기피해도 알 수 없다.

당신이 좀 더 깨어 있는 의식으로 자신이 인지한 것을 섬세하게 받아들인다면 분명하게 말로 표현할 수는 없어도 많은 것을 더 또렷하게 느낄 수 있을 것이다. 당신이 여성으로서 침실에 환상을 불러들이는 남성과 지낸다면 그가 아무리 오늘은 현재의 순간에 충실하겠다고 약속하더라도 환상적인 그림의 세계에서 표류하는 냄새를 아주 멀리서도 맡을 수 있을 것이다. 당신은 남성이 당신과 접촉할 끈을 잃어버리고 순간순간 오르가슴에 목표를 두고 있다는 느낌을 받을 것이다.

모든 파트너 관계에서는 눈으로 보거나 구체적으로 표현하지 못한다고 해도 불화나 방해요인, 싸움이라는 주제가 생기게 마련이다. 그러므로 증거가 있든 없든, 당신의 파트너가 당신의 느낌을 믿고 받아들이든 아니든, 당신은 자신의 몸을 신뢰하고 그 몸에 충실하게 따르는 훈련을 해야 한다. 사랑의 행위를 할 때, 당

242

신과 파트너의 섬세한 조율을 방해하는 것이 있거나 뭔가 필요한 것이 있다고 느낄 때는, 당신이 느끼는 것을 진지하게 보여주거나 표현하려는 노력을 하라.

당신의 파트너에게 우물쭈물 망설이지 말고 자신에게 방금 무슨 일이 있었는지 솔직하게 말하라고 요구하라. 두 사람이 나란히 몇 분 동안 누워 있었는데도 계속 다른 생각이나 환상 속에서 방황하거나 막 그 생각에서 벗어난 것은 아닌지……. 이런 요구는 당신이 다른 생각에 잠겨 있거나 마음이 다른 데 가 있거나 무감각해져서 접촉의 끈을 놓친다는 것을 알 때, 당신에게도 똑같이 적용된다. 당신이 달리 정신을 집중할 수 없어 다시 환상 속에서 헤맨다면 용기를 내어 신호를 보내거나 그런 속마음을 밝혀야 한다.

"기다려, 준비가 덜 됐어……좀 천천히, 아무 느낌도 없잖아……." 등등 파트너에게 바라는 것을 그대로 말해야 한다. 만일 당신이 잡념이나 환상에 빠져 있다면 다시 당신 자신의 몸으로 관심을 돌려야 한다. 심호흡을 하고 상황에 따라 파트너에게 속도나 자세를 바꿔보자는 부탁을 해야 한다. 이렇게 미세한 변화만으로도 다시 몸에 관심을 집중하고 강렬한 경험을 하는 데는 충분할 수가 있다. 이렇게 깊이가 있는 상호조율을 하려면 간단한 훈련이 필요하다. 이때 자기 자신과 파트너에 대해 인내할 필요가 있다.

그리고 늘 반복해서 새로 깨어나 자신의 몸을 재발견하고 에너지의 세계를 향해 자신을 개방하며 느낌과 몸의 자극 사이에 일어나는 내면의 결합을 배울 자세를 갖출 필요가 있다. 당신을 탐색하는 파트너의 내면적인 분위기의 효과와 에너지, 당신 자신의 직관을 믿는 훈련을 거칠 필요가 있다. 이 모든 것은 훈련과 학습으로 이루어질 수 있다. 하지만 훈련과 학습이 효과가 있으려면 늘 피드백을 통해 자신의 몸을 올바로 해석하면서 "아, 그래서 내가 그동안 아무 느낌이 없었구나. 아, 그래서 갑자기 내키지 않았던 거로구나. 아, 이제는 정말 아주 좋은 느낌이야"라는 깨달음이 있어야 한다.

여기서 한 가지 알아두어야 할 것은, 이런 방법으로 당신 자신의 느낌을 섬세하게 인지할수록 거칠거나 난폭하며 한계를 넘는 모든 동작에 대한 감수성도 더 민감해진다는 것이다. 이제 당신이 점점 더 내면으로 향하면서 외부에 대해서는 일체의 관심을 끊고 경우에 따라 한계를 설정한다면 당신은 몸에 갑옷을 둘렀던 이전보다 아픔을 더 잘 알게 될 것이다. 따라서 자신을 개방하는 사람은 언제 다시 자신을 폐쇄할 필요가 있는지 알고 있어야 한다.

내가 많은 여성에게 명심하라고 당부하는 말은 '아니요'라고 말할 수 있는 사람이 진정 '예'라고 말할 수 있다는 것이다. 한계 설정을 제대로 하지 못하는 사람은 대부분 잠재의식이 폐쇄된 상태에 있다. 그렇지 않으면 언제든 상대가 넘어트려서 쓰러질 위험이 있기 때문이다. 그러므로 당신이 진정으로 자신을 개방하고 섬세한 내면의 지휘권을 되찾고 싶다면 일상 속에서 의식적으로 분명한 한계를 정하는 연습을 해야 한다. 그래야 섹스를 할 때 실제로 완전히 자신을 개방한 상태에서 충분한 느낌을 맛볼 수 있을 것이다. 상대가 갈수록 섬세한 조율을 시도할 때는 언제 방해받는다는 느낌이 찾아오는지 투명한 소통을 할 필요가 있다. 그렇지 않으면 서로 불필요한 상처를 줄 뿐 아니라 막 열린 문도 다시 닫히게 된다.

내가 여성 세미나에서 자주 소개하는 간단한 훈련이 하나 있다. 여성들에게 서로 짝을 지어 몇 미터 정도 간격을 두고 마주 서게 한다. 마주 선 두 사람은 상대에게 정신을 집중한 상태에서 한 걸음씩 상대를 향해 느릿느릿 다가간다. 상대가 자신에게 접근하면서 두 사람 사이에 보이지 않는 경계선을 넘는다는 느낌을 받을 때까지 다가가는 것이다. 이때 여성들은 느낌으로 알 수 있는 자신의 경계선이 이미 자신의 1~2미터 또는 3미터 앞에서 그어지기 시작한다는 느낌에 당혹스러워한다. 나는 이 훈련에 참여한 여성들에게 언제나 이때 느끼는 보이지 않는 자신의 영역에 대한 경험을 일상생활에 적용하라고 당부한다.

여성들 중에서는 남성이 너무 세게 안을 때, 열광적으로 또는 성급하게 안을 때 내면적으로 경직된다. 나는 여성들이 "마치 기습을 당하는 느낌이에요. 전혀 아무 느낌도 없어요"라고 하는 말을 종종 듣는다. 이것은 꼭 상대가 세게 안거나 고통스럽게 안는다고 느끼기 때문이 아니다. 그보다는 자신의 영역이 지켜지지 못하거나 의식을 못한 상태에서 침범당했다는 느낌을 받기 때문이다.

누구나 지켜야 할 것으로 간주하며 주목하는 공간은 모두 그 사람을 에워싸고 있는 일종의 보이지 않는 에너지와 정보의 장이다. 누구에게나 독특한 분위기라는 것이 있다는 말들을 한다. 어떤 사람이 우리에게 다가오면 우리는 그가 무슨 말을 하거나 행위를 드러내지 않아도 불쾌한 감정이 있거나 뭔가 할 말이 있다는 느낌을 받으면서 기분이 좋을 때도 있고 나쁠 때도 있다. 상대와의 간격이 1~2미터 또는 3미터나 되는데도 너무 가깝다는 느낌을 받을 수도 있다. 같은 이치로 섹스를 할 때 상대를 별로 조심스럽게 대하지 않는다면 무슨 일이 일어날지 상상할 수 있을 것이다.

그러므로 쌍방이 자신의 물리적 경계선 너머에 있는 이 영역을 -자신의 경계와 상대의 경계- 의식하는 것이 좋다. 각자가 안전하고 유쾌한 감정을 유지하는 데 어느 정도의 공간이 필요한지 알아내기 위해서 간단한 세미나 훈련으로 함께 연습하는 방법을 생각할 수도 있다. 또 파트너와 포옹을 할 때, 천천히 조심스럽게 다가와 상대를 의식하며 천천히 안아 달라는 부탁을 할 수도 있다. 상대가 물리적인 접촉을 하지 않았는데도 너무 가깝다는 느낌이 들 때가 언제인지 한번 생각해보라. 또 당신에게 속도가 너무 빠르거나 세게 안는다는 느낌은 없는지도 생각해보라. 서로 더 이해하고 더 신중하게 상대를 의식한 상태에서 접근함으로써 상대의 내외부에 있는 경계를 침범하지 않는 데는 깨달음의 체험이 도움이 될지도 모른다.

또 우리 자신의 영역과 마찬가지로 스트레스와 긴장은 눈에 보이지 않으면서도 우리의 애정생활에 큰 영향을 준다. 이런 것들이야말로 섹스를 해치는 주범이다. 자신의 몸으로 깊이 들어가 느끼는 법을 배울수록 당신은 경직상태가 몸 안의 성적 에너지를 차단한다는 것을 경험할 것이다. 당신이 늘 조루증상을 보이거나 발기가 되지 않을 때, 당신이 불감증이 있거나 오르가슴 또는 몰입에 문제가 있을 때는 그 배후에 경직상태나 감각마비, 무관심 같은 현상이 있다는 것을 분명히 알아야 한다. 이때도 긴장을 풀고 사랑의 감정으로 현재의 순간에 충실한 태도가 해결책이 될 수 있고 그런 기능장애의 치유수단이 될 수 있다. 사람은 거의 누구나 시간이 지나면서 몸에 온갖 경직상태가 축적이 된다. 몸은 또 트라우마나 물리적 충격을 경험한다. 사람은 끊임없이 몸을 혹사할 때가 많다. 늘 경쟁에 내몰리고 스트레스와 과로에 시달리기 때문이다.

이 모든 것이 성생활에 아무 흔적을 남기지 않고 지나가는 것이 아니다. 몸의 경직된 부위에는 에너지가 갇힌 채 쌓인다. 이와 달리 긴장을 해소하면 다시 성적 에너지가 흐르고 갇혀 있던 에너지가 풀려난다. 소울섹스에는 당신이 긴장을 해소하고 자신의 삶에서 해방감을 찾는 용기가 필요하다. 당신의 몸에 해묵은 경직상태가 누적되고 스트레스로 늘 새로운 부담을 받는다면 몸은 갈수록 굳어지고 닫힐 것이며 동시에 감수성과 수용력은 약해질 것이다. 그러면 섹스를 할 때 쾌감이 파고들기 위해서 갈수록 큰 자극이 필요해진다. 아니면 더 이상 되지 않거나 아무 느낌도 없기 때문에 섹스를 포기하게 된다. 그러면 당신의 파트너도 당연히 당신과 접촉해서 감각을 느낄 길이 없기 때문에 부담을 가질 수밖에 없다. 섹스에서 경직은 독감 바이러스와 비슷해서 전염되게 마련이다. 상담실을 운영하면서 남편과 나는 많은 남녀가 섹스를 끝낸 다음 지치고 공허한 상태에서 서로 거리감을 느낀다는 것을 알게 되었다. 이것은 비단 고전적인 섹스를 하며 마찰을 통해 몸을 달구고 흥분을 일으키기 때문에 몸이 녹초가 되는 데서 오는 현상만은 아니다. 거기에는 섹스를 할 때 서로 무의식중에 감정교류가 일어나는 데도 원인이 있다.

여성들 중에는 겉으로 볼 때는 이유가 없는데도 섹스가 끝난 뒤에 서글프고 외로운 기분에 눈물을 흘리는 사람이 많다. 또 섹스가 끝난 뒤에 자신은 몸이 너무 경직되었다는 느낌을 받는데도 남편은 계속 만족해한다고 말하는 여성도 많다. 이런 말을 할 수밖에 없는 이유 중의 하나는 섹스가 실제의 의식과 무관하게 지나친 압박과 속도 속에서 이루어지기 때문에 몸에 다시 경직상태가 증가하기 때문이다. 또 다른 이유로는 앞에서 말한 대로, 기분이 전염되어 섹스를 할 때 체액뿐만 아니라 에너지의 교류도 일어나기 때문이다.

만일 어떤 남성이 욕구가 충만하고 그것이 '탱탱 부어올라' 섹스를 해야 한다고 느낀다면 그에게 정말 필요한 것은 과부하와 스트레스에서 벗어나기 위한 건강한 형태의 카타르시스이지 여성을 피뢰침으로 이용하는 것이 아니다. 우리 몸속의 긴장은 철저한 의식으로 해체할 수도 있고 단순하게 공격적인 행위를 통해 '쓰러트릴 수'도 있다. 섹스를 할 때는 자신의 파트너에게도 긴장 해소를 위한 큰 기회가 찾아오는 법이다.

긴장은 또 자연스럽게 여성으로부터 남성에게 전염되기도 한다. 남편과 나는 섹스가 끝난 뒤에 공허감과 외로운 감정에 휩싸인다고 말하는 남성들도 자주 만난다. 섹스가 끝난 다음에 힘이 빠지고 여성과의 일체감을 못 느낀다고 말하는 남성은 모든 연령대에서 나온다. 여성으로서 잠재의식이 경직되고 방어본능이 생기며 순수한 정서적 결합을 못할 때, 즉 실제로 파트너에게 나를 개방하지 못할 때, 파트너는 섹스가 끝난 뒤에 섹스에 굶주린 기분을 느끼며 기진맥진한 상태가 된다. 육체의 교류가 일어났지만 순수하고 깊은 접촉은 이루어지지 않은 것이다. 이런 형태의 섹스는 사람을 지속적으로 욕구불만에 빠지게 만들 뿐만 아니라 갈수록 지치게 만든다.

섹스를 할 때 끊임없이 자신의 민감한 경계를 넘지 않고 서로 잠재적인 스트레스와 긴장, 부정적인 기분이 뒤범벅이 된 감정의 '쓰레기투성이'가 되지 않으려면, 자신의 기분과 자극, 그리고 상대의 경계를 좀 더 주의 깊게 살피고 섹스할 때 의식적으로 긴장에서 벗어나는 법을 배워야 한다. 이러기 위해서는 일상적인 훈련을 하는 것이 가장 좋다. 몸속에서 섬세한 접촉을 하고 몸 안에서 무슨 일이 일어나는지, 자신에게 무엇이 좋고 안 좋은지 깨닫는 데는 정상적인 하루 생활 속에서 늘 몸에 관심을 기울이고 서 있거나 걸을 때 단순하게 발의 느낌을 주목하며 골반이나 뱃속 깊이 호흡을 하는 것이 최고의 훈련이다. 이렇게 자신의 몸과 탄탄하게 연결될 때, 갈수록 자신의 몸이 편하다는 느낌을 받을 것이다. 이와 달리 몸에 닻을 내리는 습관이 되어 있지 않다면 섹스를 할 때 자기 자신과 접촉하는 끈을 쉽게 놓치게 된다. 이제부터는 자신의 몸에 규칙적으로 닻을 내리겠다는 결심을 하는 것이 좋다.

간단한 훈련만 해도 누구나 자신의 몸에 실제로 접근하는 방법을 느낄 수 있다. 관심을 외부에서 내부로 돌리는 가장 간단한 방법은 눈을 감고 몸 안에 닻을 내릴 위치를 찾아보는 것이다. 그저 편하게 자발적으로 시도해보라. 눈을 감고 당신 자신의 호흡을 주목해보라. 호흡을 통해 당신의 몸속 어딘가에서 일어나는 움직임을 느낄 수 있는가? 목구멍인가? 흉곽인가? 아니면 콧속이나 뱃속인가? 몸속에서 아주 뚜렷한 움직임의 지점을 찾아낸다면 호흡의 리듬을 바꾸지 말고 그대로 몇 차례 따라가 보라. 그저 단순하게 호흡의 흐름을 느껴보라. 자동 수신모드로 전환하라.

이제 몇 발짝 더 다가가면 당신의 몸 내부에서 그 순간 가장 눈에 띄는 자극이 어디에서 발생하는지 느낄 수 있을 것이다. 어딘가가 가렵거나 당기거나 압박하는 느낌이 있는가? 혹시 다른 부위보다 더 상쾌하고 더 따뜻한 곳이 있는가? 이 움직임을 따라서 느껴보고 자신의 몸을 내부적으로 살핀다면 당신은 갈수록 정확하게 자신의 내부에서 무슨 일이 일어나는지 자동적으로 깨닫게 될 것이다.

자신의 몸에 관심을 돌리는 이 방법은 당신의 파트너와 새로운 섹스를 하는 방법도 알려줄 것이다. 자신과 접촉한 상태에서 상대와 키스를 하고 포옹하며 섹스로 결합할 때는 의식적으로 안테나를 내부로 향하게 하고 몸의 반응을 따라서 느껴보라. 몸 안 어디에서 자극이 일어나는지 의문을 가질 수도 있다. 어디서 무슨 일이 일어난 거지? 여기저기서 일어나는 이 자극은 무슨 느낌이야? 이때 자극의 질은 감수성과, 의도의 배제 여부에서 결정된다. 인위적인 행위를 털어내고, 뭔가 발생하거나 변화하도록 바라는 태도를 버리는 것이 중요하다. 단순히 몸 안에서 무슨 일이 일어나는지 감지하기만 하면 된다. 그러면 이때 발생하는 모든 자극이 저절로 당신의 행위를 부른다는 것을 알게 될 것이다. 당신의 인위적인 행위나 의도, 개방적인 태도나 반발심에는 모두 나름대로 원인이 있게 마련이다. 여기서 당신 자신의 한계를 설정하면 성적 에너지가 밑에서 올라올 것이다.

이렇게 어떤 인위적인 행위도 하지 않고 받아들이기만 하는 것은 처음에 어려운 과제일 수도 있다. 몸 내부에서 일어나는 운동과 흐름에는 강력한 힘을 동반한 것이 많아서 그 힘이 어떤 행위를 하도록 요구한다는 느낌을 받기 때문이다. 이 운동과 흐름은 동작을 취하거나 아니면 적어도 자신의 몸을 긁게 만든다. 또 그쪽으로 관심을 돌리게 만들면서 불안하게 하기도 하고 안으로부터 어떤 감정이 솟구칠 때도 있다. 모든 행위에는 내면의 충동이 있게 마련이고 대부분 내면의 긴장이 그 배후에 숨어 있다.

이 충동에 굴복하지 않고 이것을 의식적으로 경험할 때, 그 충동이 때로 압박을 가하기도 하고 폭발하려 하거나 굶주린 상태에 있다는 것을 알게 될 것이다. 이것은 불쾌한 느낌으로서 우리가 다시 쉽게 외부로 관심을 돌리거나 뭔가를 하도록 만들 수 있다. 이런 반응은 대개 두 가지 형태로 일어난다. 즉 우리는 이때 뭔가를 먹거나 텔레비전을 보기도 하고 담배를 피우거나 쇼핑을 하면서 그 충동을 밀어내려고 할 때도 있고 아니면 행동으로 충동을 해소하려고 하면서 섹스를 하려고 하거나 공격적, 신경질적 태도를 드러내는 가운데 늘 뭔가를 하거나 지속적으로 움직이기도 하고 무릎을 떨거나 이를 갈기도 한다. 하지만 이런 반응은 충동을 일시적으로만 완화시킬 뿐이다. 잠시 궤도에서 이탈시키는 것일 뿐 긴장에 대한 지속적인 해결책을 제공하지 못하기 때문이다.

따라서 중요한 것은 몸속에서 일어나는 불쾌한 감정과 맞부딪치는 법을 배우는 것이다. 몸이 긴장하고 억눌리며 떠밀린다는 느낌을 받을 때, 즉시 그 모든 것에 반응하지 않고 몸 안에서 무슨 일이 있는지 감지하는 법을 배우는 것이다. 또 섹스를 할 때, 마치 핸드브레이크를 올린 상태에서 전속력으로 달리는 느낌으로 시작하지 않고 우선 여유를 갖고 침착하게 몸을 느끼는 법을 배우는 것이다.

이러기 위해 단 1분만이라도 여유를 가져보라. 눈을 감고 당신 자신의 몸을 살펴보라. 이 글을 쓰고 있는 이 순간에도 나는 그런 여유를 찾으려고 한다. 내면으로 시선을 돌린 상태로 앉아서 수

신모드로 바꾸면 예를 들어 내 어깨가 경직되었다는 것을 느낀다. 또 뱃속이 편치 않다는 느낌을 받는다. 이런 상태에서 내 남편과 정상적인 섹스를 하려고 한다면 우리 두 사람 사이에는 긴장뿐만 아니라 미묘한 불안감이 조성될 것이다.

요즘은 그렇게 하지 않는다. 긴장되고 불안할 때는 나 자신이 그런 감정과 연결되어 있다는 것을 알고 또 그 상태를 전적으로 의식하고 있기 때문이다. 사람들은 보통 온갖 일에 정신을 팔거나 머리가 복잡한 생각으로 가득 차 있기 때문에 자신의 내면에 있는 자극과 긴장을 전혀 모르거나 시간이 지난 다음에 인지하는 경우가 많다. 그런 자극과 긴장이 없는 것이 아니라 다만 곧바로 깨닫지 못한다는 말이다. 이렇게 깨닫지 못하는 상태는 몸이 쇠약해지거나 뭔가 카타르시스나 쾌감, 기쁨을 경험하고 싶거나 가령 섹스 같은 것에서 강렬한 느낌을 맛보고 싶을 때까지는 별 문제가 없다.

하지만 자신의 몸속 깊은 곳에서 쾌감을 맛보고 싶을 때면 그동안 잠재해 있던 긴장과 압박감, 불안 등 온갖 부정적인 감정과 부딪친다. 이런 감정은 또 힘차고 활성화되려는 성질이 있으며 섹스에서도 마찬가지다. 만일 그런 감정을 계속해서 의식적으로 느끼지 않으려면 먼저 그것을 해소하지 않으면 안 된다. 이때 그 감정은 분명히 자신의 파트너에게도 영향을 주게 되어, 섹스를 할 때 파트너는 벽에 부닥치거나 제대로 쾌감에 이를 수 없다는 느낌을 받는다. 아니면 섹스를 한 뒤에 지치거나 녹초가 되었다는 느낌 또는 온몸이 부정적인 감정으로 '쓰레기투성이'가 되거나 불안한 기분에 사로잡힌다.

잠자리에서 벽을 쌓고 싶은 사람은 아무도 없으며 섹스를 할

때, 피뢰침이나 쓰레기하치장 취급을 받고 싶은 사람도 없을 것
이다. 그러므로 당신 자신의 벽과 감정의 쓰레기를 긍정적으로
바라보는 자세가 중요하다. 간단한 훈련을 통해 그렇게 할 수 있
다. 눈을 감고 몇 차례 심호흡을 한 다음, 머리부터 발끝까지 당
신 자신의 몸을 여유 있게 살펴보라. 맥박이나 긴장의 고조 또는
압박감을 느낄 수 있는가?

지금 이 순간 내가 이 과정을 거치면 상복부에서 불안이 느껴
진다. 나는 이 느낌을 더 깊이 받아들이며, 빠른 맥박처럼 뛰는
불안을 위로 끌어올리고 어떤 압박이나 저항이 없이 거기에 계속
관심을 집중한다. 그러면 맥박은 안정되고 호흡이 다시 평온해진
다. 온몸이 계속 안정을 찾아간다. 이 상태에서 일어나는 모든 감
정을 나는 어떤 압박도 배제한 상태에서 사랑스럽게 허용한다.
마음속에서 사랑스러운 시선으로 불안을 바라보면서 계속 주시
한다. 그러면 가슴 한복판에서 어떤 흐름이 형성되어 밖으로 빠
져나간다. 그 사랑스러운 흐름을 향해 내 자신을 개방하는 동안,
어깨가 밑으로 처진다.

계속해서 그 사랑스러운 느낌을 지켜보고 있으면 호흡이 한층
더 안정되고 흉곽 전체가 밑으로 가라앉는 느낌이 온다. 이제 처
음에 뱃속에서 빠르게 올라오던 맥박도 느려지고 가슴 한복판에
서는 모든 것이 가라앉는 느낌이 온다. 그런 다음 골반에서 뭔가
따뜻한 기운이 상쾌하게 올라오는 것을 느낀다. 이 따뜻한 흐름
을 사랑스러운 시선으로 지켜보고 있으면 그 느낌이 한층 깊어진
다. 그러면 불안은 처음부터 없었던 것처럼 보인다.

간단하게 들릴지도 모르겠다. 하지만 내 경우에도 늘 간단했던
것은 아니다. 완전히 의식이 깨어 있는 상태에서 혼자 글을 쓰는

지금 나는 마음이 아주 편안하다. 어쨌든 나 자신과 잘 결합되어 있기 때문이다. 물론 스트레스가 있을 때는 그렇게 쉽지 않지만 갈수록 자신과의 결합은 쉬워진다. 뭐든 마찬가지겠지만 여기서도 문제는 훈련이다.

당신도 시험해보라. 불안이나 긴장이 꿈틀대는 몸속의 위치를 파악할 수 있는가? 편안한 마음으로 잠시 여유를 찾아보라. 그저 마음을 평화롭게 안정시키면 된다. 불쾌한 감정이 있는 위치가 파악되면 그것을 바꿀 생각을 하지 말고 그대로 받아들여라. 그것이 무엇인지 단순하게 인지해보는 것이다. 여기가 가려우면 저기가 경직되어 있고 또 다른 어딘가에는 흐름이 있을 수도 있다. 지속적인 불안이나 고통이 있을 수도 있다. 그러면 위로 떠오르는 모든 것에 대해 자신을 온전히 개방하라. 당신의 관심을 가장 강하게 끌어당기는 것은 무엇인가? 사랑스럽고 신중한 자세로 마치 엄마가 우는 아이를 품에 안듯이 그곳의 긴장을 받아들이는 태도를 상상해보라. 그 긴장에 물줄기를 흘려보내고 긴장을 적셔 환해지는 모습을 상상해보라. 그리고 그 긴장을 향해 전적으로 "좋다!"라고 긍정의 말을 하는 것이다.

이제 당신은 몸속의 긴장을 일일이 해소하지 않고도 그대로 열고 해결하는 방법을 경험했을 것이다. 간단한 훈련을 통해서 당신은 지속적으로 자신의 몸을 신뢰하고 실제로 적극적인 행위를 하지 않아도 해방감을 맛보는 방법을 알게 될 것이다. 나는 이 방법을 '고통 소각'이라고 부른다. 소각에 필요한 연료는 당신의 사랑과 수용이다. 그러면 고통은 해체되고 새로운 생명의 에너지로 변해 활력의 불길을 일으키는 나무토막이 될 것이다. 당신이 이렇게 의식적으로 사랑의 방향전환을 하면 몸 상태만 변하는 것이 아니라 성생활의 질적 수준도 바뀔 것이다.

당신이 안정된 자세로 몸을 살피고 그 상태를 수용하면서 섹스를 할 때도 이런 태도를 유지한다면 몸을 의식하고 사랑스럽게 몰입하는 태도는 파트너에게도 영향을 줄 것이다. 설사 파트너가 당신이 무엇을 하는지 모른다고 해도 그에게도 이런 태도가 전달된다. 두 사람 사이의 개방은 미묘하게 일어나는 현상이며 지금까지 있었을지도 모를 긴장과 스트레스 대신 이제는 갈수록 두 사람 사이에 침착한 태도와 내면의 행복감이 퍼져나가고 이런 자세는 섹스의 토대로 기여할 것이다. 또 당신의 파트너도 갈수록 침착해지면서 두 사람은 더 이상 지치고 쓰레기투성이라는 느낌을 받는 대신 이전보다는 뚜렷하게 만족감과 카타르시스를 맛볼 것이다.

다이애나 리처드슨은 "섹스의 질은 언제나 사후에 알 수 있다. 사후의 느낌이 교사 역할을 한다"라고 말한다. 지금까지 말한 모든 것을 일상 속에서나 섹스를 할 때 시험해보라. 그리고 사후에 점검해보라. 사후의 느낌을 실제로 교사로 활용해보라. 섹스에서 몸을 의식하는 태도를 연습하고 섹스가 끝난 뒤 사후의 느낌을 확인하라. 만족스러웠나? 아니면 지쳤다는 느낌뿐인가? 부정적인 감정의 쓰레기투성이이거나 경직된 느낌인가? 아니면 자신을 열고 원기를 보충받았다는 느낌인가? 파트너와 더 멀어진 느낌인가, 가까워진 느낌인가? 스트레스가 생겼는가 아니면 서로 평화롭게 상쾌한 느낌을 주고받았는가? 섹스를 할 때, 더 현재의 순간에 충실하고 수용적인 태도를 취할수록 사후의 느낌은 더 만족스럽다는 것을 알게 될 것이다.

가슴의 기적과
놀라운 현상에 대하여

♂ ♥ ♀

그 밖에 나는 "여성의 섹스는 가슴에서 시작된다"라는 다이애나 리처드슨의 말을 듣고 놀라운 깨달음을 경험했다. 이 점에서 리처드슨은 매우 단호했으며, 그녀가 섹스에 대한 여성의 관심과 바람은 클리토리스나 질에서 일어나는 것이 아니라고 말할 때는 많은 사람이 깜짝 놀랐다. 리처드슨은 다음과 같이 말한다.

> "여성의 성적인 원천과 활력은 ― 신비로운 현상으로서 ― 에너지 측면
> 에서 심장과 맞닿아 있는 가슴에서 나온다."

이 말을 이해하려면 간단한 이론을 알 필요가 있다. 즉 남성과 여성은 섹스를 할 때 아주 자연스럽게 서로 짝을 이루는 배터리의 양극과 음극과 같은 기능을 한다는 것이다. 남성의 페니스가 능동적-역동적 작용을 하는 동안, 여성의 질은 수동적-수용적 기능을 한다. 뿐만 아니라 남성과 여성은 각각 본래의 양 극을

256

자체로 몸에 지니고 있다. 다시 말해 남녀 모두 몸속에 양극과 음극을 갖춘 배터리를 갖고 있다는 말이다. 남성의 경우 능동적이고 역동적인 페니스에는 가슴의 수동적이고 수용적인 부분과 심장이 대극으로 포함된다. 그리고 여성의 수용적인 질에는 능동적이고 역동적인 대극으로서 여성의 가슴, 특히 젖꼭지(유두)가 포함된다.

만일 특수 엑스레이가 있다면 양쪽의 성 에너지가 순환되는 것을 보면서 남녀 사이의 이상적인 섹스는 에너지의 순환이라는 것을 알게 될 것이다. 여성은 능동적인 남성의 페니스에서 발생해 수용적인 여성의 질을 거쳐 골반으로 이어지는 에너지를 받아들인다. 이 에너지는 골반에서 여성의 양극이라고 할 가슴으로 올라가고 가슴에서 뒤섞인 형태로 심장중추로 들어가며 여기서 다시 순환상태로 에너지를 되돌려 보낸다. 남성이 자신의 페니스를 거쳐 여성의 질로 에너지를 보내는 동안, 남성은 여성의 가슴에서 나오는 능동적 에너지를 자신의 가슴으로 받아들인다. 남성은 여성이 자연스럽게 받아들이는 곳으로 에너지를 보내고 여성도 남성이 자연스럽게 받아들이는 곳으로 에너지를 보내는 것이다. 양극과 음극은 서로 보충작용을 하면서 아주 자연스럽게 활성화된다.

이런 식으로 실제로 눈에 보이지는 않지만 아주 자연스럽게 남성과 여성 사이에 성 에너지가 순환된다. 단 남성의 양극이 여성의 양극과 똑같이 활성화되고 양측이 자신의 음극을 개방하고 수용적인 기능을 해야 한다는 전제가 있다. 또 하나의 전제조건은 양측이 상대를 압박하지 않고 힘들게 오르가슴에 집착하지 않아야 한다는 것이다.

고전적인 섹스에서는 이 과정에서 특히 여성에게 걸림돌이 되는 것이 있다. 에너지는 음극(여성의 경우는 질)에서 나오는 것이 아니라 양극(여성의 경우, 가슴)에서만 나오고 이 양극이 음극을 깨우기 때문이다. 인습적인 섹스에서 남성들은 대부분 여성의 성기 부위, 즉 여성의 음극이 위치한 부위를 자극하려고 한다. 이것은 마치 잘 타지 않는 엉뚱한 곳에 불을 붙이려고 하는 것이나 마찬가지다. 따라서 당신이 남성으로서 진정 여성을 제대로 아는 사람이 되려면 여성의 몸에 담긴 비밀을 마음에 새겨야 한다. 즉 여성적인 환희의 원천은 여성의 가슴이라는 것이다. 가슴이 활기가 넘치면 자동적으로 질도 활기를 찾는다.

그리고 주의할 것은 이렇게 자체의 양극에 에너지가 흘러넘칠 때, 여성은 저절로 자신의 질을 깨우고 수용적인 상태가 된다는 것이다. 내면의 에너지 흐름이 활성화될 때 비로소 여성은 실제로 남성을 받아들일 준비가 된다는 말이다. 다이애나 리처드슨은 여성의 가슴이 깨어날 때만 "페니스를 받아들이려는 바람이 깨어나고 여성의 양극이 깨어남으로써 질의 수용적인 특징이 살아난다"라고 말한다. 이렇게 깨어나고 개방된 질은 다시 자연스럽게 페니스를 감싸며 남성의 경험에 긍정적인 영향을 준다. 남녀 모두 여성의 가슴에 담긴 비밀을 알 때, 남녀 사이에 얽힌 큰 매듭이 풀릴 수 있다는 것을 알게 될 것이다.

그동안 나는 가슴에서 황홀한 흐름이 시작되고 이 흐름을 통해 하복부의 신비로운 불길이 생명력을 일깨우는 놀라운 느낌을 직접 경험했다. 질이나 클리토리스를 애써 자극할 필요도 없이 저절로 골반에서 달콤한 흐름이 퍼져나갈 때의 느낌은 정말 대단하다. 마치 위에 있는 가슴에서 불러내듯이 밑에서 올라오는 부드러운 파도, 가슴에서 빛을 발산할 때, 질이 부드럽게 수용적인 상태로 변하고 진동을 시작할 때의 느낌을 어떻게 말로 표현하랴!

내 몸을 가득 채우는 그 놀라운 느낌은 상상 이상으로 깊은 것이다. 이때의 느낌은 소울섹스에서 체험하는 많은 것이 그렇듯, 정말 말로는 형용할 수 없다. 페니스가 질을 부드럽게 자극하고 동시에 당신의 파트너가 현재의 순간에 집중한 상태로 부드럽게 당신의 가슴을 어루만진다면 골반이 열리면서 당신은 육체를 넘어 정신적인 세계로 들어갈 것이다. 이런 말이 과장된 것처럼 들리고 많은 사람에게 억지라는 느낌을 준다는 것을 알지만 내 경험에서 아주 솔직하게 하는 말일 뿐이다.

골반에서 흐름이 시작되고 동시에 가슴에서 반향작용을 하는 사이에 당신의 몸속에서는 골반과 가슴이 일종의 가벼운 환담을 주고받으며 당신의 존재 전체를 어루만지는 가운데 당신은 자기 자신과 결합되는 느낌을 맛볼 것이다. 이 결합으로 자기 자신과 온전히 하나가 되는 일체감을 느낄 수 있다. 이것은 마치 양쪽의 힘이 불가분의 관계를 형성해 공통 감각을 만들어내는 기분이고 가슴과 골반, 심장과 생명력이 이렇게 결합함으로써 당신의 몸속에서 진정한 평화가 완성되는 느낌이라고 할 수 있다.

이때는 "이래서 내가 세상에 존재하는 거야! 이래서 나는 여자야! 늘 예감은 하고 있었지만 지금에야 알겠네"라는 말이 절로 나오면서 올바른 존재, 결합된 존재라는 느낌을 준다. 마치 골반의 힘이 진정한 부름의 기능을 해서 당신의 심장에 생명을 불어넣는 느낌 같은 것이다. 또 그 힘이 본래 그런 목적으로 골반에 있는 것이고, 그 힘이 심장을 통해 흐를 때, 당신의 모든 생명력과 활기가 의미를 찾고 실제로 충족되는 느낌 같은 것이다. 섹스가 골반에만 머무를 때는 아무 쓸모가 없다. 심장과 결합되어 생명을 불어넣어야 비로소 섹스는 충족된다.

당신이 직접 경험을 해본다면 세상 사람들이 섹스를 할 때 얼마나 잘못된 지점에서 시작하는지도 알게 될 것이다. 오늘날까지 어디에서도 진정한 섹스의 내면적인 지식이 세대에서 세대로 이어지는 자연스러운 전승체계가 없다는 것을 알면 아마 조금은 서글픈 생각이 들지도 모른다. 우리 여성들이 20세기 내내 성적인 문맹 속에서 살았다는 것을, 우리가 지닌 거대한 여성의 힘을 무지 때문에 박탈당했다는 생각을 해보라.

내가 다이애나 리처드슨의 말이 사실이라는 것을 처음으로 직접 체험했을 때, 소울섹스에서 그중 하나를 크게 실감한 적이 있다. 내 영혼을 어루만지는 기분이었다. 나는 모든 것이 내 몸 안에서 완전히 하나로 결합하는 것을 직접 경험할 수 있었다. 여기에 내 내면의 진실이 들어 있었고, 늘 모든 사람의 내면에서 작용하면서 단지 깨워주기만을 기다리는 온전한 존재를 나 자신에게 느꼈다.

내 가슴과 골반의 상호작용은 어쩌면 조용히 건드려지지 않은 상태로 탁자 위에 놓여 있는 바이올린에 비유할 수도 있을 것이다. 이때 바이올리니스트가 다른 바이올린을 연주하면서 소리를 내기 시작하면 탁자 위에 있던 바이올린의 현도 덩달아 울리기 시작하는 모습과 같다고 할 수 있다. 이때도 모든 것은 에너지 중심으로 돌아가며 울림과 전파의 법칙에 따른 기능을 하는 것이다. 이것은 사람이 인위적으로 만들어내는 것이 아니라 그런 상태를 위해 스스로 자신을 개방할 때 나타나는 육체적인 사랑의 기적과 치유 기능 같은 것이다.

여성이 느끼는 오르가슴의 원천은 하복부가 아니라 여성의 가슴에 있다는 사실을 여성에게 일깨워준 것은 다이애나 리처드슨의 엄청난 선구적 업적의 하나임에 틀림없다. 여성의 가슴은 그곳의 자극을 통해 여성이 엑스터시를 느끼는 체험의 진원지라고 할 수 있다. 우리 여성들은 가슴이 활기를 되찾을 때 비교적 힘들이지 않고 쾌락의 상태에 이를 수 있다. 여성이 스스로 사랑스럽게 가슴을 바라보고 애정 어린 손길로 다룰 때, 그리고 남성이 여성의 가슴에 정신을 집중하고 조심스럽게 다루며 올바로 자극하는 법을 배울 때, 그런 상태에 도달한다. 그러자면 소통과 감정이입의 능력이 필요하다. 여성의 가슴은 종종 관심이 집중되지 못했거나 자극이 지나칠 때 닫히고 경직되기도 하며 오랜 세월 잘못 취급을 당하면서 굳어진 상태에 있을 수도 있기 때문이다. 여성의 가슴은 남성이 환상에 도취될 때의 도구로 이용될 때가 많으며 남성이 마치 반죽처럼 주무르거나 압박을 가하고 욕심껏 움켜쥐어 수난을 당하는 경우가 흔하다. 압박을 가하고 짓누르는 동작으로 바이올린의 음률을 살릴 수는 없으며 가슴의 올바른 기능을 살릴 수도 없다. 여성의 가슴이 다시 열리고 신뢰를 되찾기 위해서는 어쩌면 먼저 힐링이 필요한지도 모른다. 그러자면 우리 여성과 남성들이 천천히 부드럽게 여성의 가슴을 깨우면서 현재의 순간에 집중하는 자세로 탐색을 해야 할 것이다.

남성이 자신의 가슴을 움켜쥐고 짓주무르며 압박하거나 우악스럽게 잡기도 하고 젖꼭지를 잡아당길 때 불쾌했던 경험을 내게 털어놓았던 여성들은 부지기수다. 여성의 가슴은 극도로 민감한 기관이다. 그런 식으로 가슴을 다룰 때, 여성의 몸에서 일어나는 섬세한 흐름은 방해를 받게 마련이다. 사랑하는 남성들이여, 이제부터는 제발 바이올린을 생각하기 바란다. 민감한 악기의 소리를 내듯 다루어야 한다. 탐색하듯이 느끼고 조화로운 조율에 힘써야 한다.

당신이 남성으로서 여성의 가슴에서 다시 생명이 넘치고 활기찬 모습을 경험하고 싶다면 탐색하는 자세로 정신을 집중하고 인위적인 행위를 자제해야 할 것이다. 여성의 가슴에 손을 댈 때마다 당신이 인지한 것을 느끼려고 해야지 적극적으로 가슴을 자극할 생각을 하면 안 된다. 어떤 목적성을 띠어서도 안 되고 흥분시키기 위해 마사지를 해서도 안 된다. 가슴을 빨고 꽉 움켜쥐는 모든 동작은 적어도 처음에는 자연스러운 흐름에 방해만 될 뿐이다. 악기 다루듯 하는 당신의 부드러운 접촉이 가슴에 생기를 불어넣는다는 것을 명심하라. 여성의 가슴에 한 손을 조용히 얹고 당신의 손으로 전해지는 가슴의 온기 또는 당신의 손에서 가슴으로 전해지는 온기를 느껴보라. 가슴이 일단 활기를 찾으면 동시에 질도 활기를 찾을 것이며 그때 사랑스럽게 젖꼭지도 어루만질 수 있을 것이다.

앞에서 말한 대로, 여성의 가슴은 과거의 경험에 지나치게 민감한 반응을 할 때가 종종 있기 때문에 무감각하다는 느낌을 받거나 거의 아무런 반응을 하지 않을 수도 있다. 이때 무엇보다 중요한 것은, 당신이 남성으로서 아무것도 하지 않는 동시에 실제 아무런 의도도 갖지 말아야 한다는 것이다. 대신 조심스럽게 두 손으로 가슴을 감싸 쥐고 당신의 사랑을 애정 어린 태도로 그 가

숨으로 흘려보낸다고 상상해보라. 어떤 접촉이 자신에게 좋은 느낌을 주는지, 또 자신을 열고 힐링을 하는 데 도움이 되는지를 직접 알아내기 위해서는, 앞에서 말한 대로, 여성들 스스로 자신의 가슴을 어루만지는 연습을 해볼 필요가 있다. 당신의 가슴에는 과거의 부담이 남아 있을 수도 있고 감정이입이나 관심있게 다루어진 적이 전혀 없을 수도 있다. 그렇다면 가슴과 심장의 힐링을 위해서는 당신의 용기와 준비된 자세가 필요하다. 이때 당신의 파트너와 열린 소통을 하는 것이 무조건 도움이 된다. 당신의 느낌을 파트너에게 설명하라. 언제 뭔가가 열리고 언제 아무런 감각도 못 느끼는지 말하라. 무엇이 제대로 취급된다는 느낌을 주고 무엇이 다시 폐쇄상태로 만드는지 확인하고 파트너에게 말하라.

잠들기 전에 완전히 깨어 있는 상태에서 또는 잠에서 깨어난 직후에 규칙적으로 1~2분간 자신의 가슴을 애정 어린 시선으로 살필 수도 있다. 예를 들어 한 번은 오른손을 왼쪽 가슴에, 또 한 번은 왼손을 오른쪽 가슴에 올려놓고 의식적으로 피부의 섬세함과 따뜻한 살의 부드러움을 느껴보는 것이다. 또 가능하면 리듬이 강하지 않은 상쾌하고 부드러운 음악을 곁들일 수도 있다. 섬세한 진동을 느낄 수 있는 음악이면 좋다. 이 경우라면 도이터 Georg Deuter(1945~ : 독일 출신으로 미국에 정착해 활동하는 뉴에이지 음악가 — 옮긴이)의 음악을 추천하고 싶다. 느긋하게 긴장을 풀고 누운 상태에서 음악에 흠뻑 취하고 음악의 선율에 자신을 맡겨보라. 음악을 귀로 듣지 않고 몸으로 느낀다고 생각하라.

가슴이 뛰고, 가라앉을 때의 호흡을 느껴보라. 그리고 조심스럽게 두 손을 맨살의 가슴에 얹어보라. 가슴을 의식적으로 인지하는 것이다. 온 신경을 두 손에 집중하고 손이 사랑으로 충만해 있는 상태를 상상하라. 손이 움직일 때마다 거기에 담긴 사랑과 다정한 기운이 가슴으로 흘러간다는 상상을 해보라. 그리고 가슴에 담긴 사랑과 다정한 기운을 들이마신다는 상상을 해보라. 이런 식으로 당신의 가슴을 알고 가슴을 돌보며 생명력을 일깨우는 것이다. 그리고 가슴이 천천히 당신에게 대답할 때 놀라면 안 된다. 이때 커다란 구원의 느낌뿐 아니라 슬픔의 파도가 당신을 뒤덮을 수도 있기 때문이다. 어떤 느낌이든 그대로 받아들이고 묵은 감정은 이제 떠나도 상관없다고 상상하라.

당신 스스로 자신의 가슴을 발견하고 가슴의 소리에 귀를 기울이며 느끼기 시작한다면 당신은 자연스럽게 당신의 파트너에게 원하는 것이 무엇인지 점점 더 많이 알게 될 것이다. 파트너가 섹스를 할 때 또다시 서두르거나 당신의 가슴을 지나치게 자극한다면 이제부터는 당신이 뭔가 다른 것을 원한다는 신호를 보내야 하고 무엇이 당신의 가슴에 활기를 주는지 신중하게 보여주어야 한다. 이런 방법으로 또다시 가슴이 경직상태에 빠지는 일이 없도록 하라.

때가 되면 당신은 자신이 깨달은 새로운 통찰과 경험에 대해서 당신의 파트너에게 말을 하지 않을 수 없을 것이다. 파트너가 당신의 몸이 어떤 기능을 하고 무엇이 당신의 몸에 좋게 느껴지는지 이해하고 경험할수록 그도 더 긴장을 벗어난 상태에서 안정된 태도로 당신에게 접근하게 될 것이다. 어쩌면 처음에는 좀 까다롭게 굴거나 서툰 반응을 보일 수도 있다. 자신의 생각이 불확실하므로 이런 실험에 어떻게 대응해야 할지 모르기 때문이다. 하지만 남성이 자신의 인위적인 행위가 적을수록 느낌이 좋다는 것을 이해한다면 결국 당사자도 마음이 편할 것이다. 또 가슴이 열리고 흐름을 타고 진동하기 시작할 때, 또 당신이 열려 있다는 것을 파트너가 느낄 때, 당신이 만족한다는 것을 파트너가 경험하게 된다면 그도 만족할 것이다.

아마 당신은 이 글을 읽으면서 한동안 의문이 들었을지도 모른다. 어쩌면 '내가 여성으로서 이런 가슴의 기적이란 것이 이론적으로는 맞는 것처럼 들린다고 해도 어떻게 강한 자극과 삽입 없이 쾌감을 맛본다는 것인지 도무지 모르겠군. 내 클리토리스는 자극이 필요해. 나는 남성은 아니지만 자극적인 섹스나 아니면 적어도 빠르고 힘찬 것이 좋아'라는 생각이 들 수도 있다.

만약 그렇다면 진정성을 가지고 당신 자신의 삶을 돌아보라. 일상 속에서 당신은 남성성을 갈수록 많이 받아들인 적이 있는가? 남성성이 당신의 삶이 아니라 당신의 몸속에 퍼진 적이 있는가? 혹시 다시 상처를 받을까 봐 불안한 것은 아닌가? 통제력을 상실한 것은 아닌가? 당신은 모든 것은 나 혼자 했고 모든 것이 내 책임이라고 생각하는 유형은 아닌가? 오늘날 남성적인 삶으로 이동해 보호를 받고 때로 큰 위안을 느끼는 여성들이 많은 것은 사실이다. 또 많은 여성들은 남성성이 몸속의 그림자처럼 암암리에 퍼져 있는 상태다.

하지만 내 경험으로 볼 때, 이렇게 다른 진영으로 이동하는 것은 일시적인 도움밖에 되지 못한다. 결국 삶 속에서 진정한 당신의 거주지라고 할 당신의 여성성은 정체되는 것이다. 나는 많은 여성이 생활 속에서 우산을 쓰고 샤워를 하면서 몸이 젖지 않는 것을 의아하게 생각한다는 말을 종종 한다. 당신의 몸에 담긴 자연스러운 지혜를 신뢰할 때, 당신은 순간적으로 자신에게 삶의 통제력이 없다는 사실을 깨달을 것이다. 어쩌면 자신의 속마음을 털어놓는 것이 불안할 수도 있고 그 방법을 모를 수도 있다. 그렇다면 방법이 하나 있다. 여성적인 힘을 이용하는 것이다. 불안해질 때는 의식적으로 불안과 마주치고 자신의 몸을 느껴본 다음 그 느낌을 사랑스럽게 받아들여라. 아무런 느낌이 없거나 무감각할 때도 그대로 받아들이고 "그래, 지금 나는 아무 느낌이 없어!" 라고 외쳐보라. 이어 "아무런 느낌도 없는" 그 상태가 어떤지 느껴보고 그쪽으로 당신 자신을 개방하라. 끈기 있게 느낌을 따라가고 신경을 집중하면 뭔가 움직이는 가운데 과거의 불안이 사라질 수 있다는 것을 알게 될 것이다. 그리고 마침내 무감각에서 과거의 고통이 풀려난다. 그러면 당신은 갈수록 자신을 해방하고 완전히 새로운 형태의 만족과 기쁨에 다가갈 수 있다는 것을 경험하게 된다.

어쩌면 당신은 여성으로서 걱정스러운 의문이 들지도 모른다. "하지만 나는 섹스를 할 때 대개 고통스러운데 어떻게 카타르시스를 느낀단 말인가? 어떻게 나 자신을 개방하고 건강한 순환작용을 일으킨다는 거지?" 우선 질 건조증이 있거나 고통을 느끼는 편인 여성은 망설일 것 없이 윤활제를 사용해야 한다. 향기나 첨가제가 없는 천연오일이 가장 좋다. 이런 오일이 훨씬 상쾌하고 긴장을 덜어준다. 다이애나 리처드슨은 심지어 모든 여성에게 윤활제 사용을 권한다. 그리고 당신의 질은 남성이 아주 조심스럽게 다룬다는 것을 알 때, 여성 자신이 질에 신경을 집중한다는 것을 느낄 때 비로소 빨리 긴장에서 벗어나고 기쁘게 열린다는 말을 해주고 싶다. 다음 장에서는 당신과 파트너가 함께 몸에 쌓인 과거의 긴장을 어떻게 페니스와 질 속에서 치유하고 어떻게 긴장에서 벗어나는지에 대해서 좀 더 자세하게 설명할 것이다. 스스로 질을 의식하고 질에 관심을 돌릴 때, 또 당신의 파트너가 질속에서 작은 반발에도 끈기 있게 기다리고 천천히 반응하는 법을 배울 때, 질은 다시 긴장에서 벗어나 신뢰 속에서 열리고 섬세한 감각을 되찾는다는 것을 알게 될 것이다.

또 남성도 스스로 페니스에 관심을 집중하고 속도를 늦추며 인위적으로 다루는 대상으로 보지 않을 때, 자신의 페니스가 긴장에서 벗어나 감각이 더 섬세해진다는 것을 경험할 것이다. 페니스와 질은 대개 압박감 속에서 지나치게 자극적인 섹스를 해본 과거의 경험을 통해 많은 긴장을 자체에 담고 있다. 이런 경험이 있다면 더 둔감해지고 감수성이 떨어진 상태라고 볼 수 있다. 페니스와 질은 서로 방해받지 않는 평화로운 상태에서 소통할 때 서로 치유작용을 한다.

페니스가 질을
치유하는 법

♂ ♥ ♀

본격적으로 소울섹스에 대해 알아보기 전에 혼자서 또는 파트너와 함께 이 책의 3부를 정독하는 것이 좋을 것이다. 3부에서는 남편과 내가 도중에 나타날지도 모르는 이런저런 장애물에 대처하기 위해 제시하는 몇 가지 행동규칙과 조언이 나온다. 그런 다음 파트너와 함께 소울섹스를 배울 준비가 되었다면 두 사람이 서로 가벼운 눈길로 상대의 눈을 바라보면서 속마음을 털어놓아야 한다. "나도 어떻게 될 건지 전혀 모르겠어." 연구하는 자세로 호기심을 가진 초심자의 역할로 돌아간다면 큰 도움이 될 것이다. 이렇게 편한 상태라야 서로 마음을 열 것이고 여러 가지 현상이 일어나면서 새로운 경험을 하게 될 것이다.

어쩌면 뒤에 나오는 요령을 벌써 읽어보았는지도 모르겠다. 큰 쾌감도 못 느끼고 절정감에 오르지 않은 상태에서 마치 몸을 대가로 선불제로 기대감을 주는 듯 하는 것이 이상할지는 모르지만 어쨌든 멋진 섹스를 기대한다는 것은 좋은 일이다. 어렵게 생각할 것 없다. 편안한 마음으로 나란히 눕는다. 벌거벗은 상태가 가장 좋다. 적극적으로 상대를 만지지 않고 단순하게 나란히 눕기만 하면 된다. 앞에서 말한 대로 욕구가 없으면 아무 소용이 없기 때문이다.

서로 섹스할 생각이 있다면 각자가 자기 자신의 몸을 편하게 느끼는 것이 중요하다. 자신의 몸에 한 발짝 더 다가가고 스스로 몸속에 닻을 내린다면 상대의 몸도 훨씬 더 잘 느낄 수 있는 법이다. 이것은 비단 섹스에서뿐 아니라 일상적인 생활에도 똑같이 적용되는 매우 중요한 행동규범이다. 나 자신을 인지할 때 상대를 더 잘 인지할 수 있다는 말이다. 나란히 누웠다면 각자가 눈을 감고 자신의 몸에서 나는 소리에 귀를 기울인다. 이런 연습은 이 글을 읽으면서 간단히 시도할 수 있을 것이다.

몸 어딘가에서 호흡에 따른 움직임이 일어나는 것을 인지할 수 있는가? 발의 감각을 느낄 수 있는가? 발은 어떤 느낌을 주는가? 혹시 발바닥이 가렵지는 않은가?

한 발짝 더 다가가 당신의 몸과 접촉이 잘 이루어진다면 정신적으로 몸의 긴장을 풀 수 있을 것이다. 어깨의 경직이 풀리고 뱃살이 부드러워진다고 상상해보라. 당신의 골반에 신경을 집중하고 그곳의 미세한 근육이 이완되거나 골반을 통해 따뜻한 물줄기가 흐르면서 모든 긴장을 해소한다고 상상해보라. 창의력을 동원해 당신에게 무엇이 잘되고 안 되는지 시험해보라.

그런 다음 천천히 눈을 뜨고 각자가 모로 누운 상태에서 말없이 상대를 바라본다. 처음에는 아마 자제력이 필요하기도 할 것이다. 어쩌면 말없이 당신의 파트너를 빤히 쳐다본다는 것이 힘들 수도 있을 것이고 멋쩍은 웃음이 나올지도 모르겠다. 그래도 그 상태를 유지하고 이때 일어나는 모든 현상을 수용하라. 견디기가 힘들다면 다시 눈을 감고 당신의 몸 안에 나타난 모든 감각을 인지하라. 내부에서 꿈틀대는 모든 반응을 주목하라. 경직된 곳도 있고 가려운 곳도 있을 수 있으며 어쩌면 아무런 반응이 없을 수도 있다. 계속 몸을 주목한다. 정신을 집중하고 자신의 몸속을 주목할 것이며 파트너에 대해서는 적극적인 관심을 돌리지 않는다. 대신 마치 내부에 닻을 내린 듯 자연스럽고 부드러운 시선으로 바라보기만 하면 된다.

이미 말했듯이, 파트너에 관심을 쏟다가 자기 자신에 대한 끈을 놓치지 않으려면, 또 당신 자신의 감각을 흐트러트리지 않으려면 중심을 잃지 않고 자신의 몸에 닻을 내리는 것이 중요하다. 물론 무엇을 해야 할지, 무슨 일이 일어날지도 모르는 상태에서 완전히 깨어 있는 의식으로 나란히 누운 채, 말없이 서로 바라보기만 한다는 것이 우스꽝스러울 수도 있다. 만일 이런 자세가 견디기 힘들거나 불쾌하다면 자신의 몸에 대한 감각이 살아나고 안정될 때까지 늘 반복해서 가볍게 눈을 감고 몸에서 나오는 느낌을 따라가 보는 습관을 들이는 것이 좋다.

아마 당신은 자동적인 동작모드를 떠나 오랜만에 다시 감정의 피난처로 들어가 거기서 밖을 내다볼 때, 당신 자신이 연약해서 상처를 받기 쉽다는 것을 알고 놀랄지도 모른다. 이때 당신과 파트너는 서로 잘 알지도 못하고 무슨 일이 일어날지도 모르는 젊은 커플과 비슷한 측면이 있다. 하지만 젊은 연인 시절에는 모든 것이 황홀했지만 지금은 어떨까? 오랜 세월 함께 살면서 당신들은 아마 서로 꾸밈없는 사이가 되었을 것이다. 육체뿐만 아니라 감정이나 정신을 솔직하게 드러내는 사이일 것이다. 그러므로 이런 태도를 취하는 것이 거북하거나 당황스럽기도 하고 오히려 부끄러울지도 모른다. 또 불안하거나 뭔가를 해야 한다는 느낌을 받을 수도 있다.

심호흡을 하고 모든 감각을 그대로 두고 보라. 견디기 힘들다면 다시 당신의 몸으로 정신을 집중하라. 그리고 몸에서 일어나는 것을 따라가 보라. 지금 불안하고 부자연스러운 느낌인가? 그렇다면 이 불안은 어디서 나오는 것일까? 지금 내가 쾌감을 느끼는 것인가? 그렇다면 정확하게 이 쾌감은 어디서 나오는 것일까? 신경을 집중해서 이 쾌감을 따라가 보면 무슨 일이 일어날까? 쾌감이 없는 것 아니야? 오히려 저항감을 느끼는 것 아닌가? 경직된 것이 아닌가? 불안한 것이 아닌가? 아무런 느낌도 없지 않은가? 몸 어디에서 저항감이 생기는 거지? 불안할 때 내 몸의 느낌은 어떤가? 아무 느낌도 없다는 것을 어떻게 알지? 잠시 호흡을 멈추고 내 몸에 신경을 집중할 때 무슨 변화가 생길까? 모든 감각과 -불쾌한 감각까지도- 직접 마주쳐도 된다. 이제는 그것들로부터 도망치거나 몰아내려고 할 필요가 없다. 의식적으로 맞부딪칠 때, 어떤 감각도 위협적으로 느껴지지 않을 것이다.

처음에는 마음이 혼란스러운 상태에서 이리저리 방황해야 할지도 모른다. 자기 자신의 몸과 안정적으로 자연스럽게 접촉한다는 느낌이 들 때까지는 이런 방황이 필요할 때가 종종 있다. 끊임없이 궤도에서 벗어나거나 성적인 환상이 떠오를 수도 있다. 또는 긴장이 전혀 안 풀릴 수도 있다. 이 경우도 마찬가지다. 그저 있는 그대로 받아들이기만 하면 된다. "좋아, 나는 긴장하고 있어. 마음이 진정되지 않아." 그런 다음 다시 당신 자신의 몸을 주목한다. 스스로 물어보라. "호흡에 따른 움직임이 몸 어디에서 느껴지는가?"

또 몸 안의 반응과 제대로 접촉하지 못할 수도 있다. 남성의 경우 몸이 굳어 있기 때문에 올바로 몸을 느끼지 못하는 일이 종종 있다면 여성은 오랜 세월 몸의 반응을 무시하면서 살았고 아무것도 느끼려고 하지 않거나 자신의 몸에 책임을 돌리기 때문에 몸에 닻을 내리는 것이 힘들 때가 많다. 또 당신의 파트너와 본격적으로 접촉할 기회를 상실했을 수도 있다. 접촉할 기회가 생겨도 당신은 실제로 자리에서 일어나거나 화장실에 가고 아니면 목이 마르거나 배가 고프기도 하며 쇼핑할 목록을 다시 확인하는 경우도 있을 수 있다. 이 모든 것은 육체적 접촉의 기회가 생기는 것이 싫어서 무의식중에 일어나는 방어 전략에 해당한다.

또 무의미한 생각이 꼬리를 물고 이어지고 온갖 잡념이 머리를 스치고 지나갈 수도 있다. 아니면 접촉의 기회가 생길 때, 당신은 갑자기 파트너와 의논할 일이 생각날 수도 있다. 이 또한 육체적 접촉이 이루어지는 것을 막으려고 하는 무의식적인 방어 전략이다. 이 모든 생각을 그대로 허용하되 하나하나를 심각하게 받아들일 필요는 없다. 온갖 잡념에도 불구하고 그대로 누워서 자신의 몸에 정신을 집중하려고 할 때는 정신이 산만해서 몸을 제대로 인지하지 못하는 일이 생길 수 있다. 이럴 때는 마치 신체적인 감수성이 약해지거나 감각과 멀어지고 안개 속을 헤매는 느낌이 생길지도 모른다.

좀 더 선명한 신체감각을 찾기 위해서는 파트너에게 조심스럽게 만져달라는 부탁을 할 수 있다. 파트너에게 어떠어떠하게 만져야 당신 자신의 몸을 느끼는 데 도움이 된다고 설명하라. 당신의 파트너는 이 순간 당신이 의지하는 닻이고 그 역할에 충실하려면 특별히 인위적인 행위를 할 필요가 없다. 당신이 기꺼이 피부접촉을 느끼고 싶은 곳이 어느 곳인지 보여주거나 말을 하라. 파트너가 당신을 어루만지기 시작할 때, 최고의 원칙은 '목표를 두지 마라! 현재의 상태에 정신을 집중하라!'라는 것이다. 쓰다듬는 사람은 자신의 손에 신경을 집중하면서 물어봐야 한다. "당신 좋아?", "이건 어때?", "무슨 느낌이야?" 또는 "지금은 기분이 어때?" 등등.

질문을 받는 사람이 새겨야 할 최고의 원칙은 '오직 진실만을! 상대의 마음을 다치게 하지 않으려고 친절한 말로 자신의 기분을 사실과 다르게 말하지 말라!'라는 것이다. 그런 질문을 받을 때, 당신은 "별로 느낌이 좋지 않아"라는 말을 할 줄도 알아야 한다. 또는 "아무 느낌이 없어"라는 말도 해야 한다. 이런 식으로 두 사람은 언제나 서로 마음을 터놓은 상태에서 접촉하는 법을 배우는 것이다. 따분하다는 느낌이 와도 처음에만 그렇다. 시간이 가면서 서툰 동작은 줄어들 것이고 당신이 고맙게 생각하는 상태가 찾아올 것이다.

섹스는 첫 순간이 결정적인 역할을 한다. 연애를 시작한 첫 순간이 아니라 육체적인 접촉을 하는 첫 순간을 말한다. 바로 이 첫 순간에 당신을 전적으로 개방하고 정신집중을 하며 당신 자신을 떠나지 않고 실제로 자신의 몸에 머무르기 위해 현재의 순간에 몰입하는 태도가 필요하다. 내가 내 손가락이나 입으로 상대의 몸과 접촉하고 또 상대가 나의 몸과 접촉하는 첫 순간에 주목하는 습관을 들여야 한다. 내가 삽입하는 첫 순간, 또는 상대가 내 몸에 들어오는 첫 순간에 필요한 것은 정신집중이지 적극적인 행위가 아니다.

이 원칙은 섹스를 할 때뿐 아니라 서로 만지고 쓰다듬는 데도 적용된다. 자신을 어루만질 때는 언제나 탐색모드 상태에서 마치 전에는 전혀 해보지 못한 것 같은 의식으로 피부와 접촉하는 것이 중요하다. 자기 스스로 접촉하는 곳에 온 신경을 집중해야 한다. 또 다른 잡념이 들어설 때는 의식적으로 접촉할 때의 느낌으로 늘 되돌아오는 훈련을 해야 한다. 중요한 것은 테크닉을 동원하는 것이 아니라 자신의 느낌에 몰두하는 것이다.

서서히 자기인지나 의식적인 접촉과 친숙한 느낌이 든다면 당신은 계속 자신을 어루만져도 된다. 또 상대와 입을 맞추고 얼싸안거나 상대를 쓰다듬을 수도 있다. 하지만 단순히 늘 반복되는 인위적인 행위를 할 것이 아니라 직관적으로 볼 때 그 순간에 무엇이 올바른지 의식하려고 해야 한다. "아 좋아……! 당신, 느낌이 와……? 내 몸의 반응을 느낄 수 있어……? 이거 좋아……? 아직 별 느낌이 없어…… 사정할 것 같아, 좀 천천히……!"와 같은 말을 주고받으면서 늘 서로 피드백을 해야 한다.

당신이 여성이라면 파트너의 손을 잡아 가볍게 당신의 가슴에 올려놓고 손의 압박과 무게를 느껴볼 수도 있다. 파트너의 손을 잡아 당신의 가슴에 부드럽게 얹는다면 파트너는 당신에게 어떤 동작이 필요한지 느낄 것이다.

당신이 남성이라면 결합을 시작할 때 여성을 애무하면서 아주 부드럽게 어루만지는 것이 좋다. 다이애나 리처드슨은 "깃털처럼 가볍게 쓰다듬는다"라는 말을 즐겨 하는데 내가 볼 때도 아주 적절한 비유다. 가볍게 스치듯 하는 접촉만으로도 온몸이 자극을 받고 몸이 팽창되며 감각이 생생해지면서 민감한 반응을 보인다. 이런 식으로 여성의 몸에 정신을 집중하면 굳이 흥분시키는 행위를 하지 않아도 여성의 몸은 활짝 피어나는 꽃처럼 열릴 것이다. 그리고 몸이 따뜻해지고 충분히 열릴 때, 그 몸은 당신의 감각을 기꺼이 받아들이게 된다.

한편 과거의 방어심리를 벗어나지 못하고 마치 튼튼한 요새에 갇힌 채 백마의 기사가 육중한 성문을 열 방법을 찾을 때까지 기다릴 게 아니라, 당신의 남성을 자발적으로 받아들이려면 여성도 사랑을 승낙하고 내면적으로 긍정의 말을 할 수 있어야 한다. 당연히 당신도 파트너를 쓰다듬을 수 있다. 이렇게 해도 파트너를 쉽게 흥분시킬 수 있다. 그러자면 우선 당신의 남성을 알아야 한다. 깨어 있는 의식으로 상대에게 무엇이 필요한지 인지하라. 하지만 처음에는 무조건 파트너를 적극적으로 흥분시키는 행위 또는 그의 성기 부위를 쓰다듬거나 마찰하는 행위를 자제해야 한다. 당신의 접촉행위로 그에게 사랑을 주고 이 사랑으로 그가 자신을 인지하고 섬세한 감각을 열게 만드는 것은 당신에게도 똑같이 중요하다. 당신이 여성이라면 예컨대 현재의 순간에 몰입해서 당신의 손으로 그의 성기를 따뜻하게 감싸 쥐고 마치 당신의 사랑을 그쪽으로 흘려보내는 것처럼 할 수 있다. 모든 감각마다 깨어서 받아들이는 태도를 취할 때 두 사람은 서로 카타르시스를 주고받을 수 있다.

당신의 정신집중은 남성이 자신을 더 잘 인지하고 자기 자신의 몸에 머무는 상태에 큰 도움이 된다. 남성은 경우에 따라 무의식 중에 또는 습관적인 자극을 통해 즉시 흥분하고 환상의 세계로 이탈하며 그와 동시에 현재에 몰입하는 상태에서 빠져나가기 때문이다. 또한 이때도 호흡이 도움을 준다. 당신이 남성으로서 현재의 순간을 이탈하거나 쉽게 흥분된다는 것을 느낀다면 몇 차례 의식적으로 호흡을 늦추고 침착하게 다시 몸에 정신을 집중할 필요가 있다.

남성으로서 당신은 사랑의 감정에 머물러야 하고 흥분 때문에 교감의 끈을 놓치지 말아야 한다는 것을 의식해야 한다. 당신의 접촉행위 하나하나가 모두 감정을 전달한다고 상상해보라. 글로 설명하기는 어렵지만 그런 행위를 할 때면 즉시 느낄 수 있을 것이다. 가령 자신의 팔을 스스로 어루만지면서 그 행위가 팔에 애정을 전달한다는 것을 상상해보라. 이런 식으로 당신의 여성을 어루만질 수 있을 것이다. 이런 행위는 당신에게 남성적인 힘을 줄 것이고 미묘하게 당신의 여성에게 감정을 전달하면서 여성을 만족시켜줄 것이다. 또 언제나 남성은 "어떻게 해줄까? 방금 한 이것은 느낌이 어때?"라는 간단한 질문을 할 필요가 있다. 당신이 지나치게 욕심을 부리면 여성의 몸은 닫힌다. 당신의 행위가 어떤 느낌을 줄 때, 여성의 몸은 열린다. 이것은 수학처럼 단순하고 분명한 이치다.

당신이 남성이라면 주는 것보다 받는 것이 유난히 더 힘든 것이 하나 있다. 즉 여성의 사랑에 대해 자신을 개방하고 그 사랑을 받아들이는 것이 쉽지 않다. 그러니 사랑을 받아들이는 데 힘을 써야 한다. 배리 롱은 "여성은 남성이 받아들이는 것만을 줄 수 있다"라고 말한다. 여성은 자신의 진정한 사랑이 남성에게 올바로 전달되지 않는다는 느낌을 받을 때가 종종 있다. 남성이 지나친 긴장 상태에서 동작모드를 유지하기 때문이다. 그러므로 남성으로서 당신은 완전히 깨어 있는 의식으로 심장의 열기를 억제하고 여성의 사랑과 개방을 받아들이는 태도를 취해야 한다. 편안한 마음으로 여성의 가슴이 능동적인 부위이며 여기서 남성의 가슴과 심장으로 에너지가 흐르는 순환작용이 일어난다는 것을 늘 기억하라. 당신이 미처 느끼지 못할 때도 순환이 이루어진다고 생각해야 한다. 시간이 가면서 당신은 이렇게 섬세한 사랑의 흐름을 점점 더 분명하게 느낄 수 있을 것이다.

당신이 여성일 경우 남성이 당신을 만질 때, 그의 접촉행위를 올바로 느끼지 못하거나 아무 느낌도 없을 때는 신호를 보내거나 분명하게 알려줘야 한다. "제발 천천히……! 너무 강하고…… 너무 빨라. 왠지 불안해…… 뭔가 잘못된 느낌이야……." 대개 여성은 남성의 충동이 주도권을 행사한다는 것을 남성보다 더 일찍 눈치 챈다. 이때 당신은 여성으로서 분명히 상황을 인식하고 여성적인 감각이 상황을 주도하도록 하는 것이 중요하다. 남성이 조급하게 서두를 때, 당신은 그가 부드럽게 속도를 늦추도록 신체적인 신호를 보낼 수 있다.

이때도 압박감에서 벗어나기 위해 몇 차례 심호흡을 하면서 남성을 돕거나 진정시킬 수 있다. 그러면 당신의 긴장이완이 상대에게 전달된다. 당신은 조용히 상대에게 "조심해! 방금 기분이 어땠는지 알아?"라거나 "당신과 접촉하는 끈을 놓친 느낌이야!"라는 말을 해도 좋다. 더 이상 올바로 결합된다는 느낌이 오지 않을 때는 당신 쪽에서 의식적으로 속도를 늦추는 것이다. 이런 훈련을 거치면서 차츰 파트너는 스스로 무슨 일이 일어났는지 더 일찍 눈치 챌 것이며 현재에 충실하면서 실제로 그 순간을 즐기기 위해서는 무엇을 해야 하는지 알게 될 것이다.

긴장이완과 서두르지 않는 태도, 호흡은 소울섹스라는 과제에서 그야말로 마법의 효과를 불러일으킨다. 기본적으로 중요한 것은 열기를 식히고 유연하게 육체적 결합을 하는 것이며 부드럽고 매끄러운 동작으로 긴장이 해소되는 분위기를 연출하는 것이다. 이런 말은 지금까지 섹스에서 추구한 모든 것과 모순되는 것처럼 들릴지도 모르겠다. 섹스 하면 뜨겁고 야성적이며 탐욕적이고 환상에 가득 찬 것으로 생각했을 것이다. 하지만 이제는 열기를 식히고 현재의 순간에 충실하며 깨어 있는 의식으로 차분한 분위기를 즐긴다고 생각해야 한다. 그렇다고 해서 소울섹스에서 연출되는 분위기가 따분한 것은 아니다. 당신은 인위적인 행위가 별로 필요 없다는 것을 알게 될 것이다. 충동에 휩쓸리지 않고 맑은 정신으로 깨어 있을 때, 훨씬 많은 경험을 하기 때문이다.

이 대목에서 호흡에 대한 얘기를 좀 해야겠다. 내 경험으로 볼 때, 엄청난 비밀의 하나는 호흡에 있다. 호흡의 위력을 모르면서 멋진 애인이 될 수 있는 사람은 아무도 없다. 호흡은 온갖 자극이 일어나는 공간을 제공한다. 강렬하고 순도 높은 섹스를 원한다면 자신에게 물어봐야 한다. "나는 내 호흡을 의식하고 있는가? 나는 호흡을 잘 조절할 수 있는가? 내 몸을 호흡과 일치시킬 수 있는가? 나는 몸과 호흡을 조화시킬 수 있는가?"

당신이 소울섹스의 실험을 시작한다면 무조건 호흡 실험을 병행하면서 마땅히 자신의 호흡을 더 잘 파악해야 한다. 어떤 사랑놀이를 하든 완벽한 준비는 사전에 당신 자신의 호흡과 조화를 이룰 때 갖춰지게 마련이다. 각자가 자신의 호흡과 조화를 이룰 때, 두 사람의 사랑도 조화를 이룬다. 눈을 감고 몸속에서 자신의 호흡을 인지할 수 있는 부분을 느껴보는 습관을 들여야 한다. 어디서 숨을 들이마시기 시작하고 어디서 내쉬기를 끝내는가? 당신과 파트너가 각자 자신의 호흡과 쉽사리 조화를 이룰 수 있다면 두 사람은 서로 호흡을 일치시키는 실험을 할 수 있다. 우선 한 사람이 힘들이지 않고 안정적인 심호흡을 시작한다. 이때 상대는 그 흐름을 타면서 파트너의 호흡리듬을 받아들이려고 하면 된다. 처음에는 파트너의 리듬에 익숙하지 않기 때문에 서툴다는 느낌을 받을 수도 있다. 이 훈련이 두 사람 모두에게 즐거우려면 당신이 좀 더 긴장이 해소되고 편안한 호흡을 하는 법을 배우는 것이 중요하다. 쉽게 호흡을 조절할 수 있는 사람이 -더 쉽게 안정적으로 호흡을 늦출 수 있는 사람- 먼저 '호흡의 안내자'가 된다는 것을 서로 분명히 해야 한다.

호흡은 일상생활이나 섹스에서 엄청난 위력을 지니고 있다. 두 사람 중에 한 명이 안정되고 깊은 호흡의 리듬으로 더 쉽게 들어갈 수 있다면 그 사람이 먼저 리듬을 보여주는 것이 좋다. 중요한 것은 리듬이 깊어질 때, 힘들이지 않고 단순하게 그 호흡을 받아들이며 함께 그 리듬을 타는 것이다. 그러면 대개 리듬은 저절로 안정을 찾게 마련이다. 이런 리듬의 일치에 어떤 힘이 담겨 있는지 이해하기 위해서는 먼저 호흡을 알아야 한다. 만일 두 사람 중 한 명이 힘들고 불규칙적인 호흡을 하는 상황에서 상대가 그 리듬에 맞춘다면 마치 한 사람은 계속 박자가 틀리는데 다른 사람이 그 박자에 맞춰 노래를 부르는 느낌이 들 것이다. 이런 느낌이 들 때는 차라리 당신 자신의 몸에 머물러 자신만의 평화로운 리듬을 찾는 것이 더 낫다.

뭐든 마찬가지지만 여기서도 훈련과 실험에 대한 즐거움이 있어야 한다. 즐거움 속에서 시간이 지나다 보면 호흡의 리듬과 깊이, 호흡의 일치와 조화에 성적 체험의 질과 깊이가 좌우된다는 것을 알게 될 것이다. 온몸을 열고 섬세한 엑스터시의 에너지를 깨우는 데는 긴장이 해소된 파트너의 호흡 몇 번으로 충분할 때가 많다. 그리고 이런 습관에 익숙해진다면 엄청난 소득이 생길 것이다. 즉 호흡과 동작을 일치시키게 된다는 말이다. 두 사람이 각자 완전히 긴장을 풀고 똑바로 누워서 숨을 들이마실 때 배와 골반의 흐름이 어떤지 느껴보라. 이 흐름을 똑바로 주목한다면 숨을 들이쉴 때마다 골반이 앞쪽 밑으로 가라앉고 숨을 내쉴 때, 배에서 공기가 흘러나오면서 다시 골반이 올라가는 느낌을 확인할 수 있을 것이다. 이렇게 5분 정도 지속하면 놀라운 생명력이 골반으로 들어간다는 느낌이 온다. 그리고 두 사람이 함께하면 서로 완전히 조화되는 느낌과 더불어 상쾌한 기분에 빠져들 것이다. 실제로 몸이 리듬을 타고 엉덩이가 흐름을 탈 때의 느낌은 환상적인 것이다. 이러면서 마음이 안정되고 긴장과 경직이 풀리면서 몸은 유연해진다.

당신이 이 모든 것을 실험할 때, 처음에는 고전적인 의미의 섹스를 전혀 하지 않을 수도 있다. 오해하지 않기를 바란다. 어떤 목표가 있는 것이 아니다. 또 당신이 호흡할 때, 온통 정신이 엉클어지고 어처구니없다는 느낌과 함께 긴장이 해소되면서 이게 무슨 미친 짓이냐는 생각이 들 수도 있다. 그리고 처음에는 번쩍하는 쾌감의 빛이 안 떠오를 수도 있다. 이 모든 것은 정상이다. 오랜 시간 파묻혀 있던 것이 마침내 사랑과 훈련으로 변화되면서 당신은 섹스를 할 때 더 많은 충족감을 경험할 수 있을 것이다.

다시 사랑의 행위로 돌아가 보자. 당신들 두 사람이 실제로 육체적인 결합을 할 준비가 되었다면 고통이 없이 매끄러운 느낌이 들도록 윤활제를 이용하는 것이 처음에는 정말 좋을 것이다. 남성은 발기가 되면 매단계의 행위를 분명히 인식한 상태에서 여성과 접촉한다는 결심을 하는 것이 무엇보다 중요하다. 또 삽입을 할 때도 첫 순간이 가장 결정적인 작용을 한다. 이때도 정신을 집중하고 적극적인 행위를 하지 말아야 한다.

발기가 되었을 때 신중한 삽입을 위해서는 여성이 자신의 음순을 식별하고 남성이 정확하게 페니스 끝의 방향을 맞추고 천천히 미끄러져 들어올 수 있도록 도와주는 것이 이상적인 출발이다. 그리고 남성은 언제나 여성의 몸이 열리고 받아들일 준비가 되었는지 확인해야 한다. 삽입 또는 여성의 몸으로 잠수할 때의 황금률은 "천천히……더 천천히……아주 천천히 ……"라는 것이다. 삽입하기 전에 남성은 잠시 페니스의 끝부분이 질의 입구에 가볍게 닿을 정도만 유지하면 된다. 더 이상은 필요 없다. 남성은 그 상황에서 질이 열려 있는지, 수월하게 미끄러져 들어갈 수 있는지 느껴보고 몇 밀리미터 정도만 안으로 들어간다.

남성으로서 당신은 질 속의 작은 반발이 일어날 때마다 동작을 멈춰야 한다. 이때도 현재의 순간에 집중하는 것이 중요하다. 그런 다음 페니스의 느낌을 완전히 인지한 상태에서 지속적으로 질과 접촉할 필요가 있다. 현재의 순간에 집중한다면 당신은 언제 질에서 삽입에 저항하는지, 언제 질이 열리고 입장을 허용하는지를 정확하게 느낄 것이다. 만일 반발이 느껴진다면 숨을 몇 번 고른 다음 다시 가볍게 페니스를 빼고 그곳이 부드러워져 다시 진입할 수 있을 때까지 기다리는 것이 좋다. 만일 첫 반발을 느끼는

데도 피하지 않고 계속 진입한다면 당신은 그 순간에 이미 여성의 감정을 잃을 것이다. 질 속에서 미묘한 긴장과 반발이 일어난다면 질은 당신과 교감할 끈을 놓치는 것이다. 그러면 육체적 만남은 의미가 사라지고 당신도 남성으로서 결국 깊은 불만에 빠지게 된다. 마찬가지로 당신이 여성일 경우에도 자신의 몸과 진정한 조화를 이루는 것이 중요하다. 당신의 몸은 당신 스스로 몸에 정신을 집중할 때만 실제로 열리게 되어 있다. 만일 머릿속의 잡념으로 달아난다면 당신의 몸은 감각이 희미해지면서 그대로 닫혀 있을 것이다.

당신이 실제로 자신을 개방하고 현재의 순간에 집중하는지, 어딘가에 장애가 있거나 심한 압박감이 있는 것은 아닌지, 또 계속 몸이 닫혀 있거나 반발하는 것은 아닌지 계속 몸의 느낌을 따라가 보라. 당신은 어쩌면 계속 마음이 진정되지 않고 여전히 몸에 집중하지 않거나 지나치게 잡념에 빠져 있을 수 있다. 어쩌면 오늘 아침에 싸운 일이나 사무실에서 받은 스트레스가 머리에서 계속 맴돌 수도 있다. 아마 지나치게 흥분해 있을 수도 있고 너무 탐욕스럽거나 굶주려 지친 상태에서 쉽게 상처를 받을 수도 있으며 아니면 과거의 역사 때문에 잠재적으로 원한에 휩싸여 있을 수도 있을 것이다.

이 모든 것에 집착해서 정신의 혼란으로 빠져든다면, 내면적으로 파트너와 올바른 접촉을 하지 못하게 되고 도중에 자신을 느낄 기회를 잃을 것이다. 아니면 더 강한 자극을 요구해 새로운 긴장으로 이어지고 그럴수록 내면의 반발과 불안이 심해지면서 상대와 더욱 거리감을 느낄 것이다. 처음부터 크고 작은 방해요인을 추적해보고 그것을 그저 사랑스럽게 받아들인다면 당신의 몸은 서서히 열리게 될 것이다.

　남녀 모두에게 똑같이 적용되는 원칙은, 자신을 다시 개방하고 상대를 좀 더 의식적으로 받아들이려고 하면 더 강한 해방감을 느낄 때가 종종 있다는 것이다. 파트너와 섹스를 할 때, 서로 집중한 상태에서 상대를 받아들인다면 반발심과 불안, 탐욕은 서서히 걷힌다는 것을 알게 될 것이다.

　남성의 경우 외형적인 힘이 아니라 내면의 순간에 충실한 태도가 중요하다는 것을 경험한다면 특별히 힘이 솟구치고 상쾌해지는 느낌을 받을 수 있다. 남성이 자신의 몸에 더 집중하고 여성의 내면을 더 느낄수록, 스스로 인위적인 뭔가를 하지 않아도 여성의 몸은 남성에게 더 잘 열리는 법이다. 이것이 여성에게 깊은 카타르시스를 안겨주고 여성을 행복하게 해주는 비결이다. 다시 말해 실제로 그 순간에 정신을 집중하는 남성이 되라는 것이다. 섹스를 할 때, 한 남성이 진정 현재의 순간에 집중한 상태에서 한 여성을 만날 수 있다면, 여성은 자신의 내면이 열린 상태에 머물 수 있고 몸이 공중으로 붕 뜨는 신성한 느낌과 더불어 오르가슴을 맛보며 "아아!" 하는 탄성을 지르게 된다. 내가 소울섹스에서 경험하는 이때의 느낌은 단순히 짤막한 욕구분출이 아니라 내 본래의 원초적 여성성 또는 원초적 남성성 같은 경험이다. 남성이 강이라면 여성은 그 강을 받아들이는 호수다.

　하지만 이때 어떤 목표를 정하지 않도록 조심해야 한다. 목표를 의식하면 어느새 새로운 압박이 생기게 된다. 당신이 처음으로 그런 경험을 하며 서핑을 하거나 파도를 타는 기분이 드는 순간 파도가 어디에선가 부서지면서 당신을 집어삼킬 수도 있기 때문이다. 또 갑자기 느낌이 희미해지면서 다시 잡념에 빠지거나 환상으로 이탈하기도 하고 탐욕스러워지면서 당신 자신 및 파트너와 연결된 끈을 잃어버릴 수도 있다. 그래도 좌절하면 안 된다. 현재의 상황을 그대로 받아들여야 한다. 가장 단순한 비결은 있는 그대로를 긍정하면서 "그래, 나는 지금 잡념에 빠졌어…… 그래, 충동이 솟구치고 있어…… 그래, 아무 느낌도 없어……"라고 그 상황을 받아들이는 것이다. 그런 다음 다시 당신의 몸에 초점을 맞춘다.

"나는 내 몸 어디에 안정된 닻을 내릴 수 있는가?"라는 단순한 물음이 기적을 일으킬 수도 있다. 이렇게 자신에게 물으면서 다시 당신 자신으로 돌아갈 길을 찾는 것이다. 당신 또는 파트너의 몸 어딘가가 닫혀 있다는 느낌이 들 때는, 모든 속도를 늦추면서 심호흡을 하고 당신의 촉감과 동작을 인지하면서 아주 사랑스러운 시선으로 그 느낌이 나오는 몸속을 따라가 보라. 그러면 몸속에서 뭔가 긴장이 해소되고 안정되며 몸이 열린다는 것을, 또 더 활기 차고 더 흐름이 유연한 곳이 있다는 것을 경험할 것이다.

두 사람의 결합이 잘 이루어지면 매순간 그것이 어떻게 가능했는지를 생각하면서 페니스와 질의 깊은 감각을 주목하고 의식적으로 느껴야 한다. 목표는 없다. 뭔가를 목표로 삼고 그 방향으로 가려고 하면 안 된다. 그러므로 적극적이고 자극적인 모든 동작과 진부한 전후운동, 경직된 좌충우돌식 운동을 피해야 한다. 이런 동작은 긴장을 불러일으킬 뿐이며 이 순간의 핵심이라고 할 감수성을 떨어트린다.

다시 한 번 강조하지만 중요한 것은 여성의 몸속으로 미끄러져 들어가는 것이지 마치 땅을 정복하듯 파고드는 것이 아니다. 질

284

의 반응에 복종해야 한다. 당신이 남성이라면 압박하지 말고 어떻게 질이 열리는지 주의 깊게 살피면서 그 개방의 과정에 맞춰야 한다. 거의 모든 여성의 질은 그때까지 살아오는 동안 기습당해 본 적이 있다고 생각하면 된다. 충분히 유연해지고 촉촉하며 따뜻해진 상태로 준비를 갖추기 전에 남성의 페니스가 너무 힘을 주고 빠른 속도로 진입한 경험을 질은 기억하고 있다는 말이다. 이때의 경험으로 긴장의 후유증이 남아 질은 무감각해지고 경직된 상태에 있을 수 있다. 많은 질은 그 주인인 여성과 마찬가지로 긴장과 좌절의 경험 때문에 다시 신뢰를 쌓는 법을 배울 필요가 있다.

이에 비해 많은 남성은 발기가 올바로 될 것인지, 제대로 지속할 수 있을 것인지에 대해 불안해한다. 이런 불안 때문에 남성들은 실패할 것을 두려워하며 발기가 되지 않으면 섹스는 불가능하다고 생각한다. 하지만 남성들에게 반가운 소식이 있다. 경직되고 굳어 있는 질은 페니스가 별로 단단하지 않을 때 훨씬 큰 쾌감을 느끼는 경우가 종종 있다는 것이다. 유연하고 경직되지 않은 상태에서 같이 느끼며 질과 접촉하는 페니스가 오히려 기쁨을 줄 수도 있다. 어느 정도 부드러운 페니스가 반응에 대한 인지를 더 잘하고 수용과 소통의 능력이 더 뛰어나다고 할 수 있다. 부드러운 페니스가 단단한 것보다 질을 더 잘 느낄 수 있다는 말이다.

그리고 페니스가 완전히 힘이 빠진 경우라도 남성은 오일을 발라 질이 부드럽고 유연해진 상태에서는 큰 어려움 없이 삽입을 할 수 있다. 여성은 조심스럽게 페니스의 포피를 벗기고 검지와 중지로 끝을 잡은 다음 천천히 조금씩 질로 넣을 수 있다. 이때 질의 긴장을 이완시킬 수 있다면 페니스에는 큰 도움이 되면서 더 잘 들어간다. 여기서도 두 사람이 모두 평온하게 누워 있는 상태가 중요하다. 이 문제를 설명할 때면 우리 부부는 소울섹스에 입문할 때 어떤 체위가 좋은지에 대한 질문을 받는다. 이 경우에 나는 교차위(다리를 교차하고 서로의 다리 사이에 성기를 결합시키는 체위 — 옮긴이)를 추천한다.

내가 다이애나 리처드슨에게 배운 것 중에 중요한 것이 많듯이 이것도 마찬가지다. 여성은 반듯하게 눕고 남성은 여성을 향해 옆으로 눕는다. 그리고 두 사람이 골반을 밀착시킨 상태에서 가위처럼 다리가 서로 엇갈린 자세를 취한다. 이 체위는 처음에는 많은 장점이 있다. 남녀 모두 편안한 자세로 긴장을 크게 줄일 수 있기 때문이다. 두 사람 모두 상대 이상으로 큰 동작을 할 필요가 없다. 동작을 취하는 쪽에서는 느낌이 좋은 위치를 유지할 수 있고 필요하다면 베개를 밑에 깔 수도 있다. 실제로 몸의 긴장이 풀린 상태에서 누워 있을 수 있다면, 성기와 감정의 카타르시스를 더 쉽게 맛볼 수 있다.

교차위에서는 가능한 모든 것을 시험해볼 수 있고 만족감을 음미할 수 있다. 또 교차위에서는 갈수록 해방감이 크게 느껴지고 지속적으로 자기 자신의 몸과 교감할 수도 있다. 그리고 부드러운 페니스를 삽입한 상태에서는 페니스와 질이 소통할 때 무슨 일이 일어나는지를 관찰하면서 긴장이 해소될 때의 기쁨과 결합한 상태로 누워 있는 쾌감을 즐길 수 있다. 당신이 여성으로서 깨어 있는 의식으로 조용히 느낌을 따라간다면 당신은 부드러운 페니스에서도 에너지가 흘러나온다는 것을 느낄 뿐 아니라 긴장이 풀리고 개방되어 사랑이 담긴 질은 실제로 마법의 힘을 가지고 있으며 페니스가 저절로 팽창하기 시작하면서 질 속으로 천천히 미끄러져 들어올 때까지 계속 페니스를 끌어들인다는 것을 경험할 것이다.

남성에게는 이와 반대되는 경우에 똑같이 놀라운 경험을 하는 경우가 드물지 않다. 즉 단단하고 지나치게 흥분한 페니스가 사랑스럽게 받아들이는 질 속에 머물 때, 다시 부드러워지면서 감수성이 커진다는 것이다. 페니스와 질은 상대를 긴장에서 해방시키는 능력이 있다. 자연스러운 상호작용이 일어날 때, 페니스와 질은 섬세한 힘이 생기면서 감수성이 더 커지고 상대를 더 잘 받아들인다.

그저 편안한 상태에서 나란히 눕고 자신을 개방하라. 그러면 당신이 전혀 예상치 못했던 신비로운 일들이 너무도 많다는 것을 깨달을 것이다. 당신이 아는 모든 것을 뛰어넘는 경험과 늘 동경하던 감각을 맛보게 될 것이다. 또 일상적인 졸림과 나른한 현상이 찾아오면서 치유효과가 발생하기도 한다. 처음에는 두 사람 중 한 사람 또는 두 사람 모두에게 갈수록 긴장이 풀리면서 꾸벅꾸벅 조는 일이 생길 수 있다. 하지만 잘못된 것은 아니므로 이 일로 상대를 비난하면 안 된다. 아마 당신은 휴가를 갔을 때도 이와 비슷한 경험을 했을 것이다. 드디어 마음을 가라앉히고 모든 일상의 스트레스에서 벗어났을 때, 당신은 갑자기 혼수상태가 될 정도로 완전히 기진맥진해지는 경험을 했을지 모른다. 이런 현상은 몸이 오랫동안 당신에게 결핍된 뭔가를 되찾는 과정에서 일어나는 것이다. 그러므로 섹스에서 해방감을 맛볼 때도 똑같은 현상이 발생할 수 있다. 힘이 빠지는 현상을 그대로 수용하면 곧 생생한 카타르시스가 뒤를 이을 것이다.

다시 본래의 행위로 돌아가 보자. 당신이 남성으로서 천천히 여성이 개방하는 과정을 따르면서 여성의 몸속으로 들어갔을 때는, 가능하면 깊이 삽입한 상태에서 그대로 조용히 누워 있는 것이 좋다. 두 사람 모두 서로 주목하고 가능하면 그 순간에 집중한 상태에서 페니스와 질 사이에서 강렬해지는 접촉과 결합의 느낌을 맛보며 무슨 일이 일어나는지 기다려보라.

배리 롱은 말한다.

"숙달된 동작이란 있을 수 없다. 여성은 어떤 의도를 지니고 몸동작을 하면 안 된다. 모든 동작은 설사 모든 움직임을 중지하는 한이 있더라도 몸에 맡겨야 한다."

당신이 여성으로서 계속 감수성을 깨우면서 긴장에서 벗어나고 당신의 남성이 현재의 순간에 정신을 집중한다면, 두 사람은 어떤 대가를 치러도 아깝지 않을 몸의 신비로운 작용이 시작되는 공간을 계속 늘려갈 것이다. 두 사람의 몸은 부드럽게 풀리고 갈수록 오토마티슴Automatisme(무의식적인 기계적 작용— 옮긴이)에서 자유로워질 것이며 점점 더 자연의 순리에 따라 서로 결합하면서 내면의 활기가 솟아날 것이다.

내부에서 서서히 에너지가 올라오는 것을 느낀다면 어떤 동작으로 그 에너지가 나오는 것인지 추적해보라. 내 경험으로 볼 때, 에너지는 단단하고 곧은 직선의 형태가 아니라 파도처럼 또는 8자형으로 회전하면서 나선형 모양으로 이동한다. 이 말은,

몸은 대개 골반에서 아주 미세하게 시작되어 서서히 확대되고 강렬해지는 진동에 휩쓸린다는 뜻이다. 그러다가 일정한 때가 되면 당신은 몸 안의 모든 것이 더 큰 동작을 갈망하고 더 넓게 확장되고 싶어 한다는 것을 깨달을 것이다. 골반의 움직임이 더 커지는 가운데 단순히 전후로 움직이는 것이 아니라 회전운동을 하거나 부드럽게 옆으로 파동을 일으키는 모습은 마치 엉덩이를 흔들며 관능적인 춤을 추는 사람을 연상시킨다.

당신이 여성으로서 서서히 몸이 덥혀지고 수용력이 생기면서 갈수록 몸속의 움직임이 느껴진다면 당신의 남성에게 자신의 몸으로 부드러운 동작의 자극을 전달해야 한다. 당신이 남성이라면 계속 개방적인 태도로 가능하면 그 순간에 집중하면서 자연스러운 몸속의 충동과 부드러운 동작, 자극을 일으키되 여성의 반응을 무시하거나 거스르지 않는 것이 중요하다. 여성의 몸이 안으로부터 활기를 찾고 몸속에서 자연스럽게 섹스의 욕구가 일깨워진다는 것을 느낄 때 여성은 놀라운 감정을 경험한다. 또 남성도 자신의 여성이 완전히 몸을 열고 그 순간에 자신을 위해 활기를 되찾는 것을 알 때 기막힌 경험을 한다.

하지만 갈수록 쾌감이 커질 때는, 남성 스스로 다시 노를 잡고 속도를 주도하며 적극적인 동작을 보이거나 습관적인 오토마티슴에 빠질 수도 있다. 그러므로 근육이 팽창되는 의식적인 동작은 아무리 작아도 안에서 자연발생적으로 나오는 쾌감의 공간을 방해할 수 있다는 것을 잊지 말아야 한다. 내면의 생동감과 엑스터시가 퍼지기 시작할 때는 당신이 적극적인 동작을 조금만 취해도 마치 실수로 후진기어를 넣어서 모든 힘이 역류하는 것 같은 느낌이 생길 수 있다. 당신과 파트너가 이렇게 섬세한 감각의 사랑놀이를 할 때, 서로 다른 방향으로 움직인다면 감각이 마비되거나 적어도 희미해지는 결과를 낳을 수 있다. 막 몸속의 황홀한 감각과 섬세하게 꿈틀대는 느낌을 받은 순간에 차츰 그 느낌이 사라져 마침내 동작도 멈추고 말 것이다. 하지만 당신 혼자만 그런 것이 아니다. 즉 당신의 파트너도 똑같이 막 느끼기 시작한 감각을 잃는다는 말이다. 어쩌면 전혀 다른 반응을 보일 수도 있다. 파트너는 아직 전혀 아무런 느낌이 없을 수도 있고 어쩌면 관심을 다른 곳으로 돌리고 너무도 쉽게 충동에 휩싸여 목표를 정하고 기계적인 동작을 시작할 수도 있다.

이런 일이 생긴다면 당신의 몸속에서 무슨 일이 일어났는지 파트너에게 설명한 다음 다시 속도를 늦추고 정신을 더 집중해 달라고 부탁하라. 이 순간 당신이 접촉할 끈을 잃어버리고 몸속의 리듬이 변할 때의 느낌이 어떤지 1인칭 형식으로 피드백을 전달하는 것이 좋을 것이다. 또 두 사람 모두 마음을 가라앉히고 조용히 누운 상태에서 다시 현재의 순간에 집중하고 결합의 끈을 되찾을 때까지 기다릴 필요가 있다.

처음에는 자신의 느낌에 대한 설명 하나하나가 파트너에게 좌절감을 안겨줄 수도 있다는 것을 염두에 둬야 한다. 섹스를 하는 도중에 여성이 남성을 제지하거나 뭔가 마음에 들지 않고 느낌이 좋지 않다는 말을 한다면 남성은 보통 혼란을 느끼거나 불안해한다. 이때 당신은 화가 나더라도 당신 자신의 본능을 믿어야 한다. 인체는 조금이라도 방해요인이 있거나 미세한 압박감, 미묘한 감정의 격앙, 또는 뭔가에 쫓기는 느낌이 있을 때 즉시 알아채게 마련이다. 그리고 여성은 대개 지극히 짧은 순간이라도 남성에게 뭔가 원하는 것이 있는지, 현재의 순간에 충실한지 또는 뭔가를 쥐야 하는지를 느끼는 법이다. 두 사람이 서로 의견을 주고받으며 상대의 몸에 무슨 일이 있는지 더 자주 이해할수록 서로 마음의 상처를 주거나 오해를 하지 않고도 자연스럽게 공통된 리듬을 타며 더 큰 기쁨을 누릴 수 있을 것이다.

그리고 이 순간에는 말을 할 수 없다는 느낌이 들거나 당신 자신의 경험을 들려주는 것이 상대에게 스트레스만 준다고 판단될 때는, 몇 차례 심호흡을 하고 침착하게 당신 스스로 자신의 몸에 닻을 내리면 된다. 파트너에게는 당신의 몸으로 신호를 보내면서 그 자신 및 당신과 접촉하는 끈을 되찾아주고 다시 여유를 찾도록 할 수 있다. 방해받는다는 감정이 순식간에 생긴 것처럼 쾌감의 공간도 재빨리 다시 열린다는 것을 알게 될 것이다. 자신을 뒤덮는 섬세한 파도와 흐름, 내면의 부드럽고 원활한 움직임, 마치 오르가슴을 슬로비디오로 보는 것처럼 말로는 거의 형용할 수 없는 엑스터시의 감정을 맛볼 것이다.

그 순간이 당신에게 가져다주는 것을 주목하라. 새로운 경험을 향해 당신 자신을 개방하고 몸의 미세한 열림과 꿈틀거리는 느낌을 실컷 맛보되 당신 스스로는 적극적인 행위를 자제하라.

재차 강조하지만 어떤 인위적인 노력도 해서는 안 된다. 그렇다고 아무 일도 일어나지 않는다는 말은 아니다. 다만 당신의 몸속에서 진행되는 과정과 같은 리듬을 타라는 말이다. 마치 춤을 출 때 음악에 맞춰 움직이듯이 소울섹스에서는 에너지의 흐름을 따라야 한다. 여기서는 에너지가 모든 과정을 주도한다.

단순하게 에너지를 따르면 된다. 갈수록 에너지가 강렬해지고 충만해지면 점점 더 조용히 지켜보면서 그 강렬함을 끝까지 맛보려고 하는 경우가 많다. 또 에너지가 상승하면서 온몸에 널리 퍼질 때도 많다. 그러면 쾌감이 아주 강렬해지면서 당신은 다시 한 번 의식적으로 유연하고 부드러운 상태로 쾌감의 확산 속에서 카타르시스를 맛볼 수 있다. 골반과 성기 부위가 미묘하게 경직되는 현상이 생길 때도 많다. 몸과 몸의 리듬 사이에 부조화 현상이 발생하기 때문이다. 이때는 골반과 등 아래 부분의 긴장을 의식적으로 풀고 숨을 들이마시면 도움이 된다.

아무리 적당한 말을 찾아 이해하려고 애를 써도 소용없을 것이다. 결국 당신 자신의 몸에서 무슨 일이 일어나는지, 그 몸이 열리게 하고 쾌감과 엑스터시를 맛보는 데 도움을 주는 것이 무엇인지 당신에게 말해줄 사람은 아무도 없기 때문이다. 당신에게 이 소중한 경험의 길을 보여주는 것은 언제나 당신 자신의 실험뿐이다. 스스로 시도하는 실험만이 당신 자신을 초월해 장기적으로 당신이 여태껏 경험하지 못한 엑스터시 영역의 질적 쾌감을 안겨줄 것이다.

당신의 에너지를 따르라. 에너지는 진정 당신에게 진실을 보여줄 것이다. 당신의 몸속에 있는 에너지를 신뢰할 때, 더 이상 자신을 외면하지 않고 당신의 내적 진실에 부합되지 않는 행위를 하지 않게 될 것이며 지나친 부담을 주거나 상처를 주는 행위를 하지 않을 것이다. 그러기 위해서는 한계설정 능력과 자신의 몸에 전적으로 집중하고 주목하는 태도가 필요하다. 아마 처음에는 많은 좌절을 경험할 것이다. 그 섬세한 자극과 접촉하는 끈을 계속해서 놓칠 것이기 때문이다. 하지만 차츰 당신의 몸속 깊은 데서 새로운 자긍심이 자라는 것을 알게 될 것이다.

내가 나 자신의 에너지를 계속 따라가며 처음으로 그 섬세한 내면의 질적 감각과 접촉하게 되었을 때 확인한 것은 내 속의 에너지가 새로운 것이면서도 그때까지 내가 경험한 어떤 감각보다 더 친숙하고 가깝게 느껴졌다는 것이다. 자신을 해방하는 법을 배우고 파트너를 더 신뢰할수록 자신과 파트너가 깊은 일체감을 느낀다고 말할 수 있는 감정을 경험할 가능성이 커질 것이다. 그 느낌은 단순하게 당신과 모든 것이 완벽하게 조화를 이루고 아무것도 원하지 않으며 뭔가 행위를 하지 않아도 결합되었다는 한없는 해방감 같은 것이다. 말하자면 잔잔한 파도에서 오르가슴을 일으키는 바다 같은 것이다.

하지만 여기서 하는 모든 말은 결국 당신 스스로 만들어낼 경험을 가리키는 이정표에 지나지 않는다.

고통과 불안에 대처하는 방법을
교정해줄 것이다

♂ ♥ ♀

이 책 1부에서 나는 만족스러운 성생활을 가로막는 방해요인들을 집중적으로 다루었다. 그리고 현재 사람들이 경험하는 일에 과거의 상처가 얼마나 많이 쌓여 있고 또 얼마나 현재의 행복과 만족을 방해하는지를 독자들에게 전하려고 했다. 이런 의미에서 나는 이 자리에서, 본 장의 결론으로 독자들이 소울섹스를 실천할 때도 이런 사실들에 맞서는 용기를 내라고 말하고 싶다. 소울 섹스를 시작한다는 것은 이미 당신이 현재에 더 충실하고 쉽게 과거에 압도되지 않는다는 것을 의미한다. 그렇다고 해도 당신은 침실에 수많은 훼방꾼이 등장하고 당신의 성생활을 힘들게 하며 만족감을 박탈할 것에 대비해야 한다. 나는 앞에서 페니스와 질이 서로 치유효과가 있다는 말을 한 바 있다. 사람들이 서로 접촉하고 만날 때, 자신을 더 또렷하게 의식하고 속도를 줄인다면 성기뿐만 아니라 감정까지 치유되기 시작한다. 또 육체적으로나 정서적으로 과거 속에 파묻혀 있던 고통이 모습을 드러낸다. 이때 그 고통에서 달아날 것이 아니라 그것을 당신의 능력껏 사랑스러운 눈으로 정확하게 인지하고 당신의 파트너에게 알려야 한다. 자신의 고통을 말로 표현하고 한숨으로 토해내는 것이 중요하다. 고통과 무감각 또는 긴장을 몸속에서 느낄 때는 완전히 새로운 시각으로 보아야 한다. 그것은 당신의 몸속에서 접촉을 통해 치유되기를 기다리는 뭔가를 정확하게 보여주는 것이라는 점에서 오히려 고마워해야 한다.

파트너와 함께 이런 긴장과 무감각 또는 구체적인 고통을 말로 표현하며 그 속으로 조심스럽게 들어간다면 대개 당신의 몸과 감정에서는 놀랍도록 빠른 시간에 긴장이 해소되기 시작할 것이다. 갑자기 눈물이 나올 때도 많고 뜻하지 않게 분노가 폭발하거나 단순히 공허한 느낌을 받을 때도 많다. 그 모든 것을 그대로 허용하고 심호흡을 하라. 현재의 순간에 집중한다면 갑자기 감각이 없던 곳에서 끊임없이 쾌감과 감수성의 물줄기가 흐르는 것을 깨닫게 될 것이다.

비록 당신이 납득하지 못한다고 해도 성생활은 사람의 삶에서 엄청난 치유기능을 하는 공간의 하나다. 성적인 본능은 인간의 가장 깊은 신체영역으로 안내하고 다른 인간과 가장 깊은 결합을 하도록 만들어주기 때문이다. 성적 본능 덕분에 우리 인간은 늘 우리의 지적인 특성 때문에 닫혀 있는 신체감각에 접근할 수 있는 것이다. 따라서 섹스만큼 살면서 우리 자신의 불안과 약점에 다가가게 해주는 것도 없다.

부부라면 고통이나 불안이 떠오를 때, 서로 주목하고 사랑스럽게 현재의 순간에 집중하면서 상대가 의지할 수 있도록 해야 한다. 올바른 곳을 조심스럽게 접촉하면서 상대를 도와주어야 한다. 당신 자신에게 지금 필요한 것이 무엇인지 상대에게 알려라. 파트너가 갑자기 마음을 닫고 자제력을 잃으면서 "나 건드리지 마, 만지면 안 돼, 가까이 오지 마"라는 신호를 보낼 때는 반발을 각오하면서라도 혼자 내버려둬서는 안 된다.

내키지 않더라도 늘 파트너 가까이 있는 생활을 목표로 해야 한다. 파트너가 고통을 받을 때는 사랑스러운 시선으로 고통을 같이 느끼며 곁을 지키기만 해도 큰 도움이 될 때가 있다. 다정하고 친숙한 얼굴이 옆에 있다면 상대는 고통이 서서히 사라지고 새로운 길이 열릴 때까지 묵은 감정을 받아들이고 견뎌내며 마침내 그것을 털어버릴 수 있다.

왜 하필 지금에서야 고통과 불안, 수치, 눈물이 나오는지를 알 필요는 없다. 정신적으로 이해해주는 것은 상대의 감정이 불안정한 상태에서는 잠시 의지가 될지는 모르지만 궁극적인 치유에는 도움이 되지 않는다. 중요한 것은 당신이 육체적 결합을 하는 순간, 떠오르는 감정을 받아들이고 경험할 준비를 갖추는 것이다. 뤽 니콘Luc Nicon은 다음과 같이 말한다.

"감정의 경험이 없이 이해해주는 것은 정서적 고통을 해결해주지 못한다. 대신 반드시 이해를 못하더라도 감정을 같이 경험해줄 때는 고통에서 벗어날 수 있다."

감정에는 지극히 많은 앙금이 쌓인 경우가 많다. 아마 당신은 수년 또는 수십 년, 어쩌면 평생 잊으려고 애를 쓰던 감정의 앙금이 이제야 수면 위로 떠오르는 것을 느낀 적이 있을 것이다. 그것은 의식이 점점 깨어나 갈수록 자신을 더 개방하는 데서 오는 현상이다. 이때 처음에는 온몸이 떨리거나 뜨겁게 달아오를 수도 있다. 또 무엇엔가 빨려 들어가는 느낌을 받을 수도 있다. 무슨 일이 일어나든 상관없이 가장 중요한 과제는 똑같다. 당신 자신의 신체감각을 유지하는 것이다. 당신 스스로 머릿속으로 달아난다는 느낌이 들 때는, 스스로 원인을 묻거나 책임소재를 찾으면서 다시 몸으로 돌아가야 한다.

감정이 강렬해지면서 더 이상 가만있을 수 없다는 느낌이 들 때는, 심호흡을 하거나 파트너와 의식적으로 육체적 접촉을 하는 것이 큰 도움이 될 때가 있다. 어쩌면 파트너가 당신의 손을 잡기만 해도 충분할지 모른다. 무엇이 당신에게 좋은 느낌을 주는지 추적해보라. 때로는 아무런 동작도 취하지 않고 압박하지 않은 상태에서 살살 몸을 흔들어주기만 해도 충분하다. 호흡은 파트너와 접촉하면서 자신을 개방하는 기초가 된다. 어떤 감정이 새어나올 때는 수동적인 상태에서 그대로 두고 보는 것이 특히 중요하다.

부정적인 감정이라고 해도 파트너 양쪽에 적용되는 키워드는 현재에 집중하고 그대로 수용하라는 것이다. 고통스러운 감정일 때는, 아무것도 하지 말라는 말을 받아들이기가 힘들 수도 있다. 고통과 반발심, 불안, 폐쇄상태 또는 수치를 경험하는 사람에게 중요한 것은 몸 안에 머무른 상태에서 몸이 열릴 때까지 그 느낌을 계속 전달하는 것이다. 그리고 상대에게는 이런 경험을 위해 사랑스럽게 같이 느끼는 공간을 확보하는 것이 중요하다. 더 이상은 아무것도 필요 없다. 당신이 파트너 가까이 있으면서 서로 자신을 개방할 때, 치유효과가 발생한다. 바로 이것이 진정한 의미에서 소울섹스의 뛰어난 질적 특징이다.

제3부

소울섹스의
실제

부부가
들려주는
경험담과
해법

♂ ♥ ♀

독자들이 소울섹스를 쉽게 실용화할 수 있도록 나는 남편에게 3부에 참여해 달라는 부탁을 하기로 결심했다. 나에게 중요한 것은 우선 우리 여성들을 위한 책을 쓰는 것이었다. 하지만 이런 의도는 남성과 계속 선을 긋기 위해서가 아니라 섹스라는 문제에서 여성들에게 새로운 열정으로 남성에게 접근하는 용기를 주기 위해서였다. 이런 이유로 나는 남편과 함께 겪은 우리 부부의 경험, 대립, 오해, 그리고 통찰과 해결방법을 독자들과 공유하고 싶었다. 이 밖에 우리는 당신 자신을 개방하기 위해 투명하고 안정적인 관계의 틀을 유지하도록 당신과 파트너가 함께 합의해야 할 행동규칙 몇 가지를 개발했다.

새로운 섹스를 위한 행동규칙

1. 파트너를 바꾸지 마라

볼프람 부부로서 함께 새로운 섹스를 시도하기 전에 당신과 파트너 두 사람은 몇 가지 행동규칙에 합의를 해야 한다. 이런 형태의 만남에는 기본적으로 신뢰가 필요하다. 그렇다고 해서 이제 모든 문제가 풀리고 두 사람의 모든 차이가 깨끗이 정리될 것이라는 말이 아니라 상대를 받아들이는 이 새로운 단계에서 두 사람 사이에 분명하게 서로 인정하고 서로 보호받는 공간이 필요하다는 말이다. 삼각관계를 만들면 안 된다. 밖에서 다른 이성들에게 치근대고 돌아다니지도 마라. 매춘업소 출입을 삼가야 하고 포르노를 이용하는 습관도 끊어야 한다.

에바 여성으로서 당신은 이 부분에서 자신이 바라는 것을 분명히 하고 오해의 여지를 없애야 한다. 남성의 경우, 만일 당신이 투명한 관계를 허용하지 않는다면 새로운 출발은 동력을 상실할 것이다.

볼프람 투명한 관계란 당신의 하루하루가 완벽해야 하고 과거의 모든 병적 욕구와 구실에서 완전히 벗어나야 한다는 말이 아니다. 그것은 당신이 마음속으로 진정 삼각관계나 규칙적인 포르노 이용, 환상에 도취되는 습관에서 벗어나겠다고 다짐하고 이것을 상대에게 약속해야 한다는 말이다. 책임을 모면하기 위해 적당히 입으로만 약속할 것이 아니라 서로 솔직하게 털어놓고 "그래, 당신과 새로운 것을 시도해볼 거야. 하지만 과거의 습관에서 벗어나는 것이 나에게는 쉽지 않다는 것을 알아"라고 말하면 된다. 당신이 남성이라면, 과거로 돌아갈 위기에 처했을 때 여성에게 도움을 청하는 것이 좋을 것이다.

에바 여성으로서 당신에게 필요한 것은 열린 마음으로 이 모든 것이 적어도 당신 자신에게만큼이나 당신의 파트너에게도 힘든 과제라는 것을 이해하는 태도다. 새로운 시각으로 보면 된다. 다만 분명하게 알아야 할 것은 파트너가 오랫동안 의무를 저버리고 고질적인 습관에서 벗어나지 못하는 중독자라면 함께 이 길을 갈 수 없다는 것이다. 나는 이런 형태의 새로운 섹스를 기꺼이 하고 싶어도 남성이 진심으로 원치 않아 좌절하는 여성들을 많이 알고 있다. 만일 당신의 파트너가 두 사람만의 다정한 관계를 위해 자신의 성적 환상의 세계에서 벗어나겠다고 진심으로 다짐하지 않는다면 당신은 차라리 섹스에서 손을 떼고 두 사람이 솔직하게 신뢰를 주고받는 공통의 방법을 발견할 때까지 기다리는 것이 좋을 것이다.

2. '거래상의 섹스'를 하지 마라

에바 섹스를 주도권을 차지하기 위한 수단으로 남용하지 마라. 여성은 상대의 분노를 섹스로 달래고 가라앉히기 위해 규칙적으로 섹스를 허용하는 경우가 많다. 남성은 자신의 존재감을 확인하고 인정받기 위해 섹스를 원할 때가 종종 있다. 나는 관계가 흔들리기 시작할 때, 많은 여성이 과거방식의 섹스에서 다시 큰 기쁨을 찾으려고 하는 것을 알고 있다. 이들은 애인이 따로 있는 남성과 잠을 자면서 남성을 되찾으려는 희망을 품는다. 하지만 이런 방식으로는 결코 신뢰를 쌓을 수 없으며 상대가 진심으로 돌아오는 경우도 드물다.

볼프람　당신이 남성으로서 마지못해 새로운 섹스에 접근한다면 아무 소용이 없다. 마음속으로는 쉬고 싶은데도 빨리 과거의 방식으로 돌아갈 마음에 단지 투덜대는 여성을 달래기 위한 수단으로 잠시 여성의 요구에 따를 때는 아무 효과가 없다는 말이다. 당신이 여성으로서 과거의 방식으로도 쾌감을 맛본다면 요구에 응해도 좋을 것이다. 하지만 "나에게 좋은 한 가지를 얻기 위해 다른 세 가지를 감수해야 한다"는 의미에서 거래가 시작된다는 것을 눈치 챌 때는 단호하게 "안 된다"라고 말해야 한다. 여성은 정신이 깨어 있어야 한다. 이 부분에서 가장 어려운 문제는 이것이다.

에바　파트너 관계에서 지금까지의 방식을 지속하고 싶지 않은 사람은 늘 정신이 깨어 있는 상태에서 거부할 줄 알아야 한다. 이것이 전체적으로 요구되는 기본적인 태도라고 할 수 있다. 이럴 때만이 순수한 개방이 가능하다. 한쪽이 바람을 피우거나 늘 강박적으로 포르노사이트를 드나들 때, 상대는 이것을 허용하면 안 된다. 이때는 구속력이 있는 타협을 제안할 필요가 있다. "우리는 4주 동안 함께 있으면서도 서로 별 관심이 없었어. 이제는 정말 서로 가까워질 필요가 있는 거 아닌가."

3. 독립이라는 덫에 빠지지 마라

볼프람　남성은 이런 식으로 분명한 행동규칙을 제시하면 겁이 나서 보이지 않는 곳으로 슬쩍 도망칠 수 있다. 나는 남성들이 좀 더 다정한 관계가 문제시될 때면 구속받지 않는 '독립'이라는 말을 하는 것을 종종 듣는다. 이때의 독립은 자유와 아무 관계가 없다. 독립을 유지한다는 것은 종종 "나는 관계에 얽히는 것이 두렵다"라는 말의 동의어일 때가 있다. 다만 직설적으로 표현하지 못할 뿐이다.

에바 독립은 구속받지 않으려는 끈질긴 시도다. 자유로운 사람은 본래가 자유스럽다. 독립적인 사람은 아무도 자신을 구속하지 못하게 하고 자신이 책임을 지지 않기 위해 또 어떤 억압도 받지 않으려고 끊임없이 상황을 살피지 않으면 안 된다. 독립적인 사람은 상황이 어려울 때는 그 자리를 피한다. 힘이 들더라도 그 상황에 머물러 있는 것, 바로 이것이 소울섹스에서 가장 힘든 과제라고 할 수 있다. 현재 상황에 머물러 뭔가 새로운 것을 과감하게 시도할 때 자유로워지는 법이다.

4. 솔직하게 자신을 드러내고 "그만 중지!"라고 말하라

볼프람 이렇게 관계에 관심을 쏟음과 동시에 투명하게 머무르는 것은 일회적인 합의에 국한되는 것이 아니라 지속적으로 훈련해야 하는 과제에 해당한다. 두 사람이 각자 반복해서 장애물을 뛰어넘어야 하는 훈련캠프라고 할 수 있다. 상황이 힘들 때, 계속해서 그 자리에 머물고 끊임없이 새롭게 자기비판적인 태도로 힘든 상황의 배후를 묻는 것이다. "그 상황이 가까이 다가온다고 해서 내가 달아나야 하는가? 나 자신의 약점을 노출하라고 도전하는 뭔가에 압박을 받아야 하는가? 결국 나의 불안을 극복할 만큼 성장하는 것이 문제가 아닐까?" 이런 물음에 긍정의 답을 할 수 있다면 그 자리에 머물러야 한다.

에바 그렇다고 해서 그 자리에 머문다는 것이 자포자기를 의미하는 것은 아니다. 오히려 그 반대다. 많은 여성들에게 가장 도전적인 과제는 중요하고 정확한 시점에 "그만"이라고 말하는 것이다. 여성이 자신에게 뭔가 조화롭지 못하다는 생각이 들고 마음속으로는 내키지 않으며 위기를 느끼는데도 상대가 계속할 때는 언제나 그만 하라는 말을 하면서 몸이 다시 언제 어디서 계속할 수 있다는 신호를 보낼 때까지 속도를 줄이고 자신의 몸을 느껴봐야 한다는 말이다.

볼프람 남성에게 가장 어려운 과제는 여성이 투덜대면서 과거의 상처를 만지작거리고 상대에게 책임을 지울 때, 달아나거나 벽을 쌓지 않는 것이다. 남성의 경우에도 필요할 때는 마찬가지로 여성에게 중지를 시키며 자신에게 필요한 것을 놓고 서로 소통할 필요가 있다.

5. 자신의 약점을 노출시켜라

에바 자신의 약점을 노출시키고 솔직한 태도를 유지하는 것은 섹스를 할 때 정서적으로나 육체적으로 자신을 개방하기 위한 기본 조건이다. 하지만 자신을 노출시킨다는 것은 또다시 상처를 받을 수 있다는 점에서 당연히 위험할 수도 있다. 이런 리스크를 감수하는 여성이 자신을 다시 개방하기 위해서는 용기가 필요하다.

이때의 개방은 순진하게 적응하는 고분고분한 태도와는 다른 것이다. 고분고분한 것은 사랑과는 아무 상관이 없으며 잠재의식의 불안 및 통제력과 관계되는 것이다. 이런 상황에서는 오히려 과감하면서도 새로운 태도로 다짐해야 한다. "이 사람과의 관계에 관심을 가질 필요가 있어. 과거야 어쨌든 이 사람의 과오를 묻어 두고 다시 받아들일 준비를 해야 해. 나는 할 수 있어. 이제부터 나에게 뭔가 안 좋을 때는 언제라도 분명한 한계를 정할 수 있으니까."

볼프람   남성들이 자신을 노출시킨다는 것은, 행동모드에서 벗어나 감정을 허용한다는 의미다. 이제 당신은 아무것도 알 필요가 없고 아무것도 할 필요가 없다. 불안할 때는 상대에게 경고를 하고 무엇이든 서로 소통하라. 처음에는 할 말이 없거나 무엇을 해야 할지, 어떻게 만지거나 키스를 해야 할지 모르더라도 마찬가지다. 여성과 접촉을 유지하면서 여성이 원하는 것이 무엇인지 알 때까지 용기를 내어 물어보라.

에바   당신이 여성으로서 상처를 받고 불쾌한 느낌이 들 때는, 묵은 감정을 털어버릴 준비를 해야 한다. 과거의 역사를 새로 들춰내는 대신 마음을 솔직하게 털어놓고 현재의 자신을 인식해야 한다. 여성의 피드백을 즉시 자신에 대한 공격으로 받아들이는 대신 마음을 열고 귀를 기울이는 것이 남성들에게 매우 어려운 과제임은 분명하다. 여성의 절망감을 공격과 혼동하지 마라. 문제는 당신의 정신이 깨어나는 것이지 불만을 호소하는 것이 아니다. 핵심은 당신이 뭔가를 잘못했다는 것이 아니라 뭔가 새로운 것을 배운다는 것이다.

볼프람   여성은 매사를 자신과 결부시키고 끊임없이 동반의존자

(각종 중독자와 함께 거주하는 사람— 옮긴이)의 역할을 스스로 떠맡는 습관에서 벗어나는 법을 남성에게 배울 수 있다. 뭔가 일이 꼬일 때, 가령 남성이 다시 포르노에 빠질 때, 당신은 거리를 두는 훈련을 하면서 스스로 다짐해야 한다. "문제는 그에게 있지 내가 아냐! 그가 포르노에 매달린다면 그것은 내가 모자라거나 잘못해서가 아니라 그가 현실에서 접촉하고 느끼는 법을 모르기 때문이야." 미안한 마음을 갖거나 동정할 필요가 없다. 대신 분명한 선을 긋고 "이대로는 지속할 수 없어. 끝이야!"라는 단호한 태도가 필요하다.

6. 당신의 도피충동에 맞서라

에바 내 경험에 따르면 남성들에게는 불쾌한 감정을 그대로 참고 느끼는 것이 아주 힘든 일의 하나다. 여성이 정지 팻말을 들고 자신이 바라는 것을 표현하기 시작할 때, 남성의 도피충동은 엄청나게 커진다. 실제로 육체적으로 내키지 않을 때는 여성이 바라는 것에 관심을 돌리지 않는다. 하지만 남성이 불쾌하고 달아나고 싶으며 쫓긴다는 느낌이 들 때, 중요한 것은 그 자리에 그대로 머무는 것이다. 남성에게 진정 중요한 것은 여성 앞에서 자신에게 문제가 있다는 것을 솔직하게 털어놓는 것이다. 남성이 솔직하게 고백하는 것만으로도 여성은 대개 즉시 마음이 누그러지고 가슴을 열며 놀랍게도 대부분 자동적으로 새로운 문이 열린다.
볼프람 문제는 도피하는 대신 그 자리에서 느껴보고 의식적으로 불안이나 고통에 맞서는 것이다. 당신이 그 자리에 머물러 자신의 느낌을 말하고 완전히 의식적으로 불쾌한 감정에 정면으로 관심을 돌릴 때, 그 감정이 변하고 가라앉는다는 것을 알게 될 것이다. 당신이 달아나지 않고 실제로 그 자리의 감정을 느껴보고 소통하면 당장은 당신의 약점이 노출될 수도 있다. 하지만 그와 동시에 당신에게는 뭔가 변화시키고 다시 상황을 통제할 수 있는 기회가 주어질 것이다. 당신 혼자서 해결하지 못할 때는 물어보고 자신을 뒷받침해주도록 도움을 청할 수 있을 것이다.

배리 롱은 다음과 같이 말한다.

"과거에 상처를 받았더라도 과거와 단절하면 안 된다. 용기를 내고 사랑으로 다가가라. 밖으로 눈을 돌리면 사랑이 당신을 도와줄 것이다. 불안으로 경직되지 마라. 상처는 감정 때문에, 그리고 당신에게 사랑이 부족해서 생긴 것이다. 그것은 과거의 일이니 그대로 흘려보내라. 이제 사랑의 의미를 이해하기 시작하면 상처에 대한 단순한 해결책을, 그것을 막아주는 아주 간단한 보호막을 갖게 될 것이다. 즉 서로 충분히 사랑하고 솔직하게 현재의 순간에 머물기만 하면 된다."

7. 결합하는 생활을 하라

에바 여성에게 가장 중요한 의무는 다시 파트너의 성적인 본능과 육체적인 접근을 허용하고 마음의 문을 열어놓은 상태에서 단단히 약속을 받아내는 것이다. 성행위를 약속할 때 문제가 발생하거나 서로 다툴 때는 즉시 새로운 섹스 일정에 합의를 하는 것이 아주 중요하다. 옛날 기사들에게 적용된 규칙에서처럼 말에서 떨어질 때는 가능하면 빨리 다시 올라타는 것이다.

볼프람 여성들은 남성이 없는 자신만의 은신처를 낙원처럼 생각하고 그곳으로 도피하는 경향이 있다. 하지만 여성이 알아야 할 것은 남성에게서 달아나면 달아날수록 남성에게 받는 압박감은 더 커진다는 것이다. 그리고 정확하게 말하면 남성이 아니라 바로 이 압박감에서 도피하는 것이다. 그러면 결국 악순환만 되풀이될 뿐이다. 두 사람 중 한 명이 섹스를 더 원하거나 덜 원할 때, 이들은 서로 적이 아니라 정확하게 말하면 같은 배를 탄 처지라고 할 수 있다. 덜 원하는 쪽에서는 현재의 상태에 만족하지 못하는 것이고 더 원하는 쪽에서는 부족하다고 느끼는 것뿐이다. 이런 상태는 두 사람 모두에게 바람직하지 못하다. 두 사람은 서로 상대에게 다가가고 소통하며 함께 현실적인 만족을 느낄 수 있는 해결책을 찾을 때까지 서로 책임을 지는 관계가 되어야 한다.

에바 당신이 여성으로서 섹스 때문에 압박을 받고 싶지 않다면 용기를 내서 함께 가능한 공간을 만들 필요가 있다. 만일 불안 때문에 자신을 폐쇄한다면 압박감은 갈수록 더 불쾌해질 것이다. 덜 원하는 쪽에서는 상대에게 다가가 자신에게 필요한 것을 말하고 보여주는 법을 배워야 한다. 집요하게 섹스를 요구하면서 궁핍한 상황으로 내몰렸다고 생각하는 쪽에서는 다른 상대에게서 만족을 찾을 것이 아니라 자기 자신에 대한 느낌을 되찾고 자신의 욕구를 다스릴 필요가 있다.

볼프람 당신이 여성으로서 진정 변화를 바란다면 당신에게 필요한 것은 다시 섹스라는 무대에 본격적으로 등장해서 "이제 다시 한 번 시도해봐야겠어. 비록 실패할지도 모르지만 그래도 도전해볼 거야"라고 스스로 다짐하는 것이다. 새로운 섹스가 달콤하게 다가온다고 해도 여성에게는 먼저 자신의 감성을 되찾고 사랑의 활력과 수용력을 키우는 자세가 요구된다.

8. 부당한 것은 모두 정지시켜라

에바　장기적인 관계에서는 상대에 대해 시들해진 관심과 상투적인 포옹, 구태의연한 원칙과 키스, 판에 박힌 듯한 섹스의 주기 등 활기를 떨어트리는 요인이 수없이 쌓여 있을 수 있다. 당신 자신의 일상을 살펴보고 단순한 습관이나 그렇게 해왔다는 이유로 더 이상 과거의 틀에 얽매이지 마라. 부부나 연인을 위한 새로운 규칙은, 단순히 오랜 시간 그렇게 해왔다는 이유로 더 이상 과거의 틀을 지속하지 말라는 것이다. 공허한 느낌만 주는 인사용 키스는 중지하라. 의무감에서 하는 포옹도 피하라. "나는 더 이상 아무 느낌도 없는 당신의 키스를 받고 싶지 않아"라고 말해야 한다.

볼프람　이렇게 과거를 깨끗이 정리하는 것은 대개 두 가지 측면에서 많은 남성들에게 힘든 일이다. 첫째, 두 사람의 관계가 익숙한 틀에서 벗어나는 것을 성가시게 생각한다. 둘째, 매사를 혼자만의 관점으로 받아들이는 경향이 있다. 당신은 여성 때문에 완전히 자신의 세계가 파괴된다는 느낌에 사로잡혀서는 안 된다. 시각을 바꿔서 상대의 의견에 담긴 장점이 무엇인지 깨달아야 한다. 이제 상대가 실제로 느끼는 감정을 경험하는 것이다. 잘못된 것을 멈추고 순수한 접촉을 위한 공간을 마련해야 한다.

9. 엄청난 욕구와 정열을 기대하지 마라

볼프람 "잠자리에서 번번이 실패하는데 어떻게 새로운 섹스를 시작한단 말인가?"라고 말하는 부부가 많다. 나도 마찬가지다! 오래 산 부부라면 대부분 다를 것이 없다. 그렇다고 이것이 새로운 섹스를 시작하지 못할 이유는 되지 못한다. 오히려 그 반대다. "성적 환상이 없이는 안 돼요. 마음이 동하지 않는데 어떻게 시작한단 말인가요?" 걱정할 것 없다. 아주 간단하다. 처음에는 당연히 욕구가 생기지 않는다. 우리는 3부에서 처음에 발기가 안 되고 욕구가 없어도 사랑의 결합을 실천할 수 있는 방법을 보여줄 것이다. 별다른 감정이 생기지 않더라도 서로 관심을 갖고 분위기가 형성될 때까지 기다리기만 하면 된다. 여기서 중요한 것은 일종의 성숙한 사랑이다. 우리는 당신이 새롭게 사랑에 빠지고 완전히 정신없이 매일 밤 정열을 불태울 것이라고 말하는 것이 아니다. 하지만 과거의 열정이 없다고 해도 육체적인 사랑에 관심을 돌리면 당신의 관능을 더 순수하고 더 가깝게 맛볼 수 있다는 것은 믿어도 좋다.

에바 낭만적인 연애도 기대하지 마라. 그런 것은 좌절만 안겨줄 뿐이고 현실의 순간들 속에서 사랑에 관심을 돌리지 않으려는 자기기만에 불과하다. 부부는 한쪽에서 "나는 더 이상 연애할 때의 사랑을 못 느껴. 사랑은 끝났어"라고 말할 때 이혼하는 경우가 많다. 연애의 감정은 화려한 거짓말로서 상대에 대한 머릿속의 이상에 지나지 않는다. 연애감정은 정작 상대나 현실과는 아무 관계가 없는 것이다. 우리는 누구나 상대에게 반해서 사랑에 빠져본 경험이 있다. 상대에게 반했을 때, 기적 같은 활력이 솟구친다는 것은 의심할 여지가 없다. 하지만 여기서 우리가 말하는 관계는 일정 기간 함께 부부나 파트너로서 살아온 사람들을 말하는 것이다. 함께 살다 보면 처음보다 심리적 압박이 훨씬 커질 때가 종종 있다. 서로 반해서 연애를 하는 단계에서는 불안한 상황이 안 보이고 압박감을 느낄 일이 거의 없다. 이상적인 상상에 빠져 자신이 상대에게 완벽한 대접을 받는다는 기분이 들고 통제력을 상실한 상태에서 지속성이 없는 카타르시스를 맛보기 때문이다.

볼프람 세월이 가면서 상처를 받은 상태로 육체적 결합을 하면 갑갑하고 권태롭다는 생각이 생길 수 있다. 이런 이유로 밖으로 나가 새로운 쾌락과 사랑을 찾아 헤매며 새로운 파트너를 기대하는 경우 분명히 얻을 수 있는 것이 하나 있다. 그것은 실제로 사랑에 관심을 쏟을 때, 다시 실망하고 상처를 받지나 않을까 하는 불안감이다. 연애감정의 파도에 휩쓸리고 싶은 사람은 일시적으로 놀랍고 짜릿한 감정을 맛보기는 하겠지만 이런 감정은 실제로 상대에게 자신의 진심과 치부를 보여주는 것과는 아무 관계가 없는 것이다. 사랑은 아무리 실패를 하더라도 다시 함께 침대로 향하는 것이다.

10. 시간 여유를 두고 섹스 일정을 합의하라

에바 부부관계에서 섹스가 사라진 것을 의아하게 생각하는 사람들이 많다. 이런 사람은 '미친 듯이 일하고 사람 만나느라 바쁘며 컴퓨터 앞에 몇 시간이나 앉아 있고 매일 저녁 운동하느라 정신없는데, 섹스할 시간이 어디 있단 말인가? 늘 아이들을 돌보느라 바쁘고 저녁이면 함께 있을 시간도 별로 없는데다 텔레비전 앞에 같이 앉아 있는 것이 고작인데 우리가 부부의 시간을 어떻게 즐긴단 말인가?'라는 생각을 갖고 있다.

볼프람 이럴 때는 방법이 한 가지밖에 없다. 우선순위를 새로 정한 다음 다른 일은 일단 뒤로 미루고 함께 침대로 가기로 합의를 하는 것이다. 어쩌면 이마저 어렵고 또 두 사람 모두 또는 둘 중 한 사람이 욕구가 안 생길 수도 있다. 그래도 다시 함께 뭔가를 만들어낼 시간을 가져야 한다.

에바 이런 섹스에는 시간이 필요하다. 관능과 카타르시스, 일체감과 엑스터시가 펼쳐지려면 시간이 필요한 법이다. 뭔가 새로운 것을 배우는 데도 시간이 걸리게 마련이다. 시간은 서로 얘기를 나누고 새로운 경험을 소화시키는 데도 필요하다. 그러므로 우선순위를 어떻게 바꿀 수 있을지, 두 사람이 일상에서 어느 부분을 희생해야 할지에 대해서 함께 숙고를 해야 한다. 전화나 휴대전화, 컴퓨터, 텔레비전에 소비하는 시간을 줄일 때, 파트너로서 두 사람은 현재의 상대에게 집중할 수 있는 시간을 확보할 수 있을 것이다. 텔레비전이나 휴대전화, 컴퓨터의 화면을 들여다볼 시간을 줄이고 상대에게 관심을 보여라. 평소에도 두 사람의 섹스나 다정한 시간을 빼앗는 것이 무엇인지 살필 필요가 있다. 두 사람의 섹스를 위해 누가 무엇을 줄일 수 있을지에 대해 의논하라. 구체적인 합의를 이끌어내기 위해 서로 손을 내밀어야 한다.

볼프람 특히 해야 할 일과 신경 쓸 일이 많은 사람들은 파트너와 확실한 일정에 합의할 필요가 있다. 물론 처음에는 서먹한 기분이 들고 심한 압박감을 받을 수도 있다. 그래도 한눈을 팔면 안 된다. 두 사람이 진정 안정을 찾고 서로 관심을 가지려면 휴식과 시간이 필요한 법이다. 다른 일도 마찬가지지만 여기서도 확실한 일정에 대한 계획이 없이는 진척이 되지 않는다.

에바 확실한 일정을 잡으면 또 다른 효과가 발생한다. 즉 무의식 중에 상대에 대한 신뢰가 생긴다. 마음속으로는 우리가 뭔가 약속을 했다는 믿음이 생기고 우리 자신에 대해 진지하게 논의했다는 생각을 하게 된다. 여기서 안정감이 나온다.

11. 규칙적으로 성관계를 하라

볼프람 두 사람 사이에 세워진 벽과 과거의 불안을 실제로 허물기 위해서는 규칙적으로 육체적인 접촉이 필요하다. 할 때마다 적어도 한 시간씩, 일주에 여러 번 하면 가장 좋다. 솔직히 말하면 당신이 실제로 새로운 섹스의 세계로 들어가서 제대로 해방감을 맛보며 서로 훈훈한 애정을 유지하려면 그 정도가 최소한의 기준이라고 말하고 싶다.

에바 여성은 보통 몸이 달아오르는 데 많은 시간이 걸린다. 또 파트너로서 두 사람이 마음을 가라앉히고 서로에게 집중하며 함께 카타르시스를 맛보는 데도 시간이 걸리게 마련이다. 그리고 무엇보다 실제로 자신의 몸속에서 일체감의 깊이를 실컷 즐기려면 시간이 걸린다. 그러려면 섹스를 하고 상쾌하고 나른한 가운데 그 과정을 음미하는 데 한 시간 이상은 투자하는 것이 가장 좋다.

볼프람 섹스는 한동안 훈련을 하지 않으면 근육통이 생기거나 쉽게 지치는 스포츠와 비슷하다고 볼 수 있다. 두 사람이 파트너로서 서로 사랑을 주고받는 데 합의를 보지 못한다면 서로 가까워지지 못하는 것은 물론이고 갈수록 멀어질 것이다.

12. 처음에는 조금씩 접근하라

볼프람　한 시간이라면 사랑을 주고받기에는 대개 충분할 것이다. 하지만 당신의 현재 상황에서 이것이 큰 부담이 된다면 시간을 더 줄일 수도 있다. 진지하게 새로운 우선순위를 정하되 무리하게 시간을 정할 필요는 없다. 그래 봤자 역효과만 날 뿐이다.

에바　현재 당신이 바쁘고 여러 가지로 시간에 쫓기는 생활을 한다면 두 사람이 모두 아침에 잠에서 5분 일찍 깨도록 시계를 맞추라고 권하고 싶다. 잠에서 깨면 누운 상태에서 서로 느긋한 마음으로 마주 바라보며 상대의 몸에서 나오는 생기와 따뜻한 체온을 의식적으로 느껴보라. 원한다면 상대의 등에 배를 밀착시키고 서로 호흡을 느껴보는 것도 좋다. 촉각을 안쪽으로 향하고 몸속에서 꿈틀대는 움직임을 의식적으로 인지해보라. 자신의 몸속에 안정적으로 닻을 내리는 맛을 음미하고 동시에 긴장이 풀린 상태로 다른 사람과 살을 맞댈 때의 느낌을 맛보는 것이다.

볼프람　이런 식으로 간단히 피드백을 하면 아침마다 일체감을 느끼면서 산뜻한 기억을 담고 그날 하루를 보낼 수 있을 것이다. 그러면 생활 전체가 흔들리지 않는 상태에서도 서로 다정한 관계를 유지할 수 있는 새로운 습관을 들이게 된다.

에바　아침은 누구나 대부분 사랑을 나누기에 최적의 시간이다. 밤 사이에 긴장이 완전히 풀린 상태에서 아무런 방해도 받지 않고 자기 자신과 깊은 교감을 할 수 있기 때문이다. 저녁시간은 하루의 일과가 어깨를 짓누르는 경우가 많고 두 사람 모두 무엇보다 안정과 휴식이 필요한 시간이다.

볼프람 두 사람 모두 바쁜 하루를 보냈다면 각자가 먼저 자신을 위한 시간을 가질 필요가 있다. 하루에 몇 분간은 규칙적으로 휴식을 취하면서 그날 하루를 정리하고 잊어야 하며 그런 연후에 파트너와 결합할 시간을 갖는 것이 좋다. 우리 부부가 제작한 CD에는 파트너와 결합하기 전에 몇 분간 시간을 들여 그날 하루를 간단히 털어내는 훈련을 소개한 것이 있다.

13. 가볍게 받아들여라

에바 처음에 나는 모멸감을 느낀 적이 많았고, 때로는 이 사람이 이 중요한 일을 너무 가볍게 대한다는 생각을 했다. 하지만 시간이 가면서 나는 육체적인 접촉을 좀 더 가벼운 마음으로 바라보는 법을 배웠다.

이에 대해 배리 롱은 다음과 같이 말한다.

"어쩌면 남성은 의사의 진찰을 받는 기분이 든다고 말할지도 모른다. 원한다면 가벼운 마음으로 받아들이고 미소를 지어라. 이런 방식으로 사랑을 나누는 것이 의사의 진찰을 받는 것처럼 아주 삭막하게 보일 수도 있다. 그렇다고 해도 당신이 낡은 습관을 깨부술 때까지는 견뎌야 한다."

볼프람 나도 처음에는 정말 의사를 만나는 기분이 들 때가 있었다. 마치 사용설명서를 읽듯이 초심자처럼 관계를 맺으려고 할 때면 정말 짜증이 나고 불만스러웠다. 이때 힘든 것은 인위적인 행위에서 자연발생적인 효과로 바꾸는 것이다. 처음에는 혼수상태에 빠진 것처럼 수면발작이 일어나 계속 잠이 올 수도 있고 좌절감으로 감각이 사라지거나 모욕감을 느끼며 모든 것을 취소하고 싶을 수도 있다.

에바 파트너나 부부 관계에서는 누구나 상대가 정신을 집중하지 않고 긴장이 풀린 나머지 깜빡 선잠이 들 때, 너무 진지하게 자신의 관점에서만 생각하지 않는 것이 좋다. 또 여성은 한 시간을 기대하고 몸에 적응했는데 남성이 2분 만에 끝내더라도 조급하게 생각할 것 없다. 잘될 때도 있고 잘되지 않을 때도 얼마든지 있을 수 있는 법이다. 인내와 유머감각이 없이 이 길을 가려고 하는 사람은 절대 서두르면 안 된다. 감동해서 눈물이 날 때도 많다. 이것이 드라마는 아니지만 깊은 카타르시스를 느낄 때가 종종 있기 때문이다. 새로운 섹스의 실천을 통해 부부로서 최선의 결과를 보려면 실패를 해도 가벼운 마음으로 웃어넘기고 다시 시도하는 자세가 필요하다. 섹스에서는 모든 것이 올바른 생활을 할 때와 같다.

14. 사기가 저하될 것을 감안하라

볼프람 멋진 변화가 생기고 서로 지속적으로 접근하는 시간이 주어지면 당신은 아마 "와, 우리 부부가 회춘을 한 기분이네!"라는 느낌이 들지도 모른다. 그러다가 어느 시점에 가면 다시 일상과 직업에 시달리며 시간과 정력을 빼앗기게 되고 서로 약속을 하는 일이 뜸해질 수도 있다. 당신이 오랫동안 새로운 섹스를 실천했음에도 마치 아무 일도 없었다는 듯, 다시 불만이 찾아오고 현재의 상황에서 도망치는 습관이 시작될 수도 있다.

에바 파트너와 완전히 새로운 신뢰를 구축하고 나서 다시 조화롭지 못한 관계로 바뀌어 큰 좌절감을 맛볼 수도 있다. 소울섹스에 실패했을 때, 좌절감을 방치하지 않고 일련의 체념상태에 빠지지 않으려면 훈련이 필요하다. 설사 실패를 하더라도 포기하면 안 된다. 당신 스스로 어떤 구실을 찾는 것은 아닌지 늘 주의 깊게 살펴라. 언젠가는 상대가 전혀 예상치 못한 핑계를 대는 것을 듣는 날이 올 수도 있다.

볼프람 갑자기 귀에 낯선 목소리가 들리면서 선택의 여지가 없는 질문으로 유혹하는 것을 조심하라. "내가 뭐하자고 이 모든 일을 벌여야 한단 말인가? 왜 계속 포르노를 보면 안 되고 연애를 하거나 새로운 파트너를 찾으면 안 된단 말인가?" 이유는 아주 간단하다. 그래 봤자 다시 관계가 단절되고 외로운 생활을 할 것이기 때문이다. 몸속 깊이 일어나는 사랑을 경험할 때의 느낌이 어떤 것인지는 결코 알 수 없을 것이다.

에바 그리고 섹스에 따른 온갖 스트레스가 사라지는 느낌도 알지 못할 것이다. 나는 단지 남성을 흥분시키기 위해 마음에도 없는 속옷을 입거나 가슴을 확대하는 여성들을 많이 알고 있다. 또 내가 아는 남성들 중에는 아내를 행복하게 만들기 위해 비아그라를 복용해야 한다고 말하는 사람이 많다. 소울섹스에서는 아무것도 필요 없다. 오르가슴도 발기도 완벽한 몸매도 필요 없다. 그저 해방감을 맛보기만 하면 된다.

15. 주저하다간 잘못된 방향으로 나갈 수도 있다

볼프람 때로는 귀에 이런 식의 낯선 목소리가 들려올 수도 있다. '나쁜 느낌은 아니지만 왠지 정상적인 섹스 같지가 않아. 당장 좋은 것만 해보자……여성적이고 정열적이기만 하면 좋은 거 아닌가'라는 말이 계속 귓전을 울린다. 그러면서 머리로는 섹스가 어떤 형태를 띠어야 하는지를 생각하게 된다. 마음속에서는 영화나 광고에서 묘사된 섹스와 비슷한 그림들이 아른거린다. 결국 두 사람은 마법적인 매혹을 견디지 못하고 서로 일시적인 열정에 사로잡힌다.

에바 ……그리고 교차위를 연습하면서 완만한 호흡을 하는 과정에서 당신은 갑자기 쉽게 의혹에 빠지면서 방향을 잃거나 불확실하다는 느낌을 받을 수 있다. 그리고 '우리가 아는 사람 중에 이렇게 하는 사람은 없어. 정신적인 섹스라는 말은 다 헛소리고, 정작 침대에서는 아무것도 못할 거야'라고 생각할지도 모른다. 이런 의혹이 들 때 그런 생각을 떨쳐버리려고 하면 안 된다. 차라리 당신 자신이 불안하다는 것을 사실대로 털어놓는 것이 좋다. 자신이 불안하다는 것을 파트너에게 있는 그대로 보여주는 용기가 큰 도움을 줄 것이다. 이런 용기가 있을 때, 새롭게 가까워지면서 신뢰가 형성된다. 자신의 속마음을 있는 그대로 보여주는 솔직한 태도는 서로 반해서 연애를 하던 시기의 열정과는 전혀 다른 순수한 사랑이 들어설 공간을 마련해준다. 불안과 의혹을 파트너와 서로 공유하는 법을 배운다면 두 사람의 결합은 바탕이 견고해질 것이다.

볼프람 스포츠 경기에서 초조해지듯이 새로운 섹스를 할 때엔 당연히 의혹이 생길 것을 각오해야 한다. 불안감이 찾아올 때는, 모든 것을 올바로 느껴보는 현실의 경험을 위해 가능하면 지체 없이 육체적인 결합을 하는 것이 바람직하다.

16. 완벽한 소울섹스란 없다

볼프람 끝으로 당신이 걸려들지도 모르는 함정 중에 가장 크고 적어도 아주 분명한 것은 바로 완벽이라는 덫이다. 긴장을 풀고 해방감을 맛보려고 하는 대신, 최선의 섹스와 가장 황홀한 섹스로 나가는 새로운 길을 찾으려고 하는 것이다. 단순히 과거의 목표를 새로운 목표로 교체하고 누가 더 안정적인 호흡을 하는지, 누가 자신의 몸을 더 잘 따르는지를 비교하게 된다. 만일 이런 일이 생긴다면 당신은 돌아서 갔을 뿐 결국 다시 함정에 빠지고 말 것이다.

에바 그러므로 문제는 결과가 아니라 언제나 현재를 받아들이고 그 순간에 충실한 것이라는 사실을 잊지 않기를 바란다.

섹스를 생활화하라

소울섹스를 시작하려면 기본적으로
무엇을 해야 하는가?

볼프람　생활 속에 휴식을 늘리고 자주 긴장을 해소하는 습관을 들여라! 낮 동안 자신의 능력을 전속력으로 가동하고 밤이면 갑자기 긴장을 100에서 0으로 떨어뜨린다는 것은 거의 불가능한 일이다. 내 경우에는 일상의 번잡에서 벗어나 그날 하루를 정리하고 잊기 위해 의식적으로 15분의 시간을 오로지 나 자신을 위해 사용한 것이 도움이 되었다. 가만히 앉아서 전화를 하거나 신문이나 텔레비전을 보라는 말이 아니라 실제로 쉬면서 자기 자신과 교감하는 시간을 가지라는 뜻이다. 이런 방법으로 나는 매일 직업적으로 바쁜 남성의 일상을 뛰어넘을 수 있었다. 나는 때로 어딘가에 편한 자세로 앉거나 누워서 눈을 감고 몇 분 동안 내 몸을 느껴보는 시간을 가졌다. 이렇게 하면서 머릿속의 복잡한 생각에서 벗어났다.

에바　섹스를 하면서 우리의 일상생활에도 점점 더 큰 변화가 생겼다. 소울섹스를 할 때면 단순한 육체결합보다 더 많은 것들이 중요하다는 사실이 분명해졌다. 산다는 것과 다른 사람과 어울린다는 것은 같은 말이다. 요즘 우리 부부는 각자 규칙적으로 휴식을 하고 자신만을 위한 시간을 누린다. 당신 부부도 서로 격려하는 가운데 자신의 휴식을 찾고 가능하면 자녀들에게도 이것을 가르치라고 권하고 싶다.

볼프람　저녁때 퇴근하고 나서 또는 서로 섹스를 하기 전에 10분 정도 자신을 위한 시간을 확보한다면 많은 변화가 따를 것이다. 어쩌면 이때의 휴식이 처음에는 익숙지 않거나 거북하다고 생각할지도 모른다. 이제까지 딴 생각을 하거나 어떤 행위를 함으로써 잊었던 불안이 갑자기 찾아올 수도 있기 때문이다. 눈을 감고 자기 자신을 돌아볼 때면 마치 번잡한 생활을 깔고 앉은 느낌이 들지도 모른다. 하지만 고요한 시간에 익숙해지면 차츰 당신의 내면은 평온해질 것이다. 처음에는 기력이 빠져나가는 느낌이 들 수도 있지만 정신은 더 또렷해질 것이다. 고요한 시간을 누릴 수 없다면 내 아내가 앞에서 언급한 CD를 들어도 된다.

에바　자신만을 위한 정적의 시간을 갖다 보면 갈수록 지금까지 무엇이 고요한 시간을 방해했는지 깨닫게 된다. 사람들은 보통 휴식시간에 텔레비전을 보거나 뭔가를 먹는 등 기분전환을 위해서 뭔가를 한다. 이제 당신이 눈을 감고 자신을 인지하다 보면 당신이 평소에 파트너와 침대로 올라갈 때 어떤 생각을 품고 있었는지 알게 될 것이다.

볼프람　가족끼리 식사할 때면 모두가 정신이 산란한 가운데 수다를 떠느라 정작 가족 간에 필요한 대화는 하지 못한다. 아니면 뭔가 골똘히 생각하는 사람, 그 자리에 없는 사람, 휴대전화를 두드리기 바쁜 사람 등 저마다 자기 일에 빠져 있을 때가 많다. 그 자리에 한 사람만 빠져도 이내 분위기가 시들해진다. 부부나 가족끼리 식사를 할 때, 중요한 것은 적어도 하루에 한 번은 서로 대화할 시간이 있어야 한다는 것이다. 그리고 섹스를 할 때 그 순간에 몰입하기 위해서는 일상생활을 훈련캠프로 생각할 필요가 있다. 식사를 할 때 나는 정말 맛을 아는가? 상대가 무슨 말을 할 때 귀를 기울일 수 있는가? 상대의 기분이 어떤지 느낄 수 있는가? 나는 일상의 사소한 부분을 인지하고 있는가?

나 자신을 올바로 이해한 다음에는
어떻게 파트너에게 다가가는가?

에바 파트너에게 다가가기 위해서는 당신이 이 책에서 읽은 것 또는 접촉할 때 경험한 것에 대해 먼저 말하는 것이 한 가지 방법이다.

볼프람 당신의 경험과 느낌을 간직하되 가능하면 그것을 설교조로 늘어놓거나 아는 체를 하거나 모든 낡은 방식을 비난하는 데 정신을 팔면 안 된다. 당신이 열망하는 것을 말하라. 당신이 뭔가를 읽을 때, 깨달은 것을 설명하라. 당신의 마음을 움직인 구절을 파트너에게 읽어주면 좋다. 당신 자신의 생각이 흔들리지 않는 한, 파트너가 자신을 폐쇄하지 않을 가능성은 훨씬 더 커진다.

에바 맞는 말이다. 당신이 비난을 자제할 때, 편한 마음으로 당신 자신의 불안과 불확실성, 수치감 또는 걱정하는 것에 대해 말을 할 수 있을 것이고 파트너에게 오해를 받거나 거절당하는 일도 사라질 것이다. 파트너를 위해 무엇을 할 수 있는지, 파트너가 무엇에 관심이 있는지 물어보라. 또 무엇이 그를 불안하게 하는지, 그가 무엇을 무가치하게 생각하는지도 물어보라.

볼프람 상대의 제안을 거절하거나 쓸데없는 생각이라고 판단하지 말고 뭔가 의심스러워 보일 때는 차라리 솔직하게 물어보라.

에바 나의 경우 처음에 가장 힘들었던 것은, 우리가 섹스를 할 때 내 몸 깊은 곳에서 건드려지지 않았다고 느끼는 부분을 말로 표현하는 것이었다. 나는 배리 롱이 여성에 대해 말한, "아주 섬세하고 깊으면서도 믿을 수 없을 만큼 아름답고 신성한 여성의 에너지"에 대해서 내 세포 하나하나가 알고 있다는 느낌을 받았다. 이 에너지는 대부분의 남성이 접근할 줄 모르는 것으로서 나는 배리 롱이 말한 것을 남편에게 어떻게 설명할지, 어떻게 남편을 내 몸속에 있는 이 세계와 접촉하게 할지 전혀 알 수 없었다. 남편에게 이 말을 하려고 하면 마치 나는 에스키모의 언어를 사용하는데 남편은 중국어를 하는 기분이었다.

볼프람 솔직히 말하면, 처음에 나는 한 가지 생각밖에 없었다. 요즘에 와서 아내가 끊임없이 인용하는 이미 오래전에 죽은 그 섹스 제왕의 말을 당시 나에게 열심히 설명하려고 했지만 나는 전혀 알아들을 수 없었다. 그때 나는 아내가 욕구가 없으며 나에게 늘 불평만 한다는 결론을 내렸다. 그래서 툭하면 싸웠다.

에바 나는 늘 고문 받는 기분이었다. 사실 남편에게 뭔가 감미롭고 사랑스러운 얘기를 들려주려고 했지만 오히려 그때마다 우리 사이는 냉랭해졌다. 나는 좌절하고 체념하며 마음이 흔들렸지만 그러다가도 시간이 지나면 다시 새로운 말과 제스처로 열심히 설명하기 시작했다.

볼프람 아내가 무엇을 설명하는지 정말 알아듣기가 힘들었다. 요즘에는 그것을 말로 표현하기가 힘들다는 것을 알고 있다. 당시의 아내뿐 아니라 지금 이 글을 읽는 당신도 남편에게 당신 자신의 경험세계를 알려줄 수 있다면, 이런저런 다양한 방법을 시도하는 것을 마다하지는 않을 것이다.

에바 그렇다. 하지만 남성에게는 우선 훈련을 받을 자세가 요구된다. 만일 당신이 윈드서핑을 배우고 싶다면 즉시 보드에 올라 탈 수는 없고 돛을 다루는 법을 먼저 익혀야 한다는 것을 알아야 한다. 남성들은 대부분 수없이 물에 빠지고 그때마다 다시 돛을 물에서 건져내야 하는 일을 당연한 것으로 알고 감수한다. 새로운 섹스에서도 똑같은 이치가 적용된다. "나는 훈련받을 준비가 되어 있어!"라는 자세가 필요한 것이다.

볼프람 뿐만 아니라 자신이 윈드서핑에 대해 아는 것이 전혀 없다는 사실을 고백하는 태도가 필요하다. 한 남성이 여성과 어떻게 접촉하고 자신과 여성의 내면에 있는 온갖 섬세한 감정을 어떻게 다루는지 알아내기 위해서는 열정적으로 몰입하는 태도가 필요하다. 하지만 막상 필요한 순간에 남성은 자신의 몸을 전혀 다르게 경험한다.

섹스 할 때 섬세한 감각을 조율하기 위해 남성은 무엇을 할 수 있는가?

볼프람 당신에게는 지금까지와는 전혀 다른 방법으로 자신의 몸에 다시 정신을 집중하기 위한 용기가 필요하다. 하지만 이 말은 운동을 더 열심히 한다는 것과는 의미가 다르다. 당신이 충분한 훈련을 받았거나 몸 상태가 좋다고 해서 곧바로 훌륭한 애인이 되는 것은 아니다.

에바 나는 여성들이, 멋진 애인이라면 침대에서 뛰어난 기교를 부릴 줄 알아야 한다고 말하는 것을 들어본 적이 전혀 없다. 수많은 여성들과 대화한 내용을 한마디로 요약한다면, 장기적인 관계에서 멋진 섹스를 하기 위해서는 감정을 보여주고 여성의 감정을 다스릴 줄 아는 남성이 필요하다는 것이다. 또 무엇을 시도해야 할지, 어떻게 손과 몸을 놀려야 할지 물어보고 자신이 무엇을 해야 할지 모른다는 것을 인정하는 남성이 필요하다. 또 "미안해!"라는 말을 할 줄 아는 남성이어야 한다.

볼프람 그렇다. 또 당신 자신의 몸에 대해서도 아는 것이 없다는 말을 할 줄 알아야 한다. 그리고 당신의 파트너와 매끄러운 접촉을 하지 못한다고 해서 놀라면 안 된다. 남성이라면 자신의 행위에 대해 여성이 별로 만족스러운 반응을 보이지 않을 때가 많다는 것을 알아야 한다. 그렇더라도 짜증을 내지 말고 파트너에게 물어보고 도움을 청할 용기가 있어야 한다. 무엇보다 당신 자신의 몸과 교감할 필요가 있다. 자신의 몸이 어떤 상태인지, 애정을 보여주고 사랑스러운 접촉을 할 때, 무엇이 좋은 느낌을 주는지 인지하는 법을 먼저 배워야 한다. 아마 당신은 대부분의 남성과 마찬가지로 여성과 접촉하고 방법을 개선하고 효과를 내는 문제에서 당신 자신의 몸과 따로 놀고 있을지도 모른다.

에바 만일 당신이 극한스포츠를 한다면 기력이 소진된 다음 다시 도전할 때는, 힘이 나고 몸 상태도 다시 좋아질 것이다. 하지만 문제는 그 상태에서 몸에 대한 감각이 되살아나고 당신의 몸을 섬세하게 느낄 수 있느냐 하는 것이다.

볼프람 남성은 자신을 향해 이렇게 물어볼 필요가 있다. "나는 어떻게 내 몸 안에 사랑을 지필 수 있는가? …… 어떻게 내 몸을 사랑으로 채울 수 있는가? 몸이 유연해지고 긴장에서 벗어나려면 어떻게 해야 하는가?" 전에 나는 조루현상을 보일 때면, 자책을 하면서 나 자신이 부끄러웠다. 그러다가 훗날 내 몸을 좀 더 자세하게 살피고 나서 원인이 어디에 있는지 알게 되었다. 그것은 내가 몸에 너무도 심한 압박감을 느끼고 긴장하기 때문이었다.

에바 내가 말할 수 있는 것은 과거방식의 생활을 지속할 때, 새로운 섹스는 할 수 없다는 것이다. 이것은 남성뿐만 아니라 여성도 마찬가지다. 침대에서 좀 더 자신을 개방하고 긴장을 풀려면 일상생활 속에 더 많은 휴식과 긴장을 해소하는 시간이 있어야 한다. 요즘 우리 부부는 요가를 하며 규칙적으로 명상을 하고 스스로를 위해 또 혼자 있을 때의 느낌을 위해 더 많은 시간을 들인다. 생활에 쫓기고 스트레스를 받을 때는 즉시 우리의 몸과 서로의 접촉에 그 흔적이 나타난다. 그럴 때는 다시 의식적으로 충분한 휴식을 갖고 우리 자신을 위해 현재의 순간에 몰입하며 정신집중을 할 필요가 있다.

볼프람 그것을 나도 확인할 수 있다. 언젠가 뭔가 특별한 일을 스스로 견디기 힘든 순간이 있었다. 그때는 마음을 가라앉힐 수 없고 섬세한 감정을 느낄 수도 없었으며, 텔레비전 앞에 앉아 있지 않으면 끊임없이 사람들과 어울리며 뭔가를 하고는 했다. 그러다가 나는 시간이 가면서 그동안 즐겨 하던 스포츠에 흥미를 점점 잃게 되었다. 요즘은 거의 날마다 야외로 나가 자연의 공기를 마신다. 물론 지금도 조깅을 하기는 하지만 전처럼 힘들게 하지는 않고 나 자신이나 주변의 환경과 더 많은 접촉을 하는 데 비중을 두고 있다. 전에는 운동장에서 열심히 달렸지만 -가능하면 여러 바퀴를 돌 생각에- 요즘에는 조깅할 때 얼마큼 달렸느냐보다 자연과 내 몸을 느끼는 데 중점을 둔다.

에바 산책을 하거나 조깅을 하면서 운동에 단련되어 근육과 힘줄이 울퉁불퉁 튀어나온 남성들을 볼 때면, 나는 그들이 그렇게 갑옷을 두른 것 같은 몸을 하고 어떻게 여성의 몸을 느낄지 궁금했다. 하루 종일 전력을 다해 일하고 늘 어딘가에 쭈그리고 앉아 휴대전화나 컴퓨터를 들여다보면서 사생활에서는 안정을 찾지 못하는 남성들을 볼 때도 마찬가지였다. 그런 상태로 어떻게 갑자기 침대에서 현재의 순간에 집중하고 어떻게 애정과 감정이입의 능력이 나올 수 있을까? 멋진 섹스를 하고 싶은 남성이라면 몸이 유연하고 수용력이 있어야 하며 실제로 몸의 긴장을 해소하는 능력이 있어야 한다. 운동을 할 때처럼 힘을 쏟는다고 될 일이 아니다.

볼프람 언젠가부터 나는 명상을 하게 되었고 뒤이어 요가를 시작했다. 그러면서 나에게는 순수한 열정이 되살아났다. 내 몸에 존재하는지도 몰랐던 기능과 건드려지지 않은 부분이 있다는 것을 알게 되었다. 요가는 모든 감각을 투명하게 되살려준다. 자신의 한계 끝까지 갈 수 있을 뿐만 아니라 그것을 인식할 줄도 안다. 아주 힘든 훈련을 할 때도 나는 내 몸의 미세한 부분까지 느낀다. 전보다 훨씬 더 자주 몸을 움직이면서 힘을 얻는 방법을 배웠다. 동시에 조심스럽게 고통을 인지하고 그것을 견디며 압박감에서 벗어나 완전히 그 느낌을 차단하는 법도 배웠다. 이런 생활은 많은 변화를 가져다주었고 섹스를 할 때 내 몸을 훨씬 더 잘 인지할 수 있게 되었다. 요가를 할 때의 행복감은 지금까지 어떤 운동에서도 경험하지 못한 것이다.

에바 여성은 남성이 스스로 이런 행복감을 느끼는 뭔가를 할 때면 즉시 알아차린다. 남성들에게 시급한 것은 자신의 내면에서 기쁨과 사랑을 결합시키는 뭔가를 하는 것이다. 내가 볼 때, 남성이 몸속에서 사랑과 행복을 느끼지 못하면 여성은 갈피를 못 잡는다.

볼프람 요가는 의식적으로 안정을 찾으려는 많은 운동 중의 하나일 뿐이다. 당신도 다시 몸을 인지하고 몸속의 긴장을 풀려면 편한 마음으로 요가를 시작할 수 있다. 또 인터넷 사이트에 들어가면 집에서도 요가코스를 따라 할 수 있다. 인터넷에서 포르노 동영상을 보는 대신 요가를 해보는 것이 어떨까?

성생활에 다시 활기를 불어넣으려면 무엇을 함께할 수 있을까?

볼프람 새로운 섹스를 하려면, 반드시 구체적인 약속을 하지 않더라도 일상 속에서 서로 접촉하는 새로운 방법만 있으면 된다. 그저 긴장이 풀린 시간에 단순하게 당신이 원하는 방법으로 파트너와 접촉해보라. 당신이 여성이라면 그때의 느낌이 어떤지 남성에게 물어볼 용기가 있어야 한다. 남성이 정신을 집중하지 않거나 아무런 반응을 보이지 않더라도 실망하지 마라. 섬세한 감성을 위해서는 연습이 필요한 법이다. 남성이 당신과 함께 그런 훈련을 할 준비가 되었는지 물어보라.

에바 당신의 일상을 훈련장으로 만들어야 한다. 저녁이나 주말이면 두 사람이 좋아하는 음악을 틀어놓고 당신의 파트너에게 색다른 춤을 요청하는 것도 한 가지 방법이 될 수 있다. 그러기 위해 집 안의 공간을 확보하라. 그저 상대를 느끼기 위한 춤이면 된다. 거북한 시선이나 부끄러움, 핀잔이나 거부감 따위의 반응이 나올 것을 각오해야 한다. 당신 혼자만을 위한 것이라거나 멋들어진

스텝을 밟아야 한다는 생각을 할 필요가 없다. 그저 음악에 맞춰 당신이 원하는 대로 흥겹게 두 사람의 동작과 접촉상태, 몸을 느끼기만 하면 된다.

볼프람   요즘 나는 생활 속에서 이렇게 춤추는 휴식시간을 좋아하지만 처음에는 아내의 이런 발상이 완전히 바보 같다는 생각을 했다. 지금 남성들에게 해줄 수 있는 말은 당신의 아내가 춤추고 싶다고 할 때, 되도록 거부감을 갖지 않도록 노력하거나 아니면 선선히 받아들이라는 것이다. 머릿속의 번잡을 일체 잊어버리고 그저 음악에 맞춰 몸을 움직이는 법을 배울 때, 춤은 섹시한 것이다.

에바   아마 음악을 틀고 파트너에게 춤을 추자고 제안할 사람은 여성일 가능성이 높을 것이다. 하지만 요란한 음악은 피하는 것이 좋다. 그저 파트너를 안고 아무런 목적도 없이 부드럽게 음악에 맞춰 움직이기만 하면 된다. 빈 자루처럼 적당히 긴장을 풀되 정신은 깨어 있어야 한다. 옛날 블루스를 추듯이 하면 된다. 중요한 것은 음악에 따라 움직이면서 서로의 몸을 느껴본다는 것이다.

볼프람   남성들에게 한 가지 조언을 한다면 이때 비결은 어떤 인위적인 행위도 하지 않는 데 있다는 것이다.

에바   서로 몸의 조율을 더 잘하는 법을 배우려면 간단한 운동을 할 수도 있다. 가령 서로 등을 맞대고 번갈아 허리를 굽히는 운동이 있다. 누가 먼저 할 것인지 정하기만 하면 된다. 한쪽에서 먼저 천천히 상체를 굽히면 상대는 긴장을 풀고 몸을 실으면서 동작을 따라간다. 이 운동은 춤이라기보다 마치 바람에 풀이 흔들리듯이 몸을 움직이는 동작이라고 할 수 있다. 몸이 음악에 따라 어떻게 움직이는지 느껴보는 것이다. 한 사람은 동작을 주도하고 나머지 한 사람은 오로지 자신의 몸에 정신을 집중한 상태에서 마치 일종의 도미노게임처럼 몸을 움직이면 된다. 그러다가 도중에 신호를 보내고 차례를 바꾼다.

볼프람　전혀 부담이 없고 아주 간단한 이 운동은 많은 남성에게는 귀찮게 생각될 수도 있다. 당장 마음에 들지 않더라도 즉시 포기하지 말고 중요한 생활의 일부인 것처럼, 또는 좋아하는 취미인 것처럼 계속할 필요가 있다. 처음에 거부감이 든다고 달아나면 안 된다.

소울섹스의 생활

소울섹스는 어떻게 시작하는가?

볼프람 이상하게 들릴지 모르지만, 남성들에게는 파트너에게 접근하기 전에 먼저 자기 자신의 몸에 집중하는 것이 최선의 방법이다. 신중하게 당신의 몸 상태를 스스로 알아내려는 노력을 해보라. 적극적으로 자위를 하라는 말이 아니라 탐구하듯이 의식적으로 몸과 접촉하라는 것이다.

에바 물론 여성도 마찬가지다. 당신이 먼저 자신의 몸을 의식적으로 체험한다면 파트너에게도 그 상태를 더 쉽게 설명할 수 있을 것이다.

볼프람 그리고 당신이 느낀 것을 상대가 느끼게 하는 데도 도움이 된다.

에바 긴장에서 벗어난 시간을 찾아보라. 예컨대 아침에 잠에서 깼을 때나 밤에 잠들기 전이 좋을 것이다. 눈을 감고 천천히 또렷한 의식으로 당신의 팔뚝을 쓰다듬어 보라. 전에는 한 번도 만져보지 않은 듯이 해야 한다. 동작이 아니라 인지상태에 정신을 집중한다. 손가락 끝에 팔의 솜털이 느껴지는가? 피부는 어떤 느낌인가? 당신 자신에게 물어보라. "팔을 쓰다듬으면 솜털밖에 느껴지지 않는가?" 그런 다음 접촉하는 손가락에서 접촉을 당하는 팔로 인지의 초점을 바꾼다. 접촉되는 팔은 느낌이 어떤가? 천천히 사랑스럽게 현재의 순간에 몰두한 상태에서 접촉을 당할 때의 느낌은 어떤가? 접촉될 때의 느낌이 팔 내부에서 번져나가는 것을 인지할 수 있는가? 팔 속으로 아주 부드러운 느낌의 물줄기가 흘러들어가는 것 같은가?

볼프람 당신이 남성일 경우, 비록 처음에는 오싹한 느낌이 들더라도 간단한 훈련을 몇 차례 하면 새로운 섹스에 큰 도움이 된다고 생각해야 한다. 자기체험을 통해 당신은 자신의 행위뿐 아니라 당신의 파트너에게 어떤 느낌을 불러일으키는지도 알게 될 것이다. 이런 방법으로 당신은 자신의 몸에서 일어나는 좀 더 섬세한 반응을 탐지할 수 있으며 어떤 신체부위가 어떤 반응을 보이는지 발견할 수 있다.

에바 당신이 자신의 몸에 대한 의식적인 접촉을 경험했다면 의식적으로 자신의 쾌감에 정신을 집중하는 것이 얼마나 중요한지도 경험하게 될 것이다. 만일 여러 가지 생각으로 마음이 산란해지거나 기계적인 또는 일정한 목표를 둔 동작을 취한다면 기쁨도 줄어들 것이다. 정말 호기심을 갖고 완전히 그 순간에 몰입한다면, 그리고 어떤 압박감이나 긴장을 배제하고 서서히 정신을 더 집중한다면 갑자기 카타르시스의 탄성이 흘러나올 것이다. 그렇지 않다면 접촉부위를 넘어 소름끼치는 느낌이 몸 전체로 퍼져나갈 수도 있다.

파트너와 함께 시험하려면 어떻게 해야 하는가?

볼프람 오랫동안 육체적 접촉을 하지 않은 부부라면 직접 침대로 올라가는 대신, 먼저 소파에 나란히 앉아 의식이 또렷한 상태에서 신중하게 서로 접촉하는 것이 좋다. 이때는 먼저 누가 누구를 만질 것인지 정하라.

에바 그리고 무엇보다 어느 곳을 접촉하는가가 중요하다. 당신이 접촉을 당하는 쪽이라면 눈을 감고 당신의 몸 어느 부분에 접촉이 필요한지 인지해보라. 손이나 팔일 수도 있고 아니면 어깨나 배 또는 발일 수도 있다. 그곳을 파트너에게 알려주어라. 이제 두 사람이 눈을 감고 몸속의 느낌을 따라가 본다. 접촉을 당하는 사람은 자신이 원하는 곳의 느낌을 인지하고 상대는 손의 느낌이 간질간질할 때까지 손 내부의 느낌을 인지해본다. 매끄러운 접촉의 감각이 손에 느껴지면 그때 파트너가 원하는 곳에서 그 순간에 몰입한 상태로 파트너의 몸을 접촉하면 된다.

접촉할 때 특별한 기술이 있어야 하나?

볼프람 아니다. 기술은 필요 없다. 어떤 능력이 있어야 하는 것도 아니다. 긁어주거나 마사지를 해주는 것도 아니다. 문제는 자신의 몸을 만져 스스로 실험대상이 될 때처럼, 모든 것을 사랑스럽게 탐지한다는 것이다. 가장 중요한 것은 현재의 순간에 몰입한 상태에서 자신의 손에 정신을 집중하고 상대의 몸에 호기심을 갖는 태도다. 피부의 느낌이 어떤가? 피부가 따뜻한가? 피부가 부드러운가? 굴곡이나 둥그런 곡선이 있는가? 손에 온전히 정신을 집중해서 사랑을 담을 수 있는가? 파트너를 위해 천천히 사랑을 부르는 큰 동작이 즐거움을 주는가? 아니면 작지만 좀 더 세게 만지는 동작이 즐거운가? 피부를 쓰다듬는 것은 손가락인가 손 전체인가? ······

에바　만지는 사람이 그 사이에 잠시 다른 생각으로 벗어난다 해도 나쁠 것은 없다. 아니면 집중도가 조금 떨어질 수도 있다. 또 접촉을 당하는 사람이 먼저 상대의 집중도가 떨어진다는 것을 눈치 챌 수도 있다. 현재의 순간에 대한 집중도가 떨어진다는 것은 몸이 알아채기 때문이다. 이럴 때는 간단하게 "당신 뭐 해?"라고 물어보라.

볼프람　남성들에게 해줄 수 있는 말은, 이런 물음에 솔직하게 대답하라는 것이다. 이 훈련을 받으면서 슈퍼맨이 될 필요는 없다. 숙달되지 않은 사람이라면 누구나 처음에는 다른 생각을 할 수 있다. 그리고 여성의 몸은 매우 민감하다. 따라서 아주 간단하게 "아, 잠시 딴 생각을 했어"라든가 "이런, 감각을 놓쳤네"라고 대답해도 좋다. 그런 다음 다시 손의 감각을 느끼면서 접촉상황에 집중하면 된다.

에바　당신이 접촉을 당하는 입장이라면 또렷한 정신으로 현재의 순간에 몰입한 상태에서, 상대가 만질 때의 느낌이 어떤지 추적해보라. 어떤 느낌인가? 무엇이 기쁨을 주는가? 거부감이 생기는가? 그 접촉으로 상대보다 당신의 기분이 더 좋은가? 당신에게 무엇이 필요한지 말하고 나서 몸속에서 뭔가 카타르시스가 느껴지는가? 좀 더 세게 또는 좀 더 부드럽게 만지기를 원하거나 더 빠르게 또는 더 천천히 만지기를 원할 때는 말을 하라. 상대의 집중도가 떨어진다는 느낌이 들 때도 말을 하라. 이럴 때는 상대를 격려하기 위해 계속 "당신 뭐 해?"라고 물어봐야 한다. 이렇게 몇 분이 지나면 차례를 바꾼다.

섹스 할 때
끊임없이 말을 해야 할까?

에바 그렇다. 파트너가 당신의 내면세계를 알아야 하기 때문이다. 그러므로 자신의 신체감각이 어떤지 서로 알려주는 것이 중요하다. 당신이 지금 생각하는 것이나 말하고 싶은 것이 아니라 당신의 몸이 느끼는 것을 묘사하라. 말이나 생각은 두 사람을 머릿속으로 밀어내고 본래의 인지상태에 대해서는 등을 돌리게 만들 뿐이다. 만족감을 느낄 때는 그 느낌을 말하라. 고통스러울 때도 마찬가지다. 자신이 경험한 것을 말로 소통할 때는 또 다른 장점이 있다. 파트너 앞에서 또렷한 의식을 유지하고 현재의 순간에 몰입할 수 있다는 것이다.

볼프람 처음에 나는 내 감각을 말로 표현하는 것이 힘들었다. 섹스를 하면서 계속 지껄인다는 것이 왠지 우스꽝스럽게 보였다. 남성들에게는 이런 짓이 실제로 멍청하다는 생각이 들 수도 있다. 끊임없이 말을 해야 할 때, 흥분이 반감되거나 동력을 잃지나 않을까 두려워하기 때문이다. 하지만 그동안의 경험으로 내가 말할 수 있는 것은, 이렇게 말을 하는 것이 오히려 욕구를 증진시킨다는 것이다. 문제는 사소한 과정 하나하나를 묘사하는 것이 아니라 상대에게 중요한 것을 알려준다는 것이다. 예를 들어 "곧 사정할 것 같아"라는 말은 내가 반드시 말해야 하는 느낌은 아니지만 그것을 정확한 시점에 표현하는 것은 중요하다.

에바 남성들에게는 여성보다 분명한 느낌이 더 많다. 따라서 여성에게는 남성이 올바른 방향으로 가고 있다는 것을 알 수 있도록 자신의 몸에서 일어나는 보이지 않는 반응에 대해 말하는 것이 중요하다. 겉으로는 아무 일도 없는 것처럼 보이지만 내부적으로는 뭔가 진행되는 경우가 종종 있다. 긴장이 해소되는 느낌일 수도 있고 부드러운 물결이 흐르기 시작하는 느낌일 수도 있다. 예컨대 "아, 느낌이 와. 몸 구석구석에서 긴장이 풀리는 것을 알 수 있어……"라는 말로 남성에게 자신의 감각을 알려야 한다.

볼프람 서로 말을 주고받는 것이 처음에는 어려운 일일 수도 있다. 말을 한다는 것이 부끄러울 수 있기 때문이다. 이때 음란한 상상을 말로 표현하지는 않는다. 또 "아, 하늘을 날 것 같아! 너무 음탕해!"라고 말하는 사람도 드물다. 자신의 약점이나 치부, 수치를 느낄 수 있는 곳을 알려주어야 한다는 부담이 따르기 때문이다. 그러므로 말하는 훈련이 필요하다.

에바 물론 큰 쾌감을 느끼는 경우가 점점 더 많아질 것이다. 이런 느낌은 기꺼이 표현해도 된다.

어떻게 하면 섹스를 할 때 남성에게
현재의 순간을 이해하도록 설명할 수 있는가?

에바 접촉을 할 때, 남성에게 새롭게 깨어 있는 정신으로 집중하는 방법을 이해시키려면 여성은 의사가 환자의 맥을 짚는 모습을 연상하는 것이 좋다. 파트너에게 손가락 세 개의 끝으로 당신 팔뚝의 맥을 짚어보라고 부탁하라.

볼프람 실제로 맥박을 느끼고 싶다면 자연스럽게 눈을 감는 것이 좋다. 그래야 현재의 순간에 집중하는 데 도움이 되기 때문이다.

손가락 끝으로 신경을 집중할 때의 느낌을 경험할 것이다. 당신을 포함해 사람은 누구나 손가락 끝으로 맥박을 느낄 수 있고 또 그 소리를 들을 수도 있다. 그 느낌이 전해진다면 이제는 감각 인지에 집중한 상태로 세 개의 손가락 끝을 파트너의 팔이나 이마에 대어보라. 그리고 파트너에게 무엇을 느낄 수 있는지 인지해보라.

에바 긴장이 풀린 동시에 고도로 정신이 깨어 있는 상태에서 현재의 순간에 신경을 집중하되 이제부터는 몸속에서 진행되는 그 순간에 다가가고 그 순간을 음미하라. 접촉을 하든, 동작을 취하든 아니면 키스를 하든, 그 순간을 중심으로 느껴보라. 다른 것은 필요 없다. 남성들이여, 진정한 키스의 달인은 긴장이 풀린 상태에서 상대를 탐지하거나 섬세한 감각으로 애무를 하는 사람이라는 것을 잊지 마라. 문제는 여성의 입술이 사랑스럽고 부드럽다는 것을 발견하고 그 입술에 관능의 쾌락을 제공하는 것임을 당신도 알 것이다. 당신은 그 순간에 온 신경을 집중해야 하며 더 이상 직무 등과 관련한 잡념에 빠지면 안 된다. 또 아직은 오르가슴이나 환상적인 세계에 대한 생각으로 정신이 산란해져도 안 된다.

볼프람 키스를 할 때는 키스에만 전심한다는 결심을 할 필요가 있다. 상대를 만질 때는 내가 만지는 그 상황에 몰입해야 한다. 이렇게 할 때, 모든 감각이 서서히 섬세해지는 것을 경험할 수 있으며, 또 흥미롭게도 이렇게 집중함으로써 감각이 더 강렬해진다는 것을 경험할 것이다. 당신의 손이나 입술로 긴장이 풀린 상태에서 간단한 탐험여행을 시도해보라. 이때 당신의 유일한 목표는 그 순간에 온전히 깨어 있는 상태를 유지하면서 긴장을 풀고 애무의 동작 하나하나마다 더 섬세한 인지상태로 들어가는 것이다.

키스하고 싶지 않을 때는
어떻게 해야 하는가?

볼프람 그만 하라고 말하라! 그리고 남성이 새로운 방법으로 키스를 하도록 유도하라. 아마 당신이 내키지 않는 것은 키스 자체라기보다 남성이 키스를 하는 방식일 것이다. 당신이 남성에게 원하는 것이 무엇인지 직접 보여주어라. 남성에게 시범을 보이는 것이다.

에바 남성에게 키스와 도장을 찍듯 입술을 누르는 행위의 차이를 보여주는 것이다. "내 남편은 도장을 찍듯 나에게 키스를 해요"라고 어느 여성이 어이가 없다는 듯 맥 빠진 소리로 말한 적이 있다. 남성이 키스를 하면서 도장을 찍듯 입술을 누를 때의 느낌이 어떤 것인지 여성들은 상상할 수 있을 것이다. 그때 정떨어지는 느낌이 든다는 것도 알 것이다. 도장을 찍듯 입술을 눌러댈 때의 느낌은 언제나 남성이 감각을 충분히 인지하지 않고 기계적으로 키스를 할 때 나타나는 현상이다.

볼프람 당신이 기습적으로 키스를 하면서 당신의 혀를 여성의 입으로 밀어 넣는 동작은 섹시한 것과는 거리가 멀다. 키스를 할 때도 첫 번째 기본적인 원칙은, 여성의 몸이 아니라 내 몸을 느끼는 것이 먼저다. 나 자신의 몸을 느끼고 난 다음에 비로소 여성의 몸도 서서히 느낄 수 있는 법이다. 나 자신의 입술을 실제로 안으로부터 느낄 때, 비로소 여성의 입술을 인지하고 신경을 집중하는 키스가 시작되는 것이다. 자기 자신의 느낌을 잘 인지할 때까지 혀는 사용하지 않는 것이 좋다. 정신 집중해서 현재의 순간에 몰입하라는 말은 혀를 사용하는 것에도 적용된다.

에바 만일 당신이 남성의 키스를 더 이상 원치 않는다면, 용기를 내어 어떤 느낌이 부족한지 말해주어야 한다. 여러 해 전에 내가 인사용 키스를 받을 때면 공허하기만 할 뿐, 아무 느낌이 없다는 말을 앞에서 한 적이 있다. 그 이후로 나는 "아무 느낌이 없어. 당신에게 그런 키스는 이제 받고 싶지 않아"라고 말하게 되었다. 아마 이 말에 남편은 조금 충격을 받은 것 같았다. 어쨌든 우리는 이에 대해서 의견을 나누게 되었고 그런 키스는 우리가 처한 전반적인 상황의 표현에 불과하다는 사실을 알게 되었다. 그때 우리는 사랑이 식은 지 오래되었기 때문에 서로 솔직해질 필요가 있었다.

볼프람 그 뒤로 나는 기쁨을 되찾았다. 우리 부부는 인사용 키스를 중단했으며 저녁에 퇴근하면 몇 분간 시간을 들여 나 자신을 찾고 평온한 느낌을 맛보는 습관을 들였다. 그런 다음에 우리는 다시 또렷한 정신으로 키스를 하기 시작했다. 이 무렵 키스를 할 때도 그 순간에 집중하면 모든 것이 달라진다는 사실을 분명히 깨달았다.

소울섹스에 대한 오해와 장애물

파트너의 몸이 닫혀 있을 때

볼프람　아마 이 책을 읽는 독자 중에는 남성보다 여성이 훨씬 많을 것이다. 따라서 여성인 당신에게 한 가지 조언을 한다면 당신의 파트너가 처음에는 회의적인 반응을 보이며 거부할 것을 감안하라는 것이다. 남성들은 전혀 그렇지 않은 것처럼 행동할 때가 있지만, 섹스는 여성뿐만 아니라 남성에게도 상처받기 쉬운 민감한 주제다. 파트너가 가까이 접근해서 갑자기 섹스에 대해 이것저것 물어볼 때, 남성은 극도로 불안해질 수 있다. 섹스에 대해 새로운 생각을 말하면 처음에는 거부감을 드러내며 더 멀어질 때가 많다. 이것은 남성이 유난히 고집이 세고 구태의연하기 때문이 아니라 자신의 지속적인 능력을 걱정하기 때문이며 무엇보다 여성이 말하는 것을 알아듣지 못하기 때문이다. 또 과거 방식의 섹스를 못할 것에 대해 불안해하거나 새로운 것을 해봤자 별로 재미가 없을 것이라고 생각하기 때문일 수도 있다. 그렇다고 포기하지 마라. 상대가 마음이 동하고 그럴듯하게 포장한 불안감을 떨쳐버릴 때까지는 시간이 필요한 법이다.

에바　이 말은 새로운 방법을 신뢰하는 가운데, 설사 당신의 마음에 들지 않는 섹스를 하더라도 마음이 흔들리거나 상대를 비난하지 말라는 뜻이기도 하다. 그래 봤자 중도에 서로 얼굴을 붉히며 다투거나 주도권 싸움으로 이어질 뿐이다. 당신이 늘 기억해야 할 것은 목표를 인식하고 그 자리에 머물라는 것이다. 상대가 벽을 쌓거나 반발하면서 싸우려고 해도 그런 태도는 남성의 불안에서 나오는 것이지 당신 자신과는 아무 관계가 없는 것이다.

볼프람 서로 의견이 충돌할 때는, 당신에게 중요하다고 생각되는 이 책의 몇 대목을 읽어보는 것도 좋다. 당신이 자세히 읽으며 음미해본 곳을 기억하면 도움이 될 것이다. 그 의미를 더 분명하게 새긴다면 불화의 시간이 지난 다음 당신은 다시 파트너에게 접근하게 될 것이다. 체념이나 분노 때문에 궤도를 벗어나면 안 된다. 그 사이에 좌절하더라도 늘 흔들리지 않는 적극적인 태도로 새로운 섹스를 추구해야 한다. 파트너가 도피하려고 해도 당신은 의식적으로 대화의 가능성을 모색하라.

파트너가 얼굴을 찌푸리며 돌아서거나 섹스와 담을 쌓을 때

에바 파트너가 왜 마음을 열지 않는지를 이해하는 것이 먼저다. 여성은 섹스라는 문제에서 자신이 원하는 것을 경험하지 못할 것이라고 생각할 때가 있기 때문이다. 그러면서 잠재의식에는 한이 쌓인다. 여성은 대부분 한동안은 섹스를 할 준비가 되어 있지만 남성이 자신의 섬세한 감각과 교감하지 못하면, 언젠가는 몸이 닫히게 마련이다. 은연중에 섹스와 담을 쌓는 여성도 많고 섹스에 환멸을 느끼기도 한다. 하지만 여성도 누구나 육체적 접촉과 관능을 열망한다. 다만 자신이 바라는 올바른 접촉을 할 기회가 없다고 느낄 뿐이다. 그러면 마치 핸드브레이크를 올린 채 차를 모는 것과 같은 생활을 한다. "몸을 열면 제대로 느낄 수 없고 몸을 닫으면 외롭고"라는 난관에 빠지는 것이다. 당신이 남성이라면 여성이 불평을 해도 놀랄 것 없다. 애정을 가지고 현재의 순간에 집중하는 자세로 계속 시도해야 한다.

볼프람 요즘 나는 내 아내가 무슨 말을 하는지 정확하게 안다. 또 상담을 하면서 거의 매일 경험하는 것은 남성들이 아내에게 쌀쌀맞게 거절당할 것을 겁내고 있으며 자신이 마음을 열고 솔직하게 접근해야 한다는 것은 모른다는 것이다. 자신의 불안을 털어놓고 말하는 대신, 남성들은 보통 회피하거나 행동으로 옮기는 경향이 있다. 하지만 여성의 마음이 닫혀 있을 때, 남성에게 가장 중요한 과제는 더 이상 무엇을 원하거나 행동으로 옮기는 것이 아니라 신중하게 물어보고 조심스럽게 다가가는 것이다.

에바 여성의 마음이 닫혀 있는 상태에서 남성이 아무리 친절해도 애정결핍의 태도나 섹스를 목적으로 여성을 괴롭히면 여성은 대개 더 자신을 폐쇄할 뿐이다. 여성은 대부분 남성이 진심으로 받아들여지고 싶어서 또는 긴장해소를 위해 접촉할 필요가 있어서 여성 앞에 설 때는 즉시 그것을 감지한다.

볼프람 우선 속임수를 쓰지 마라! 여성은 당신이 뭔가 특별한 목적이 있어서 접근하는 것인지, 아니면 여성에게 무슨 일이 있는지를 확인하거나 또는 여성의 마음을 열기 위해 어떤 도움이 필요한지 진지하게 알려고 다가오는 것인지 즉시 알아챈다. 그리고 섹스를 하기 위해 여성의 마음을 잠시 달랜다는 의미에서 거래용 섹스를 시도하지 마라.

파트너가 욕정을 품고
오로지 섹스만을 원할 때

볼프람 우선 충동적인 섹스는 안 한다는 약속을 받아내는 것이
최선이다. 한계를 명확하게 설정하면 실제로 해방감을 맛보고 짤
막하지만 자신을 확실하게 개방할 수 있는 틀이 주어질 것이다.

에바 단순히 피부 접촉만 하고 계속 그 수준에 머무른다는 보장
을 받는다는 것은 여성들에게 아주 중요한 문제다.

볼프람 그리고 당신이 계속 충동에 휩싸인다고 해도 슬금슬금 눈
에 안 띄게 접근해서는 안 된다. 차라리 당신이 충동에 휩싸였다
는 것을 터놓고 말하라. 또는 몇 차례 심호흡을 한 다음 의식적으
로 몸에서 긴장을 풀어라. 그러면 자신의 몸을 인지하는 순간이
올 것이다. 이것이 압박감을 몰아내고 다시 현재의 순간에 전념
하는 데 도움이 될 것이다.

한 사람은 급격히 흥분하고
또 한 사람은 차분히 해방감을 맛보려고 할 때

볼프람 그러면 분명히 좌절하고 서로 충돌하게 될 것이다.

에바 여성에 비해 남성이 일찍 달아오를 때, 바로 이런 현상이 발
생한다. 이때 남성은 충동에 휩싸이고 여성은 환멸감을 느끼면서
드라마 같은 사랑을 꿈꾸는 아주 위험한 상황에 놓이게 된다. 몸
의 감수성을 잃은 상태에서 여성의 머릿속에서는 남성의 정욕에
대해 갖가지 생각이 꼬리를 물고 이어진다. "그저 섹스밖에 모르

지…… 너무 귀찮게 달라붙어…… 자기밖에 모르잖아…… 또 약속을 안 지키네…… 정말 어쩔 수 없다니까…… 차라리 내가 한번 참고 말지……."

볼프람 두 사람 사이에 충돌이 일어날 때, 그 자리에서 달아나면 안 되고 바짝 긴장하며 방어 자세를 취해도 안 된다. 당신이 남성이라면 한껏 용기를 내어 당신 자신의 불안에 대해 말해야 한다. 무슨 일이 있는지 조심스럽게 대화를 시도하고 당신이 무엇 때문에 불안하고 원하는 것이 무엇인지 말로 표현하라. 어쨌든 그 자리를 회피하면 안 된다. 또 두 사람 사이가 멀어졌다는 느낌이 들고 욕구가 안 생긴다고 해도 적당한 때를 찾아 육체적인 접촉을 시도하라. 앞에서 말한 대로, 반드시 고전적인 의미의 섹스를 하라는 말이 아니라 가볍게 의식적인 접촉을 시도하라는 말이다.

에바 짜릿한 쾌감을 주고 진정 두 사람을 연결시켜주며 서로 해방감을 맛보게 해주는 것은 결국 대단한 행위를 통해 기막힌 절정감을 맛볼 때가 아니다. 바로 그 순간 가벼운 접촉을 하는 가운데 또렷하게 정신이 깨어 있다는 것은 커다란 변화라고 할 수 있다.

내가 남성으로서 너무 빨리 흥분할 때

볼프람 너무 '자극적'인 동작이나 자세, 접촉은 피하라. 당신도 경험으로 비교적 빨리 흥분되는 특정한 체위나 동작을 알 것이다. 이런 것은 매혹적이기는 하지만 너무 빨리 흥분시키고 지나치게 뜨겁게 만드는 동시에 정작 정신을 집중한 상태에서 당신의 파트너와 접촉하는 끈을 놓치게 할 가능성이 아주 높다.

에바 이때는 간단한 훈련이 필요하다. 시작할 때마다 이내 쾌감에 휩쓸린다는 것이 좋기는 하겠지만 후회 없이 즐겨야 한다는 것이 문제다. 훈련을 하다 보면 의식이 깨어 있는 상태에서 아주 미세한 동작과 미묘한 호흡의 변화가 좀 더 깊은 엑스터시의 세계로 안내해준다는 것을 서로 정확하게 인지할 때 전혀 다른 형태의 만족감과 일체감을 느낀다는 것을 알게 될 것이다. 이때는 이전처럼 쾌감 뒤에 탈진하는 것과는 달리 고요한 가운데 온몸이 뿌듯하고 상쾌하게 치유된 느낌을 준다.

볼프람 뭔가 새로운 시도를 할 때는 늘 그렇듯이, 섬세한 조율을 하는 데도 시간이 걸린다. 소울섹스를 자주 할수록 사랑의 행위를 할 때, 자신에게 무슨 일이 일어났는지, 질적으로 이전과 어떤 차이가 있는지를 더 깊이 느끼고 그 느낌을 마음속에 간직하게 된다. 내가 당신에게 해줄 수 있는 말은 다양한 시도를 해보고 서로 파트너로서 그 경험을 공유하라는 것이다.

내가 원하는 느낌을 받지 못할 때

에바 너무 많은 것을 원하면 안 된다. 그러면 익숙한 습관에서 벗어나지 못할 것이다. 뭔가 새로운 것을, 특히 방금 일어난 일을 열린 마음으로 수용하라.

볼프람 아마 처음에는 당신의 기억 속에 있는 황홀한 느낌을 경험하지는 못할 것이다. 지금까지 익숙하게 맛보았던 흥분과 자극은 소울섹스에 없기 때문이다. 어쩌면 당신이 실제로 느끼고 싶은 것을 경험한다는 확신이 없기 때문인지도 모른다.

에바 아무런 느낌도 없다는 생각이 들 때는, 먼저 기대의 압박감을 떨쳐버리는 것이 최선이다. 아무 느낌도 없다는 것은 대개 '아무 느낌도 없는 것'이 아니라 당신이 맛보고 싶은 느낌이 아닐 뿐이다. 감각이 없거나 공허하다는 느낌이 온다면 무감각과 공허감을 의식적으로 살펴보고 감각을 되찾기 위해 당신이 할 수 있는 행위를 하는 것이 최선이다. 당신이 불쾌하게 생각하는 것을 긍정적으로 받아들이는 말을 하라. 자신을 향해 "나는 어디에서 무감각을 느끼는가? 그 무감각은 어떤 느낌을 주는가? 무감각 속에 무엇이 들어 있는가?"라고 물어보라.

볼프람 당신이 기대하는 것을 얻지 못하고 지금까지 좋아하고 익숙해 있던 감각을 얻지 못한다고 해도 그 상황을 받아들이는 태도가 필요하다. 남성들은 갑자기 자극을 못 느끼고 몸이 평소처럼 반응하지 않는 것을 받아들이기가 아주 힘들 때가 종종 있다. 그러면 실망을 하거나 기껏해야 온갖 의심을 품는 것밖에는 아무런 소득도 없을 것이다.

에바 현재의 상황을 받아들인다는 것은 싹싹하게 자신을 개방하는 사람만이 할 수 있는 일이다. 뭔가 내키지 않더라도 "좋아. 나는 이것을 알아볼 준비가 되어 있어!"라고 말하는 것이다. 그리고 그 대상에 정신을 집중하면 된다. 이때 인내와 특히 자기 자신의 몸에 공감하는 태도가 필요하다. 아무런 느낌이 없을 때 자책하는 것은 당신의 몸이 계속 닫히는 결과를 낳을 뿐이다. 자신의 몸을 격려하고 몸에 정신을 집중할 때, 몸은 차츰 신뢰를 회복하고 긴장을 풀게 된다. 분명히 알아야 할 것은, 감각은 결코 똑같은 상태를 유지하지 않는다는 것이다. 감각은 늘 살아서 움직이며 끊임없이 변한다. 눈앞의 일을 자세히 살펴보면서 단순하게 느끼고 반감을 갖지 않을 때, 그것이 끊임없이 변한다는 사실을 경험할 것이다. 긴장을 풀고 눈앞에서 벌어지는 일을 단순하게 허용할 때, 그 대상은 끊임없이 움직이면서 생각보다 일찍 상쾌한 감각을 제공할 것이다.

발기에 문제가 있다.
그런데도 소울섹스가 가능한가?

볼프람 소울섹스의 질적 수준은 페니스의 크기나 단단한 정도와는 관계가 없다. 소울섹스에서는 무엇보다 페니스와 질 사이에서 발생하는 생생하고 탄력적인 소통이 중요하다. 페니스와 질은 자석의 양 극처럼 서로 영향을 주고받는다. 당신이 남성이라면 자신의 페니스가 팽창해야 하고 힘이 넘쳐야 한다는 걱정을 할 필요가 없다. 여성의 질이 매끄러운 기능을 하는 것은 여성이 사랑에 넘치고 실제로 마음을 열어 당신을 받아들일 준비가 되었을 때다.

에바 당신이 발기부전으로 시달린다면, 여성이 당신을 사랑스럽게 수용할지, 또 그런 걱정에 노출되거나 압박감을 받는지를 놓고 솔직하게 말할 용기가 있어야 한다. 이 모든 압박감은 실생활에서 받는 압박이나 스트레스와 마찬가지로 당신의 발기에도 영향을 준다.

볼프람 당신의 힘 빠진 페니스를 걱정하지 마라. 페니스는 그 상태 자체로 아무 문제가 없다. 페니스가 힘없이 늘어졌다고 해도 질이 사랑스럽게 받아들이기만 한다면 매끄럽게 질 속으로 들어갈 수 있다는 것을 알게 될 것이다. 발기되지 않은 페니스라고 해도 윤활제를 발라 유연해진 질이 열려 있다면 부드럽게 들어갈 수 있고 아니면 여성 파트너가 넣어줄 수 있을 것이다. 그러면 두 사람은 무슨 일이 벌어지는지 깨어 있는 정신으로 조용히 음미할 수 있을 것이다. 몇 차례 연습을 하고 차츰 긴장이 풀린다면 당신의 페니스가 차츰 발기되면서 질에 에너지가 채워지는 것을 경험할 수 있다.

에바   여성에게는 완전히 발기하지 않은 페니스가 더 큰 쾌감을 줄 때가 종종 있다. 그것이 훨씬 더 많은 감성을 자극하기 때문이다. 단단하게 발기된 페니스가 접촉의 감도를 떨어트린다면 질과 상호작용을 하며 질 속에서 서서히 발기되는 페니스는 더 부드럽고 탄력적이며 더 민감해서 여성의 섬세한 동작에 리듬을 더 잘 맞출 때가 있다.

갑자기 발기가 안 될 때

볼프람   리비도(성욕)에 아무 문제가 없더라도 갑자기 발기가 안 되는 일이 있을 수 있다. 당신이 현재의 순간에 정신을 집중하고 여성의 몸속으로 들어가 해방감을 느끼고 싶은데도 이런 일이 간혹 발생한다. 그렇더라도 자책하면 안 된다. 남성의 몸도 먼저 압박감에서 벗어나고 좀 더 감수성을 키우는 데 익숙해질 필요가 있다. 덜 자극적인 상황에서 당신이 머릿속의 음란한 그림에 등을 돌릴 때는 이른바 과거의 연료가 부족한 상황이 올 수 있다.

그렇더라도 부끄러워하거나 걱정할 필요가 없다. 이때 당신에게 필요한 것은 사랑이 넘치는 감정으로 완전히 몸에 몰두하는 태도다. 당신 자신의 몸을 계속 인지해보라. 아마 당신의 페니스가 오랫동안 긴장 속에 있었고 지나친 자극을 받아왔다는 사실을 처음으로 알게 될 것이다. 어쩌면 페니스에 공감하는 느낌을 불어넣어줄 수 있을지도 모른다. 당신의 몸을 더 사랑스럽고 더 현재에 집중하는 태도로 바라볼수록 발기부전에 대한 모든 문제는 차츰 해결될 것이다.

에바　이때 여성으로서 당신이 도움을 줄 수 있다. 당신이 남성을 받아들이고 남성의 몸을 불러들인다는 느낌이 강할수록 남성은 쉽게 해방감을 느낀다. 비록 남성이 이전의 긴장과 불안에서 벗어나고 자연스럽게 엑스터시를 되찾는다고 해도 이와 상관없이 해방감은 언제나 필요한 법이다. 물론 남성의 해방감을 접한다면 당신은 굳이 어떤 특별한 행위를 하지 않아도 상대에 대한 사랑과 상대를 내면적으로 수용하는 태도가 생길 수도 있다. 아마 남성의 페니스가 예전처럼 단단하게 발기하지 않아도 당신은 기쁨을 맛볼 것이다. 온갖 압박감에서 벗어나는 가운데 남성이 이내 끝날 것이라는 걱정을 할 필요 없이 훨씬 더 깊은 카타르시스에 몰입할 수 있을 것이다. 남성에게 적절한 피드백을 제공하라. 그러면 남성은 당신이 어떤 상태에 있는지 알 것이다.

볼프람　당신이 남성이라면 자신에 대해 이제 솔직해져야 한다. 발기상태가 풀린다는 느낌이 들 때는 보통 문제해결을 위한 대응이 저절로 시작된다. 한편으로는 긴장에서 벗어나려고 하고 또 한편으로는 불안한 가운데 과거의 전략을 사용하며 자극을 높이고 발기상태를 되찾으려고 한다.

에바　하지만 예전에 길이 든 환상에 기대어 여성의 가슴을 만지며 흥분하려고 하거나 여성에게 손으로 자극을 시켜 달라고 부탁하는 것은 실제로 도움이 되지 않는다. 정말 힘든 과제는 방금 일어난 일에 대하여 계속 느낌을 집중하고 그 상태를 견뎌내는 것이다. 당신이 여성이라면 또렷이 깨어 있는 의식을 유지하고 당신 자신의 해방감을 통해 남성을 방금 발생한 상황에 머무르게 해야 한다.

볼프람　당신이 남성으로서 자기 자신을 더 투명하게 느끼고 경험할수록 사정할 때의 느낌이 무엇인지 더 분명하게 깨달을 것이다. 말하자면 사정이란 불과 몇 초밖에 되지 않는 긴장이완과 해방감이며 그 이후에는 다소간에 미묘한 공허감과 감각의 진공상태가 나타난다는 것을 깨달을 것이다. 사정할 때 당신은 에너지를 잃는다. 실제로 몸을 느껴보면 사정 후에 몸이 더 약해지는 것을 경험할 것이다.

나는 언제나 너무 빨리 끝난다.
어떻게 하면 조루를 막을 수 있을까?

볼프람　조루는 섹스를 할 때 남성들에게 빈번히 발생하는 문제임이 분명하다. 당신은 곧 사정한다는 것을 알면서도 사정을 통제할 수 없을 것이다. 이럴 때는 쉽게 자책감이나 수치를 느끼기도 하고 그 자리를 피하려고 하면서 거리를 두기도 한다. 조루 증상이 있을 때는 사랑의 행위가 몇 분도 지나지 않아 끝나고 이에 따라 실망하는 여성 곁에 있고 싶지 않기 때문이다.

에바   조루 증상은 보통 자극과 충동이 지나쳐서 생긴다. 문제는 사람들이 대부분 섹스를 하나의 목표로 삼고 가능하면 빨리 그 목표에 이르려고 한다는 것이다. 이 때문에 사람들은 가능하면 빨리 최대한도로 자극을 받고 절정감에 이르기 위해 모든 노력을 아끼지 않는다. 남성들 중에서는 섹스를 할 때, 마치 자동운전 장치가 된 고속열차처럼 서두르는 사람이 많다. 소울섹스에서 남성의 몸은 새로운 목적지에 대해 알 필요가 없다. 이 말은 자신의 몸을 상대로 단순하게 아무것도 해서는 안 되고 또 어디에도 도달할 필요가 없다는 것을 인지시켜주라는 뜻이다. 그저 긴장을 풀고 몸 안에서 일어나는 것 자체를 느끼게 만드는 것이다.

볼프람   남성이 흥분의 열기를 식히고 단순하게 심호흡을 하면서 의식적으로 근육을 이완시키는 법을 배운다면 조루에 대한 스트레스에서 이내 벗어날 수 있다. 마치 당연한 듯 자신의 페니스를 지나친 자극과 마찰의 동작으로 뜨겁게 달구어 과열상태에서 사정을 하지 않도록 아주 간단하게 흥분을 가라앉힐 수 있다.

에바   여기서도 여성의 역할이 필요하다. 여성이 실제로 남성에게 몸을 열지 않을 때, 남성은 목표에 이르기 위해 뭔가 해야 한다는 미묘한 압박을 받게 된다. 몸이 닫힌 여성은 충동에 대한 남성의 욕구를 높이고 남성은 머릿속의 음란한 그림이나 환상, 포르노를 떠올리게 된다. 여성에게 얻지 못하는 자극을 추가하려는 시도를 하는 것이다.

볼프람   당신이 머릿속의 그림이나 환상에서 벗어나 여성에게 정신을 집중할수록 조루에 대한 스트레스는 줄어들 것이다. 현재의 순간에서 더 많은 것을 느낄수록 쾌감을 맛보는 시간은 길어지고 섹스의 깊이와 충족감을 알게 될 것이다.

에바 당신이 파트너와 함께 사랑의 행위를 더 깊이 느끼고 더 의식적으로 현재의 순간에 몰입하며 페니스와 질이 서로 소통하는 시간을 늘릴 때, 사정에 대한 압박은 현저하게 떨어진다는 것을 알게 될 것이다. 흥미롭게도 오르가슴에 대한 욕구는 갈수록 줄어들고 전체적으로는 훨씬 더 큰 만족을 맛보며 몸이 훨씬 더 가볍고 행복해지는 느낌을 받을 것이다.

볼프람 시간이 가면서 몸을 더 섬세하게 인지한다면, 아마 사정을 한 다음에는 몸이 가벼워진 상태에서 해방감을 느끼는 대신 진이 빠지고 피곤하기만 하며 오히려 파트너와 격리된 느낌을 받는다는 것을 확인할 것이다. 반면에 한껏 긴장을 풀고 여유로운 사랑의 행위를 한 뒤에는 생생한 일체감을 맛본다는 것을 알게 된다.

페니스와 질이 결합할 때만 섹스라고 할 수 있는가? 손이나 입으로 만족을 느낄 수는 없는가?

에바 남녀 사이에 이루어지는 좀 더 깊은 엑스터시의 힘은 페니스와 질이 전기의 양 극성 작용을 하는 가운데 일어나는 현상이며 가슴과 가슴, 골반과 골반의 순환작용 속에서 전개되는 것이다. 손이나 입을 사용하면 능동적인 충동만 일으킬 뿐, 남녀 사이에 이루어지는 신비로운 내면의 에너지 순환은 일어나지 않는다.

볼프람 그러므로 소울섹스는 페니스와 질의 깊은 결합을 중심으로 전개된다. 이 결합은 당신에게 수동적인 상태에서 완전한 카타르시스를 맛보게 해주고 자극과 마찰을 넘어 오로지 남성과 여

354

성의 몸 사이에서 일어나는 엑스터시의 힘만을 느끼게 해준다.

에바　지금까지 사랑의 행위를 할 때, 확실한 구성요소였을 것이 분명한 다른 모든 섹스의 방식이나 보조수단은 일단 중지하고 먼저 소울섹스의 가능성을 타진해보는 것이 좋다. 그래도 과거의 방식을 고집할 것인지는 그때 가서 결정해도 늦지 않다. 아마 과거의 방식에 연연하지는 않을 것이다.

서로 다투거나 오해가 있을 때

에바　우리 부부도 꽤 오랫동안 섹스에 대한 합의 때문에 툭하면 다퉜고 처음에는 서로 비난하기 바빴다. 섹스라는 주제가 어떤 면에서 부담스러울 때는 사정욕구가 넘친다는 것을 표현하는 것이 도움이 된다. 하지만 "당신이 ~~ 했잖아! …… 당신이 ~~ 하지 않았잖아!"라고 쌀쌀맞게 쏘아붙이는 대신 "내 몸은 그저 명령만 내려주기를 기다리는 상태야 …… 내 몸을 제대로 느껴보지 못한 기분이야 ……더 이상 못 참을 것 같아! …… 차라리 어디론가 도망치고 싶은 기분이야 …… 마음이 안정되지 않아……"라고 부드럽게 말하는 것이 좋다.

볼프람　처음에 이런 말을 할 때, 나는 아이메시지 I-message(책임을 상대에게 전가하지 않고 자신이 책임을 지는 시각으로 의사를 표현하는 방식 — 옮긴이)로 내 욕구를 표현하는 것이 정말 힘들었다. 성적 욕구가 넘칠 때는 고작 '당신이'라는 말밖에 하지 못했다. 그리고 아내가 모든 문제의 원인이라는 느낌이 있었다. 하지만 이런 마음을 극복하고 긴장하거나 좌절감에 휩싸였을 때에도 아무런 불평을 하지 않고 일관되게 '나'라는 말로 시작하면 큰 도움이 된다. 시간이 가면서 문제는 자신의 묵은 감정이나 풀리지 않고 계속 압박을 주는 내 심리적 매듭, 그리고 '나'에게 있음을 알게 될 것이다.

서로 싸우거나 감정의 상처를 받을 때

볼프람 싸우면 안 된다. 하지만 섹스를 하면서 서로 가까워지다 보면 유난히 고통스러운 묵은 감정을 건드리게 된다. 특히 남성들이 그런 감정을 불러들이고 떨쳐내지 못하는 경우가 많다. 그저 있는 그대로 받아들이고 애써 집착하지 않으면 묵은 감정은 풀릴 것이다.

에바 당신과 파트너 사이에 순간순간 틈이 벌어지고 서로 공격하는 일이 있을 수 있다. 당신이 옛날 일을 들춰내고 아무 일도 아닌 것에 절망하고 슬퍼하고 분노하는 것은 파트너가 모든 일을 잘못하고 결국 당신이 원하는 일을 성취하지 못했다는 느낌이 들기 때문이다. 그래도 자책하거나 파트너를 비난하지 마라.

볼프람 이런 태도를 보일 때 모든 말은 부드럽게 들린다. 아마 많은 사람이 '아, 정말 지루한 얘기로군!'이라고 생각할지 모른다. 하지만 이렇게 부드러운 분위기에서 육체적 관계를 맺을 때 과거 방식으로 격렬한 섹스를 할 때보다 정서적으로 훨씬 가까워지는 법이다. 상처와 압박감을 건드리면 의식적으로 접촉하고 의식적으로 인사용 키스를 하려 해도 실패할 수밖에 없다. 마음은 진정되지 않고 생각이 꼬리를 물고 이어질 것이며 어리석은 생각을 하거나 수치와 압박감이 치솟거나 아니면 고집스럽게 '또 무슨 헛소리야?'라는 생각을 하게 된다. 또는 온전히 키스에 몰입하는 대신 탐욕스러워지면서 현재의 순간에 집중하지 못하고 오로지 섹스에만 집착하는 욕구에 사로잡힐 것이다.

에바 그리고 스트레스를 받게 된다. 한 사람이 이용을 당했거나 진정으로 받아들여지지 않았다는 느낌으로 상처를 받으면 나머지 사람은 거절당하고 공격을 받았다는 생각에 그 자리를 피한다. 당신이 알아야 할 것은 소울섹스를 시험할 때 충분히 서로 충돌할 수 있다는 것이다. 그럴 때는 일단 시도를 중단하고 될 수 있는 대로 다시 자신의 몸을 느끼려고 해야 한다. 심호흡을 몇 차례 해서 마음을 안정시켜라. 단순히 시도가 실패한 것에 지나지 않으므로 마치 하늘이 무너지기라도 한 것처럼 크게 실망할 것은 없다.

볼프람 다시 자신의 몸에 닻을 내리면 파트너에게 몸을 느끼고 감각을 되찾았다는 신호를 보낼 수 있을 것이다.

그래도 좌절감을 쉽게 떨쳐버리지 못한다면?

에바 바로 이 부분이 새로운 섹스를 위해 아주 중요한 훈련의 하나다. 묵은 감정이 살아난다고 해서 그 모든 것을 끝까지 견딜 필요는 없다. 문제는 과거의 불쾌한 감정을 잊거나 몰아내는 것이 아니라 떠오르는 (그리고 다시 사라지는) 모든 감정을 해소하려고 애쓰지 않는다는 것이다. 따라가지도 말고 그 속에 파묻혀 허덕이지도 마라. 그저 사랑스럽게 받아들이고 새로운 의식으로 바라보기만 하라. 의식이 또렷할수록 당신은 모든 것을 더 강렬하고 섬세하게 받아들일 것이다. 이때는 슬픔과 분노, 긴장과 고통뿐 아니라 고무적이고 황홀한 감정까지 생길 수 있다. 자기 자신과 현재 벌어지는 일에 더 깊은 관심을 가질수록 의식적인 사랑의 행위를 할 때, 과거의 상처와 참아온 눈물, 오랫동안 누적된 마음의 응어리, 그동안 쌓인 원한이 더 많이 나타날 것이다. 새로운 드라마를 쓸 필요는 없다. 그저 묵은 감정을 그대로 받아들이면 저절로 사라질 것이다.

볼프람   남성들에게는 불쾌한 감정이 떠오르거나 쾌감을 느끼지 못할 때, 마음의 피난처로 숨거나 머릿속으로 달아나지 않고 그 자리를 지키는 것이 꽤나 힘든 일이다. 이때도 현재의 순간에 집중하고 '지금 궤도를 벗어나고 있어……차라리 숨어버리고 싶어……나는 아내에게 모든 책임을 미루고 있어'라고 생각하면서 본인 중심으로 문제를 깨닫는 훈련을 할 필요가 있다. 이처럼 자신의 성향을 인지하기 시작할 때, 그와 같이 쉽게 묵은 감정에 휩쓸리는 일은 없을 것이다.

에바   그리고 이 훈련은 한 사람이 상대를 심리적인 동요로 끌어들일 때 특히 중요하다. 상대를 끌어들여 봤자 마음만 무겁고 실제로 묵은 감정을 느끼기도 전에 파트너에게 책임을 전가하고 스스로 차단되며 그럴수록 감정을 제대로 인지하지 못하게 된다. 그러면 파트너에게 어떤 행위를 종용하거나 감정만 악화되는 결과만 낳을 뿐이다. 이렇게 악순환이 거듭되는 것이다.

그런데도 충돌이 일어날 때

에바 섹스를 하고 있는 도중에도 싸움이 일어날 수 있다. 이때는 차라리 서로 떨어지는 것이 낫다. 성적 욕구가 분출할 때는 현재에 집중할 수 없다. 감정상의 욕구불만은 당신의 몸에 독이 되고 온전한 결합을 방해한다. 이런 경우에는 차라리 밖으로 나가거나 의식적으로 "당신이…… 했잖아, 왜…… 안 했어?"라는 끝없는 말싸움에서 벗어나는 것이 좋다. 그 자리에서 계속 투덜대는 상황을 벗어나려면 의식적으로 뭔가 다른 일에 몰두할 필요가 있다.

볼프람 다시 마음을 진정하고 자신을 무조건 정당화하지 않는 것을 최고의 목표로 삼도록 하라. 하지만 처음에는 아주 힘들 것이다. 머릿속에서는 끈질기게 '남편이…… 하지 않아서, 아내가…… 해서'라는 목소리가 멈추지 않기 때문이다. 되풀이되는 그 모든 말을 다 들어보고 심호흡을 한 뒤 편하게 생각하라. '아니지, 이런 말을 따르면 안 돼! 이제는 내 마음의 평화를 찾아야 해.'

에바 온 정신을 집중해야 하는 일을 할 때는, 터질 것 같은 욕구불만의 감정에서 벗어나는 것이 가장 좋다. 이리저리 움직이든가 음악을 듣든가 해서 화를 풀어라. 중요한 것은 완전히 깨어 있는 의식으로 다시 자신의 몸에 닻을 내리는 것이다. 이런 식으로 당신은 놀라운 경험을 할 것이다. 말하자면 몇 분 지나지 않아 서로 다투는 것이 정말 어리석다는 것을 알게 됨과 동시에 다시 마음을 열고 파트너에게 다가가게 될 것이다.

정신집중을 할 수 없고 갑자기 감정에 휩쓸릴 때

볼프람 여성이 감정의 파도에 휩쓸릴 때 남성은 엄청난 곤욕을 치러야 한다. 남성 자신도 평소에는 잊고 지냈던 감정에 압도될 뿐만 아니라 내 경험으로 볼 때는, 여성이 아무것도 아닌 일에 기분이 상해 남성이 어떻게 대처할지 모를 때, 특히 힘들다.

에바 사실 아무것도 아닌 일 때문에 내 기분을 망칠 때가 많다. 보통 접촉이나 동작의 과정에서 과거의 상처를 건드려 그때의 감정이 되살아나는 경우가 흔하다. 다른 사람이 자신을 건드릴 때는 무의식중에 반사적으로 움츠러들고 자신을 폐쇄하며 왠지 모르게 불쾌한 느낌을 받는 사람이 많다. 단지 과거에 아무 애정도 없이 또는 고통스럽게 접촉했던 기억이 되살아나기 때문이다. 과거의 불안 때문에 자동적으로 몸속의 모든 것이 경직되는 것을 의식적으로 느껴보는 대신, 사람들은 자신의 고통을 감지하지도 못한 상태에서 파트너를 공격하며 싸움을 하려 든다. 어쨌든 이렇게 되면 결합의 기회는 차단되고 갑자기 모든 것이 방해 작용을 하는 것으로 보인다.

볼프람 내 경험으로 볼 때, 남성들에게 결합을 방해하는 감정의 동요나 폭발이 일어나는 일은 비교적 드물다. 남성의 문제는 주로 궤도에서 벗어나는 데 있다.

에바 섹스를 할 때 남편이 궤도에서 벗어나는 것이 나에게는 가장 불쾌한 느낌을 준다. 육체적으로는 결합되어 있다고 해도 어느 때가 되면 나는 그가 다른 데 정신을 팔고 나를 의식하지 않는다는 것을 정확하게 느낌으로 안다. 이때는 정말 외롭다는 생각이 든다. 처음에는 그 이유를 알 수 없었다. 그러다가 시간이 지나면서 내가 외롭고 그가 "내 곁에 없다"는 것을 분명히 깨달았다.

볼프람 시간이 가면서 나는 다른 생각에 휩쓸릴 때면, 현재의 순간과 무관한 어떤 힘에 이끌렸다는 사실을 인정할 용기가 차츰 생겼다. 그리고 눈앞에서 벌어지는 일을 말로 표현할 용기가 생기면서 훨씬 더 쉽게 긴장을 해소하게 되었다.

에바 그리고 마침내 남편이 나와 말을 나누게 됨으로써 즉시 일체감을 맛보게 되었다. 솔직한 말 몇 마디만 하면, 간단하게 자신의 생각을 들려주기만 하면 다시 모든 것은 정상화된다. 중요한 것은 완벽한 섹스가 아니다. 그 상태가 즐겁든 즐겁지 않든 상관없이 직접적인 진실을 대할 때, 진정한 결합의 깊이를 느낄 수 있는 법이다.

볼프람 뭔가를 해야 하는 게 아니라 단지 솔직하기만 하면 된다는 사실을 남성이 이해할 때 진정한 해방감이 찾아온다.

에바 그리고 새로운 사랑의 행위를 할 때는 과거의 아픔과 결별할 때 카타르시스를 느낀다는 것을 누군가 나에게 분명히 말해준 것이 큰 도움이 되었다.

볼프람 이런 것은 대부분 누구에게나 간단한 과정이 아니겠지만, 부정적인 감정을 다스리는 법을 배우는 것은 새로운 섹스를 위해서 정말 중요하다. 마음을 졸이게 하고 불안하며 상대와 거리를 두게 하는 감정이 생기더라도 그대로 인정하고 두고 보라. 앞에서 말한 대로, 비결은 머릿속에 떠오르는 감정을 허용하고 그대로 두고 보며 다시 끓어오르도록 내버려두는 것이다.

에바 그리고 당신의 묵은 감정이 부글부글 끓는다는 사실을 파트너가 알도록 말을 하는 것이 중요하다. 기분이 좋지 않더라도 최후의 위기를 겁낼 필요는 없다. "당신이 모든 것을 잘못했어……나를 제대로 건드리지 못하잖아…… 당신은 너무 빨리 끝나……" 등등의 말을 하는 대신, 분노의 열기를 식히며 "나는 지금 우울해, 잠시 시간이 필요해……우리 싸우기 전에 서로 얘기를 들어보는 것이 좋을 것 같아"라고 말하는 것이다. 그런 다음 서로 잠시 마음을 진정할 시간을 갖는 것이다. 비록 많은 시간이 걸리더라도 오직 중요한 것은 서로 다시 상대에게 다가갈 마음이 생긴다는 것이다.

볼프람 과거의 방식이 인정하고 싶지 않은 것을 파트너에게 투사하는 것이었다면 새로운 방식은 의식적으로 상황을 중단시키고 거기서 빠져나오며 자기 자신에게서 무엇이 나오는지 전체를 바라보는 것이다. 문제는 감정의 파도에 휩쓸리지 않고 당신이 서서히 마음을 가라앉히고 현재의 순간에 몰입해서 마침내 결합할 수 있도록 감정을 잘 다스리는 것이다. 또 이전처럼 마치 원격조종을 받듯이 감정에 휘둘리거나 거기서 도피하지 않는 태도가 중요하다.

감정에 휩쓸리지 않으려면

볼프람 감정이 솟구칠 때는 그것이 어떤 형태의 것이든 있는 그대로 인지하라. 슬픈 감정이라면 마음이 어떻게 비통해지는지 느껴보라. 인지를 하다 보면 조금씩 진전된 느낌이 생기며 도움이 될 것이다. "나는 서글퍼!"라는 말 대신, "서글픈 일이군"이라고 말하는 것이 더 낫다. 그리고 다시 당신의 몸에 닻을 내리고 몸의 활기를 느껴보라. 파트너와의 결합에서 서글픈 기분이 들더라도 그 기분은 별로 위력적으로 보이지 않을 것이다. 한동안 연습을 하다 보면 차츰 묵은 감정에 휩쓸리지 않은 상태에서 그것을 더 잘 다스릴 수 있을 것이다. 그러다 보면 마침내 묵은 감정은 힘을 잃을 것이다.

에바 감정상의 욕구불만이나 과거의 상처는 훈련으로 극복할 수 있다. 그러자면 의식적으로 감정을 서로 조율하는 태도가 필요하다. 내 저서인 《이다*Ida*》에서는 과거의 고통과 감정의 응어리를 다스리고 거기서 벗어나는 방법을 구체적으로 설명하고 있다. 이 책에는 또 마음을 진정하고 현재에 충실하며 과거의 상처와 결별하는 훈련에 대한 CD도 포함되어 있다. 나는 마리 만샤츠^{Marie} ^{Mannschatz}의 CD가 포함된 저서 《명상*Meditation*》도 아주 훌륭한 책이라고 생각한다. 이 책에는 명상을 매끄럽게 수행하는 법이 나와 있고 자신의 몸에 뿌리를 내리고 현재의 순간에 잘 몰입할 수 있는 훈련방법도 소개하고 있다.

볼프람 남성들에게는 우리가 제작한 골든 시디 〈자신을 사랑하고 무엇이 당신을 튼튼하게 하는지 발견하라〉의 훈련방법을 익히는 것이 좀 더 간단할 것이다. 이 중에는 불과 1~2분이면 마치는 훈련도 몇 가지 들어 있다. 이렇게 간단한 훈련은 아무 때나 부담 없이 실시할 수 있을 것이다. 좀 더 자세한 것을 알고 싶은 사람들에게는 CD가 딸린 잭 콘필드^{Jack Kornfield}의 책 《초보자를 위한 명상*Meditation fur Anfänger*》이 더 도움이 될 것이다.

나는 남편과 함께 이 장을 통해서 좀 더 의미 있는 행동규칙을 독자에게 알려주고 이런저런 장애물을 쉽게 받아들이는 바람직한 틀을 제시하고 싶었다. 여기서 언급하지 않은 다른 장애가 있을 때는 당신 자신의 몸과 거기서 나오는 신호를 신뢰하라. 몸에서 나오는 소리를 귀담아듣고 불필요하게 몸을 혹사시키거나 조절하려고 하지 않을 때, 몸은 당신에게 필요한 답을 들려주고 다른 누구보다 자신을 더 잘 아는 믿을 수 있는 안내자가 될 것이다. 당신이 해야 할 일은 오로지 몸의 신호를 진지하게 받아들이고 몸에 생명을 불어넣는 것뿐이다.

책을 끝내며

최근에 내 친구 하나가 자신이 나가는 세미나에 대해 열심히 자랑을 늘어놓은 적이 있다. 말馬과 비언어적 소통을 하는 세미나라는 것이었다. 이 친구는 말 한 마리와 일주일을 지내며 올라타거나 명령을 하지 않았다고 한다. 대신 자신이 말에게 원하는 것을 몸짓으로 표현하며 바디랭귀지로 말과 소통하는 것이 세미나의 과제라는 것이다. 이 친구는 자신이 경험한 것에 놀라며 말했다. "너도 생각해봐. 말이 네가 몸으로 표현하는 진정한 의도에 반응을 보이는 거야. 네가 원하는 것을 몸으로 표현하기만 하면, 동물이 그대로 따른다니까. 사람들은 대개 재갈을 물리고 말에 올라타는 것밖에 모르지. 그러면 말은 따를 수밖에 없고. 하지만 그런 식으로는 말의 놀라운 힘을 절대 알지 못해. 말의 정신을 건드리는 일도 전혀 없고 말이야."

섹스도 같은 이치다. 사람들은 파트너를 자신이 원하는 방향으로 데려가기 위해 갖가지 형태의 섹스를 한다. 돈으로 섹스를 사기도 하고 섹스를 강요하기도 한다. 말에게 재갈을 물리고 올라타듯이 몸을 이용하며 머릿속에 있는 환상의 세계로 몸을 몰아붙인다. 하지만 몸의 진실은 결코 발견하지 못하며 정신을 건드리는 일도 거의 없다.

세계 곳곳에서 엄청난 정신이 매일 섹스로 파괴되고 있다. 섹스는, 내가 볼 때, 지구상에서 전쟁만큼이나 불행을 몰고 온다. 여성들은 강간을 당하고 아이들은 성적으로 학대를 받으며 심지어 아기와 동물들까지 성산업으로 팔려나간다.

나는 그동안 상담실을 운영하면서 규칙적으로 매춘업소를 드나드는 수많은 남성들을 알게 되었다. 이들은 집에서 스트레스를 견디느니 차라리 돈을 주고 자신이 원하는 섹스를 하기 위해 그곳으로 간다고 말한다. 나는 또 섹스와 담을 쌓고 살거나 남편과 잠을 자도 서로 전혀 건드리지 않고 지내며 그것이 편하고 마음의 안정을 가져다준다고 말하는 여성들을 더 많이 알고 있다. 내 생각에 이런 남성과 여성은 공통적으로 한 가지 문제를 안고 산다. 그것은 바로 불안이다. 접촉에 대한 불안, 거절당할 것에 대한 불안, 혼자 남을 것에 대한 불안, 통제력 상실에 대한 불안…… 그리고 무엇보다 마음을 다시 한 번 열었다가 또다시 상처를 받을 것에 대한 불안이 있다.

이들 모두에게는 마음을 열고 자신의 속을 그대로 노출하고 비우기 위해 다시 한 번 도전하는 용기가 필요하다.

나는 남성이라면 여성이 자신에게 완전히 몰입하고 여성의 마음과 접촉하는 경험을 할 때, 진정 자신을 남성으로 느낄 수 있다고 생각한다. 여성이라면 온전히 자신의 몸에 몰입하면서 마음으로 자신을 개방할 때, 자신을 여성으로 느낄 수 있다. 당신이 남성으로서 또는 여성으로서 상대와 진정한 관계를 맺으려면 불안에 맞설 각오를 해야 한다. 불안을 느끼고 상대와 공유하며 치유할 자세를 갖춰야 한다.

나는 여성으로서 특히 여성들을 위해 이 책을 썼기 때문에 모든

366

여성 독자들에게 자신의 삶과 파트너에게 원하는 것을 진정 몸으로 구현하는 용기를 내라고 호소하고 싶다. 나는 여성들이 원초적 여성성의 책임을 받아들이고 사랑이 아닌 모든 것을 단호하게 거부할 때, 혁명적인 변화를 일으키고 남성들에게 진정 남성적인 힘을 발휘하게 만들 수 있다고 생각한다. 남성은 여성이 사랑에만 반응을 보인다는 것을 알게 되면 어쩔 수 없이 여성의 마음을 받아들이는 책임을 질 수밖에 없을 것이다. 그리고 마침내 자신이 어디로 향해야 하는지 알게 될 것이다. 이 세계와 여성, 아이들에게 사랑으로 접근해야 한다는 것을.

여성으로서 여성의 원초적인 책임을 받아들이기 위해 당신이 사회운동을 일으키거나 제3세계의 빈민가에서 구호활동을 할 필요는 없다. 그저 부부생활로 되돌아가 당신의 마음에 들지 않는 모든 것에 안 된다는 말을 하라. 하지만 동시에 자신의 의지와 규율을 보여주고 어떻게 몸과 마음과 정신을 한데 모을 수 있는지 방법을 찾아내라. 그리고 소울섹스를 침대로 끌어들여라. 당신은 두 사람이 소울섹스를 실천할 때, 이전과는 모든 것이 다르다는 것을 경험할 것이다. 마치 변신을 한 것 같은 느낌이 들 것이다. 몸이 유연해지고 정화된 느낌을 받을 것이다.

소울섹스는 인간적 삶의 모든 측면에서 해독작용을 한다. 이제까지 당신을 오랫동안 마비시켰던 몸의 낡은 갑옷은 녹기 시작할 것이다. 마음은 다시 부드러워지고 당신과 파트너 사이에 쌓였던 벽은 허물어질 것이다. 정신은 안정을 되찾을 것이다. 갈수록 현재의 순간과 몸에 닻을 내리기 때문이다. 그리고 골반과 심장은 다시 평화롭게 어울릴 수 있을 것이다.

당신이 여성으로서 소울섹스를 통해 자신의 골반과 심장에서 힘이 솟구치며 반짝이는 빛이 쏟아진다는 것을 경험한다면 '이래서 내가 세상에 존재하는 거야! 이래서 나는 여자야! 늘 예감은 하고 있었지만 지금에야 알겠네'라는 생각이 절로 들 것이다. 마치 골반의 힘이 진정한 부름에 응한 것 같은, 이 힘이 심장의 생명을 일깨우는 것 같은 느낌을 받을 것이다. 그리고 처음부터 그 힘이 그 자리에 있었던 것처럼, 모든 생명력과 활기에 의미를 주고 실제로 심장을 통해 골반의 힘이 흐를 때 그 의미가 충족되는 느낌을 받을 것이다.

섹스는 골반에 머무르기만 하면 아무 쓸모가 없고 충동으로 퇴화될 뿐이다. 심장과 결합을 할 때, 섹스는 비로소 정신이 생기고 우리에게 끝없는 안식을 준다.

소울섹스는 사람들 누구에게나 충분한 사랑이 있다는 경험을 당신에게 안겨줄 것이다. 우리는 그저 사랑하는 사람과 짝을 지어 자신을 열고 이 개방을 통해 사랑에 생명을 채울 준비만 하면 된다.

옮기고 나서

누구나 드러내고 말하기를 주저하면서도 인간의 일상적 삶과 불가분의 관계에 있는 섹스. 독일에서 가장 유명한 부부 및 파트너 문제 전문가이자 베스트셀러 작가인 에바-마리아 추어호르스트가 현실의 섹스와 성 문화에서 인간관계의 위기를 진단하고 그 해법을 제시한다. 저자는 다년간 상담소를 운영하며 축적한 경험과 세계적인 성 과학자 및 성 심리학자, 성 교육자들의 이론을 바탕으로 현실적인 섹스의 문제를 파헤치고 인간의 원초적인 생명 에너지라는 측면에서 바람직한 섹스의 대안을 보여준다.

누구나 섹스를 원하지만 실제로는 담을 쌓고 사는 사람이 많다. 이것은 각종 설문조사로 분명히 확인되는 사실이다. 부부관계가 오래될수록 더 심하다. 섹스를 원치 않기 때문이 아니라 잘못된 역사적 관행과 성 문화, 섹스를 단순한 욕정의 해소도구로 보는 전통적인 남성우월 사회의 편견 때문이다. 이성적 판단을 하지 못하고 수치를 모르는 알츠하이머 요양원의 70대 노인들이 공공연히 성욕을 표현하는 것은 인간의 숨겨진 본능을 여과 없이 보여주는 장면이다. 부부나 파트너 관계를 맺고 사는 사람의 경우 섹스의 자연수명은 불과 몇 년 되지 않는 것으로 보인다. 여기서 이혼과 외도, 관계단절이 발생하며 포르노 산업이 번창하는 것도 이와 무관치 않다.

섹스는 우리 인간에게 주어진 가장 은밀한 소통형식이다. 섹스의 진정한 마력은 그 속에 깃든 원초적인 결합의 힘에 있다. 섹스는 동시에 인간존재의 원초적 욕구이기도 하다. 인간에게는 상호 접촉과 육체적 사랑이 필요하기 때문이다. 새로 태어난 아기가 생후 2년 동안 생존에 필요한 모든 것을 공급받는다고 해도 애정이나 따뜻한 체온이 부족하고 신체접촉이 별로 없을 때, 불구가 된다는 사실은 인간 사이의 신체적 접촉이 얼마나 인간의 생명에 중요한 것인지 말해준다. 이런 의미에서 섹스는 건강에 유익한 것이다. 성과학자들은 "인간의 유전자에는 결합의 본능이 입력되어 있으며 이 본능을 가장 잘 실현하는 것이 바로 섹스"라고 말한다.

하지만 원초적인 본능과 생명 에너지라는 측면의 섹스와 현대인은 거리가 멀다는 것이 저자의 생각이다. 추어호르스트를 찾아와 상담을 하는 고객들의 사례는 오늘날 인간의 삶 속에서 일어나는 섹스가 얼마나 잘못된 방향으로 나가고 있는지 잘 보여준다. 이런 배경에서 성 산업과 포르노의 만연으로 사람들은 늘 섹스와 가까이 있다는 엉뚱한 오해를 한다. 텔레비전이나 광고, 인터넷, 또 섹스를 다루는 잡지에서는 직접 또는 간접적인 암시를 통해 관능이나 열정, 에로틱한 사랑이 어디나 널려 있으며 누구나 그것을 누릴 수 있다고 떠벌인다. 하지만 실제로 집 안의 침실에서는 깊은 만족은 말할 것도 없고 쾌감이나 즐거움, 생동감은 느낄 수 없기 때문에 사람들은 좌절감을 맛보며 남몰래 뭔가 잘못되었다고 생각하면서 열등감을 느끼고 다른 사람 앞에서는 사실을 감추고 자신을 위장하기 시작한다. 여성은 사랑의 욕구를 상실하고 남성은 발기부전과 조루에 시달리며 오르가슴에 대한 압박을 받고 부부관계에서 멀어지는 것이 현실이다. 그 결과 장기적인 부부관계를 중심으로 섹스-탈진증후군에 노출되어 있다.

안-마를레네 헤닝은 '왼손치기'라는 용어로 감정이 배제된 성문화의 실태를 지적한다. 컴퓨터로 포르노를 볼 때, 오른손으로는 마우스를 잡고 왼손으로는 발기된 페니스를 쥐고 자위를 하기 때문에 왼손치기라고 불리는 남성이 폭발적으로 증가했다는 것이다. 이들의 페니스는 손으로 꽉 쥐고 빠른 속도로 마찰하는 것에 너무 길들여져 있기 때문에 여성 앞에서는 상황에 따른 변화에 대처하지도 못하고 호기심도 느끼지 못하며 뜻대로 팽창되지도 않는다. 인체에는 습관의 동물이라는 특징이 담겨 있다. 일정한 과정에 반복해서 단련되면 그 과정에 길이 들게 마련이다. 그러므로 그림이나 강렬한 압박에 반응을 보이는 페니스는 질 속에 들어가면 완전히 감각을 잃기도 하고 질속에서 강렬한 자극이 없을 때는 쾌감을 느끼지 못한다. 이런 페니스를 가진 남성이 갈수록 늘어나고 있다는 것이다.

섹스라는 문제에서 사람을 혼란시키는 최대의 미로는 전 세계적으로 확산된 거대한 포르노의 물결이다. 자신의 몸과 느낌 속에서 상대와 교감하고 자극을 받는 접촉방법을 상실하기 때문이다. 배터리 충전을 하듯이 포르노에 자극을 받아 시도하는 섹스는 대부분 패스트푸드 같아서 2분에서 5분이면 충분하다. 스트레스를 받을 필요도 없고 전희도 없으며 개인적으로 감정을 주고받을 필요도 없다. 또 인터넷 시대에는 온갖 변칙적인 행태가 난무하고 있으며 접근이 쉬운 인터넷의 특성 때문에 어린아이들까지 왜곡된 섹스 문화를 접하며 성인이 된다. 사도-마조(SM), 피스트퍼킹, 바이브레이터, 딜도, 스윙어클럽, 블로우잡, BDSM이라는 용어를 어디서든 누구나 쉽게 접할 수 있는 것이 현실이다. 이같이 왜곡된 성 문화의 범람 속에서 위장 오르가슴과 거래상의 섹스를 하는 부부가 넘쳐나고 사랑과는 무관한 섹스중독이 늘어나는 추세에 있다. 중독에 걸린 사람은 자신의 행위를 통제할 수 없고 오히려 중독이 그 사람을 통제한다는 점에서 성불능자와 다를 바 없다. 이 모든 현상은 에너지의 순환과 감정교류라는 의미에서 진정한 섹스와는 거리가 멀다는 것이 저자의 시각이다. 신뢰를 차단하고 진실한 감정교류를 방해하기 때문이다. 섹스를 거의 안 하거나 포기한 부부가 엄청 많다는 설문조사 결과는 이런 사회현상과 깊은 관계가 있다.

섹스는 진실로 남녀 모두에게 자기 개방을 의미한다. 중요한 것은 모든 성적 환상의 배후에는 소통의 욕구가 들어 있다는 점이다. 섹스 치료사인 크리스토프 요제프 알러스는 "섹스의 기능 중에 가장 중요한 것은 소통이며 동시에 소통을 위해 인간의 의식이 가장 필요치 않은 것이 섹스의 기능이기도 하다"라고 말한다. 자신을 발견하고 자신의 개방과 헌신 속에서 서로 공감하며 상호신뢰가 이루어지고 자연스럽게 감정교류가 일어날 때, 진정한 섹스는 가능하다는 것이 추어호르스트의 생각이다.

이상 전통적인 섹스의 문제점을 지적하고 저자가 그 대안으로 제시한 것이 바로 소울섹스다. 소울섹스에서는 먼저 자신의 몸을 인지하는 것이 중요하다. 그래야 자신의 몸을 더 잘 열고 상대도 더 잘 느끼는 가운데 진정한 교감이 이루어진다는 것이다. 추어호르스트는 태곳적부터 존재했다가 역사의 과정에서 파괴된 원초적인 여성성을 회복해야 한다고 강조한다. 그리고 여성독자를 향해 자신의 몸속에 닻을 내리고 현재의 여성성 속에서 남성을 불러들이는 여성이 되라고 호소한다. 그가 말하는 소울섹스는 일종의 전신 오르가슴이다. 자신을 개방하고 에너지의 흐름을 느끼며 서핑을 하듯 쾌감의 파도를 탈 때, 엄선된 황홀감에 이른다는 것이다. 포르노와 매춘업소 출입, 머릿속의 환상세계는 모두 소울섹스의 장애물로 배격된다. 또 인습적인 섹스에서 순간적으로 번개가 치는 것을 기대한다면 소울섹스에서는 해가 떠오르며 모든 것을 두루 비치는 느낌을 맛볼 수 있다고 한다. 이런 의미에서 남녀 사이의 이상적인 섹스는 에너지의 순환이며 오르가슴에 집착할 필요가 없다는 것이다. 사실 오르가슴이란 것은 소울섹스에서는 하찮은 것에 지나지 않는다. 전통적 오르가슴이란 20세기에 들어와 비로소 규명된 개념으로서 그것은 잠시 구름에 가려진 하늘을 스치듯 보는 순간의 느낌이며 누적된 긴장의 짤막한 폭발 같은 것으로 평가 절하된다. 저자는 이보다 확장된 오르가슴, 즉 정상頂上 오르가슴이 아니라 탄트라 섹스에서 말하는 계곡 오르가슴을 강조한다.

소울섹스에서는 또 남녀의 에너지 순환으로서의 섹스를 전기의 양 극작용에 비유하며 남녀 각기 자신의 몸 안에 따로 양극과 음극이 있다고 생각한다. 가령 여성의 가슴은 음극인 질과 달리 양극으로서 여성의 가슴이 깨어날 때만 페니스를 받아들이려는 바람을 일깨우고 여성의 양극이 깨어남으로써 질의 수용적인 특징이 살아난다는 것이다. 이 또한 페니스와 질의 성급한 결합에 중점을 두는 전통적인 섹스와 차이를 보이는 점이다. 또 호흡의 마력도 빼놓을 수 없다. 온몸을 열고 섬세한 엑스터시의 에너지를 깨우는 데는 긴장이 해소된 파트너의 호흡 몇 번으로 충분할 때가 많다는 것이다. 호흡과 동작을 일치시킨다는 말이다. 감정의 교류와 상호 육체의 조율을 위해 호흡을 일치시키고 현재의 순간에 집중하며 서핑을 하듯 에너지의 파도를 탈 때, 단순히 짤막한 욕구분출이 아니라 본래의 원초적 여성성 또는 원초적 남성성 같은 에너지의 순환을 경험한다. 이런 순환작용 속에서 남성이 강이라면 여성은 그 강을 받아들이는 호수의 역할을 할 때 소울섹스는 치유효과와 해독작용을 하며 이것이 소울섹스의 진정한 가치라고 할 수 있다.

영국작가 E. L. 제임스의 소설과 이것을 영화화한 《그레이의 50가지 그림자》가 전 세계를 뜨겁게 달구고 있다. 여주인공의 BDSM 체험을 다룬 이 작품의 흥행을 보며 저자는 원초적인 여성성의 실태를 발견한다. 그리고 에크하르트 톨레가 말하는 여성의 집단적인 고통체라는 개념에서 일단의 원인을 찾으려고 한다. 집단적인 고통체란 수천 년 인류의 역사 속에서 여성이 남성에게 당해온 것, 남성의 폭력과 억압, 성폭행, 마녀사냥, 의도하지 않은 임신과 낙태, 무기력, 금기, 침묵에 대한 경험이 들어 있다는 것이다. 여성의 내면에는 이런 집단적인 고통체가, 다시 말해 오랫동안 남성이 지배한 세계에서 여성이 역사적으로 고통을 당한 것을 기억하는 무의식적인 정서가 있기 때문에 여성의 억압과 고통으로서 태고부터 경험한 지옥 같은 세계에 무의식적으로 이끌린다는 것이다. 《그레이의 50가지 그림자》에서 단순하고 기본적인 그 모습이 완벽하게 드러났다고 보는 것이다. 그 아픔이 결코 처리되지도 못했고 제대로 애도해보지도 못했으며 치유된 것도 아니기 때문에 여성의 내면에서 뭔가가 그것을 다시 일깨워주었다는 시각에서 소울섹스의 필요성이 부각된다.

독자 누구나 공감할 수 있는 다양한 상담사례를 흥미롭게 보여준다는 점에서 이 책은 주목할 만하다. 여성으로서 우선 여성독자를 위해 여성성의 해방이라는 주제를 쓰고 싶었다는 저자는 남성독자에 대한 배려로 남편 볼프람 추어호르스트까지 제3부에 참여시킨다. 3부로 구성된 내용 중에 1부가 전통적인 섹스 또는 낡은 섹스의 실태와 문제점을 다년간의 상담 자료를 통해 보여준다면 2부는 소울섹스를 중심으로 생명에너지라는 측면에서 바람직한 섹스를 보여주며, 3부에서는 함께 상담실을 운영한 추어호르스트 부부가 그들의 경험을 토대로 각기 남성과 여성 독자를 상대로 소울섹스의 실제, 접근방법을 구체적인 대화형식으로 설명한다. 단순한 상담과 본인의 경험이 아니라 철저한 이론을 토대로 분석했다는 점에서 저자가 강조하는 소울섹스는 설득력이 있다. 세계적인 성 과학자와 섹스 연구가, 심리치료사, 성 교육자라고 할 수 있는 라그나르 베르, 배리 롱, 안-마를레네 헤닝, 시몬 라지외니스, 크리스토프 요제프 알러스, 존 가트먼, 다이애나 리처드슨 등의 이론과 핵심 주제를 접하다 보면 독자는 성 과학적인 측면에서 섹스에 대한 해박한 지식을 얻을 수 있을 것이다. 그리고 이러한 경험과 이론을 배경으로 소울섹스를 실천할 때, 왜 전통적인 섹스에서는 여성성을 건드릴 수 없었는지, 왜 포르노와 매춘, 외도에서는 신뢰와 진실한 감정의 교류, 진정한 해방감을 얻을 수 없는지 알게 될 것이다.

옮긴이_송명희

연세대학교 독어독문학과를 졸업했으며, 동대학원 독어독문학과(문학 전공) 석사 과정을 마치고 독일 뮌스터
대학교에서 박사 학위(사회학)를 받았다. 현지 여행사에 근무하면서 전문 번역가로 활동중이다.
옮긴 책으로는 《미래를 위한 나의 생각》 《직장인 심리학》 《다음 차원으로의 여행》 《마음의 자석》 《인생 어찌
하면 좋을까요》 《21세기 대중문화 속의 전쟁》 《바다로 간 이야기》 《불륜 예찬》 외 많은 책이 있다.

굿바이, 섹스리스

초판 1쇄 발행일 2015년 4월 20일

지은이 에바-마리아 추어호르스트
옮긴이 송명희
펴낸이 김현관
펴낸곳 율리시즈

디자인 Song디자인
종이 세종페이퍼
인쇄 및 제본 올인피앤비

주소 서울시 양천구 목4동 775-19 102호
전화 (02) 2655-0166/0167
팩스 (02) 2655-0168
E-mail ulyssesbook@naver.com
ISBN 978-89-98229-21-4 03330

등록 2010년 8월 23일 제2010-000046호

ⓒ 2015 율리시즈 KOREA

이 도서의 국립중앙도서관 출판시도서목록(CIP)은 서지정보유통지원시스템
홈페이지(http://seoji.nl.go.kr)와 국가자료공동목록시스템(http://www.nl.go.kr/kolisnet)에서
이용하실 수 있습니다. (CIP제어번호: CIP2015010650)

책값은 뒤표지에 있습니다.